相談員・ケアマネの手順をきめ細かく

その人らしい看取り支援業務 実践Q&A 50

まえがき

　超高齢化が進み「多死社会」が迫る中，利用者の最期を看取る特別養護老人ホームも増え，2006年4月の介護保険制度改正では「看取り介護加算」が新設され，特別養護老人ホームなどにおける利用者の終末期の介護が評価されることになりました。

　そして，今や看取り介護は，「自然死」や「平穏死」という概念から，高齢者介護施設だけではなく，一般にも広がってきたことなども，その動きを後押ししているとも言われます。生命の終わりの考え方については，人権の尊重や生命の尊厳，医療技術の進歩など，さまざまな議論が必要な状況は今もなお続いています。

　このような中，ケアマネジャーはもちろん，生活相談員，支援相談員などのソーシャルワーカーは，常にその議論の中心にいる，また，いなくてはならない専門職と言えます。ソーシャルワーク専門職は，人間の福利（ウェルビーイング）の増進を目指して，人権擁護を基本とした代弁・代行やアカウンタビリティを含めた情報提供機能，いわゆるアドボケイト機能を持たなければなりません。

　また，看取り介護を行う場合には，医師の診断や本人の意向，生活全般や食事・排泄などそれぞれの目標や支援内容などを示す看取り介護計画書，いわゆるケアプランが必要です。そしてこのケアプランは，利用者への対応はもちろん，家族が抱える諸事情なども最大限考慮し，なじみの人々や慣れ親しんだ環境の中で，最期までその人らしく過ごせるよう支援するためにも，きめ細かなものでなければなりません。

　介護保険制度施行後，特別養護老人ホームにおいても，高齢化，重症化に伴って「終の棲家」としての機能を求められるようになり，人生の最後を住み慣れた場所でなじみの人たちに囲まれて送りたいと願う高齢者が増えてきました，それと共に，看取り介護という人生の終焉への橋渡しのケアとして，より質の高い介護サービスが望まれるようになったのです。

したがって，各種の専門職と家族とが一体となり，1人の人間であり，夫（妻）であり，父（母）である利用者に残された時間をどのように過ごしてもらうのか，そのために今何が必要なのか，何をするべきか，何ができるかといったことを，そこに参加している人々が，それぞれの立場で悩み，思いを寄せ，言葉を通して心を通わせられなければなりません。

　本書は，施設の相談員やケアマネジャーの皆さんが行うべき看取り介護にかかわる業務をマニュアル化すると共にそれぞれの業務に解説を加え，ケアプランを含めた事例を紹介しています。また，日頃疑問に思っていることや家族から質問されることが多い事柄についてＱ＆Ａ形式でまとめました。

　看取り介護にかかわるケアプランは，その利用者の生き様，人柄そのものを改めて浮き彫りにし，残される家族のあふれる思いを重ね合わせ，利用者が「いい人生だった」と思えるものでなければなりません。本書が，特別養護老人ホームや介護老人保健施設などに勤務する相談員やケアマネジャーなどのソーシャルワーカーはもちろん，経営者や日々対人援助サービスに携わる多くの皆さんにとって，介護サービスを提供される利用者も提供する施設や事業所も，双方が満足できる看取り介護となる一助になれば望外の喜びです。

2015年1月

社会福祉法人一誠会　理事
特別養護老人ホーム偕楽園ホーム　施設長
水野　敬生

Contents

第1章　看取り介護における相談員・ケアマネジャーの役割
- 看取り介護とは……10
- 看取り介護加算の要件……11
- 看取り介護の現状……12
- 看取り介護は特別な介護ではなく，施設サービスの一環……14
- 施設サービスにおけるケアマネジャーの役割と期待……14
- アセスメントの重要性……15
- 利用者の顔が見えない施設サービス計画書……16
- 適切な施設サービス計画書作成の意義……18
- 看取り介護のプロセス……18
- 社会環境に伴う看取り方の変化……19
- 適切な時期に適切なケアを提供する……20
- 家族は「当事者」……21
- 2015年度介護報酬改定における看取り介護の評価……22

第2章　入所から看取り介護開始までの業務
- 入所時における「看取りに関する指針」の説明と同意……26
- 入所時における「看取り介護の意向確認書」の説明と同意……33
- 入所後の意向確認の支援……36
- 状態の悪化のプロセスと支援……40
- 入院時における支援……46

第3章　看取り介護実施中の業務
- 病状悪化により看取り介護開始……50
- 看取り介護実施における意向確認・説明と同意……57
- 看取り介護計画書の作成・説明と同意・モニタリング……71
- 各職員の役割と連携・調整……80
- 家族との連携……87
- 医師との連携・調整……89

第4章　死亡〜退所支援の業務
- 永眠時における相談員・ケアマネジャーの役割……92
- 死亡後の処置からお見送りまで……99
- 葬儀などの支援……102
- デスカンファレンスの実施……106
- 退所の支援……111

第5章　看取り支援業務事例

看取り支援業務（利用開始から終了まで） ... 117
相談員・ケアマネジャーの看取り支援業務 ... 129

◆意思決定支援
事例1　身元引受人の意向が決まらない ... 129
事例2　契約者が成年後見人 ... 130
事例3　死を受容できない家族 ... 132

◆スーパービジョン
事例4　意思表示はできるが，本心をうまく語れない人の意向確認 ... 133
事例5　気持ちの揺らぐ家族への支援 ... 135

◆看取り支援
事例6　若年で末期がんの単身者への看取り支援 ... 137
事例7　家族の意向を最大限にくんだ看取り支援 ... 143
事例8　生活保護を受給している単身者の看取り支援 ... 149
事例9　家族の意見が食い違う利用者の看取り支援 ... 154

第6章　看取り教育の進め方

看取り教育の進め方のポイント ... 162
相談員・ケアマネジャーの役割 ... 167
施設内教育の進め方 ... 174
利用者を取り巻くすべての人・環境に働きかける相談員・ケアマネジャー ... 186

第7章　看取り支援実践Q＆A50

看取り業務にかかわるQ＆A
◆意思決定支援
Q1　入所時に看取り介護の意向確認をしていますが，実際にその時期がきたら，もう一度確認した方がよいのでしょうか。 ... 188

Q2　施設で看取ることをとても悩んでいる家族がいます。どのような決定を促すように支援すればよいでしょうか。 ... 189

Q3　利用者が認知症などで意思決定できない場合，家族に意向確認をすればよいのでしょうか。 ... 189

Q4　看取り介護実施中に気持ちが揺らぐ家族には，どのような支援が必要ですか。 ... 190

Q5　看取り介護を開始したところ，これまで見たこともない親戚が施設に来て「ここではだめだ！入院させろ！」と怒鳴り散らします。どのように対応すればよいでしょうか。 ... 191

Q6　看取り介護を納得したものの，本人の様子を見るとつらそうで耐えられないので，医療機関に搬送してほしいという家族には，どのように対応すればよいでしょうか。 ... 192

Q7　利用者や家族が死を受容するまでに，どのような精神状態を経るのでしょうか。また，受容できるようにするには，どのようにかかわればよいのでしょうか。 ... 193

Q8　身寄りがなく，成年後見人を立てている利用者への
　　　　看取り支援は可能でしょうか。 194

◆看取り介護計画書

　　Q9　利用者や家族の意向に沿った計画書の作成の仕方を教えてください。
　　　　毎回，「これでいいのか」と不安になります。 194

　　Q10　看取り介護を開始して半年が経過しています。
　　　　計画書を見直す頻度はどの程度が適切でしょうか。 196

　　Q11　医療機関に治療のため入院したところ，約1週間の禁飲食の後，食事を再
　　　　開しましたが，医師からは「口から食べることは難しい」と言われました。
　　　　家族の希望により，施設で看取り介護を行うこととなりましたが，退院後の
　　　　プランでは，何に気をつければよいでしょうか。 196

◆業務体制

　　Q12　これから施設で看取り介護を行う体制をつくっていきたいと考えています。
　　　　どのような手順で取り組むべきなのでしょうか。 197

　　Q13　看取り介護（ターミナルケア）加算を算定する場合は，何が必要ですか。 198

　　Q14　どのような看取りに関する指針が「良い」指針なのでしょうか。 200

　　Q15　看取り介護が開始されましたが，利用者が回復し，元気になってきました。
　　　　このまま実施すべきでしょうか。 200

　　Q16　デスカンファレンスでは，いつも意見が出てきません。
　　　　どのように進行すればよいでしょうか。 201

　　Q17　初めて人の死に直面し，リアリティショックを受けた新人スタッフには，
　　　　どのような支援が必要ですか。 202

　　Q18　すでに終末期にある高齢者が入所する際に留意すべき点は何ですか。 203

　　Q19　看取り介護委員会の開催頻度や議題について教えてください。 204

　　Q20　終末期における勉強会では，どのようなことを行えばよいでしょうか。 204

　　Q21　日々の状態変化を家族と共有したいのですが，面会の時に
　　　　時間をつくれないことがあります。どうしたらよいでしょうか。 205

◆連携・調整

　　Q22　夜間に利用者が息を引き取り，翌朝，医師が死亡を確認しました。
　　　　死亡診断書の死亡時刻はいつなのでしょうか。私たちが記載する記録は，
　　　　診断書の時刻と合わせるのでしょうか。 206

　　Q23　夜間，看護職員の不在の時に介護職員が不安を抱かないようにするには，
　　　　どのようにすればよいのでしょうか。 208

　　Q24　看取り介護中に施設では対処できないような苦痛が生じた場合は，
　　　　病院に搬送することになるのでしょうか。 208

◆死亡後の支援

　　Q25　利用者が息を引き取る時に家族が立ち会えなかった場合は，
　　　　どのように説明すればよいのでしょうか。 209

　　Q26　利用者が亡くなったかどうか判断に困る場合があります。
　　　　どのような基準で亡くなったと判断すればよいですか。 210

　　Q27　配置医が不在だったため，普段診察を行っていない医師に
　　　　死亡診断を依頼しましたが，死亡診断書の記入は拒否されました。
　　　　どうすればよいでしょうか。 210

　　Q28　家族が到着する前に医師の死亡診断が終了し，
　　　　医師はすぐに医療機関に戻ってしまいました。
　　　　家族にはどのように死亡診断の説明をすればよいでしょうか。 211

Q29 施設に霊安室がない場合，死亡後の処置が終わった利用者を
　　どのように安置すればよいでしょうか。..................211
Q30 利用者の葬儀には参列するべきでしょうか。..................212

家族からよく聞かれるQ&A
◆家族支援
Q31 入院中の利用者とその家族から，施設に戻って最期を迎えたいという
　　要望がありましたが，施設で看取り介護をしたことがありません。
　　どのようにしたらよいでしょうか。..................212
Q32 家族に看取り介護（ターミナルケア）加算の料金を聞かれます。
　　どのように説明すればよいのでしょうか。..................213
Q33 家族が近親者に連絡をするタイミングを教えてください。..................214
Q34 「看護師もいるのになぜ点滴をしないのですか？　点滴をすれば元気に
　　なるのでは？」と家族に問われています。どうしたらよいでしょうか。..................215
Q35 身元保証人に説明をして看取り介護が開始されましたが，
　　他の親族が説明を求めてきます。どう対応すればよいですか。..................215
Q36 経口摂取ができない状態で退院して看取り介護を開始しましたが，家族が
　　経口摂取を望んでいます。どのように対応すればよいのでしょうか。..................216
Q37 重度認知症の父の不動産を処分したいが，
　　どのように手続きすればよいのかと尋ねられました。..................217
Q38 利用者が亡くなった後，家族から遺留品の引き取りを拒否された場合は
　　どのようにしたらよいのでしょうか。..................218

◆葬儀にかかわること
Q39 施設で葬儀をするのは初めてです。葬儀執行までの手順を教えてください。..................218
Q40 家族から葬儀費用について質問されますが，
　　どのように答えればよいのでしょうか。..................219
Q41 生活保護受給者の葬儀はどうしたらよいのでしょうか。..................220
Q42 家族に葬儀をしたくないと言われたのですが，
　　葬儀はしなくてもよいのでしょうか。..................220
Q43 家族からお墓はいらないと言われました。
　　お墓はなくてもよいのでしょうか。..................221
Q44 家族から，お墓がないので遺骨を預かってもらえるところはないかと
　　尋ねられました。遺骨だけを預かるところはあるのでしょうか。..................222
Q45 故郷にある菩提寺で葬儀を行うのは大変という家族には，
　　どのように対応すればよいでしょうか。..................223

◆お金にかかわること
Q46 死亡診断書の文書料はどれぐらいですか。..................223
Q47 利用者が亡くなる前に生前贈与をしておいた方がよいのではないかと
　　家族に聞かれました。本当にそうなのでしょうか。..................224
Q48 利用者が亡くなり，預金口座が凍結されたら，
　　葬儀費用はどうすればよいのでしょうか。..................225
Q49 利用者が亡くなった後の口座の解約手続きについて教えてください。..................225
Q50 預金の相続は，どうなるのでしょうか。..................226

本書は2014年12月末現在の情報で製作しております。発行後，法律の改正や制度の変更が行われる場合がございます。あらかじめご了承いただき，不明な点は関係機関にお問い合わせください。

第1章

看取り介護における相談員・ケアマネジャーの役割

看取り介護とは

　「看取り介護」とは，近い将来死に至ることが予見される人に対し，その身体的・精神的苦痛，苦悩をできるだけ緩和し，死に至るまでの期間，その人なりに充実して納得して生き抜くことができるように日々の暮らしを営むことを目的として援助することであり，その人の尊厳に十分配慮しながら終末期の介護について心を込めてこれを行うことです。

　介護保険における「終末期」とは，医師がどのような治療も効果がない，医学的に回復の見込みがないと判断し，余命が6カ月程度と見込まれる時期を言います。もちろん，これは積極的治療による病状の改善が見込めないという判断であり，対症療法は可能です。

　そして，「看取ること」とは，本人の意思に基づき，家族をはじめ，関係者の理解・協力を得ながら，最期の時を「心安らかに」過ごせるよう，日々，一刻を大切に見守り，援助することです。

　例えば「苦しくない」「痛くない」ことであれば医療の力を借り，「家族と一緒に過ごす」ことであれば家族の力を借りなければなりません。したがって，「心安らかに」とは，一人ひとり違います。そのため，本人の「やりたいこと」「会いたい人」「聞いておきたいこと」などをしっかり把握し，見守り，援助するということが必要です。

　少し話がそれますが，「看取り介護」と「ターミナルケア」に違いがあると思いますか？　筆者は，特別養護老人ホームやグループホームなどでは「看取り介護」という言葉を使い，介護老人保健施設や訪問看護などの現場では「ターミナルケア」という言葉を使っていますが，「看取り介護」と「ターミナルケア」という言葉の違いがあっても，「看取ること」の基本的な考え方・取り組み方は同じだと思っています。

　言葉を少し整理しておきましょう。

　医療の現場においては，①「苦痛の緩和を目指すという援助方法」を前面に打ち出しているパリアティブケア，いわゆる「緩和ケア」，②終末期にある人に対して，「ホスピタリティ（おもてなしの心）に基づいてケアを行う哲学的な意味合い」を含んだ「ホスピスケア」，③「死が身近に迫っている時期」に行われる「ターミナルケア・終末期ケア」など，細かく分類されていますが，**本書では，これらをすべて含め「看取り介護」と表現すると共に，体制や取り組みついては特別養護老人ホームの例で紹介します。**

看取り介護加算の要件

　「看取り介護加算」を算定するためには，看取りに係る介護計画，いわゆるケアプランの作成は必須です。そもそも，介護保険における加算とは，一定要件を満たすサービスに限定して，基本報酬にプラスされるものです。

　2006年度に，介護老人福祉施設（特別養護老人ホーム）において「看取り介護加算」を創設したのに続いて，2009年度には，介護老人保健施設において「ターミナルケア加算」，認知症対応型共同生活介護において「看取り介護加算」を創設するなど，国の看取り介護に対する期待もうかがえます。

　ここでは，介護老人福祉施設，いわゆる特別養護老人ホームの「看取り介護加算」の主な算定要件を改めて確認しておきましょう（表1）。

表1　「看取り介護加算」の主な算定要件　　　　　　　　　　　　　　　　　（2015年1月現在）

看取り介護加算
- 死亡日以前4日以上30日以下：80単位/日　・死亡日の前日及び前々日：680単位/日→死亡月に加算
- 死亡日：1,280単位/日
※ただし，退所した日の翌日から死亡日までの間は算定しない。
　上記，順に看護体制Ⅰ・看護体制Ⅱ・看護体制Ⅲと言われています。

●**（施設要件）**
- 常勤の看護師を1名以上配置し，看護職員により，又は病院，診療所若しくは訪問看護ステーションの看護職員との連携により，24時間の連絡体制を確保している。
- 看取りに関する指針を定め，入所の際に，入所者又はその家族等に説明し，同意を得ている。
- 看取りに関する職員研修を行っている。
- 看取りを行う際に個室又は静養室の利用が可能となるよう配慮を行う。

●**（入所者要件）**
- 医師が一般に認められている医学的知見に基づき回復の見込みがないと診断した者。
- 入所者又はその家族等の同意を得て，入所者の介護に係る計画が作成されている。
- 医師，看護師，介護職員等が共同して，入所者の状態又は家族の求め等に応じ随時本人又は家族への説明を行い，同意（口頭で同意を得た場合は記録を残すこと）を得て介護が行われている。

事務負担軽減に係る改正（2008.9.1施行）
○「少なくとも1週につき1回以上」本人または家族への説明を行い，同意を得ることを求めているところ，「入所者の状態又は家族の求めに応じて随時」に改める。
○本人又は家族に対する随時の説明にかかる同意については，口頭で同意を得た場合には記録を残すこととする。
以下の通知が追加
※「24時間の連絡体制」については，上記の看護体制加算の要件と同様。
※管理者を中心として，生活相談員，介護職員，看護職員，介護支援専門員等による協議の上，「看取りに関する指針」が定められていることが必要であり，同指針に盛り込むべき項目としては，例えば，当該施設の看取りに関する考え方，終末期の経過（時期，プロセス毎）の考え方，施設において看取りに際して行いうる医療行為の選択肢，医師や医療機関との連携体制，本人及び家族との話し合いや同意，意思確認の方法，職員の具体的対応等が考えられる。
※多床室を有する施設にあっては，看取りを行う際には個室又は静養室の利用により，プライバシー及び家族への配慮の確保が可能となるようにすることが必要。

少し付け加えますと，「看取りに関する指針」に関しては，管理者を中心として，生活相談員，介護職員，看護職員，ケアマネジャーなどが協議した上で定められていることが必要であり，同指針には，例えば，その施設の看取りに対する考え方，終末期の経過（時期，プロセスごとに）の考え方，看取りに際して施設で行い得る医療行為の選択肢，医師や医療機関との連携体制，利用者や家族との話し合いや同意・意思確認の方法，スタッフの具体的対応などの項目を盛り込まなければなりません。

　また，多床室を有する施設にあっては，看取りを行う際には個室や静養室を利用して，利用者はもちろん家族のプライバシーが守られるようにすることが必要とされています。

　さらに，加算を得るにはさまざまな記録が必要です。そのことが明文化されているか否かにかかわらず，算定要件を満たしていることが後から確認できなければなりません。例えば，日付や時間，かかわったスタッフや提供したサービスの具体的内容など，算定要件に関係する記録が欠かせないということを理解しておきましょう。

　介護報酬を請求後に，必要な記録がない，あるいは記録があっても内容が不十分であることが判明した場合は，報酬返還となってしまうからです。しかし，そもそも記録は，行政機関の調査や実地指導，監査のために作成するのではなく，提供するサービスの存在を証明し，根拠やその正当性を示し，さらなる介護サービスの質の向上のためにあるということは忘れてはなりません。

看取り介護の現状

　2013年の厚生労働省の「特別養護老人ホームにおける看取り対応」の報告（2012年4月1日より同年11月30日までの回答に基づいたもの）[1]では，「入所者や家族の求めに応じて看取り介護を行っている」施設が66.3％，「今後，条件が整えば看取りの対応を考える」と答えた施設が20.3％と，9割近い特別養護老人ホームで，何らかの看取り介護の取り組みが進んでいると言えます。

　一方で，「実施する予定はない」と答えた施設は9.2％と，1割にも満たない結果となっており，特別養護老人ホームを取り巻く環境は，2000年の介護保険制度施行，2006年4月の介護保険制度の改正により大きく変わろうとしているのが分かります（**図1**）。

　また，同報告の「事業所内で看取りを行った件数」では，0件，5件未満が28.7％と同数で最も多く，次いで5～10件未満が19.5％，10～20件未満が10.0％，20件

図1　特別養護老人ホームにおける看取り対応

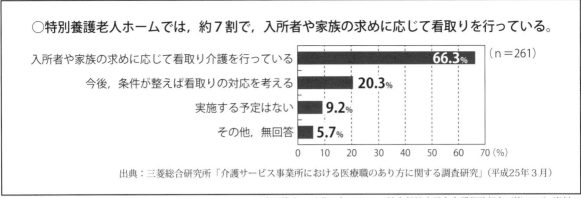

図2　介護老人福祉施設における看取り介護加算の算定状況

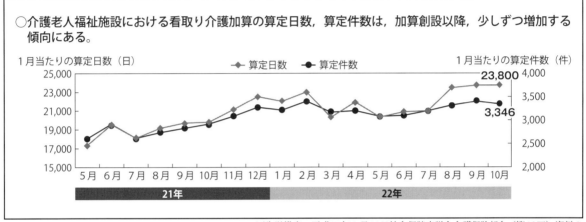

以上も1.1％でした。「定員数に対する看取りを行った割合」では，5％未満が20.7％，5～10％未満が14.2％，10～20％未満が22.2％，20％以上も2.3％ありました。

さらに，「介護老人福祉施設における看取り介護加算の算定状況」（**図2**）においても，介護老人福祉施設における看取り介護加算の算定日数，算定件数は，加算創設以降，少しずつ増加する傾向にあります。

このように，2006年4月の介護保険制度改正により看取り介護に対して加算が新設されたことをきっかけに，施設で看取り介護の実践が大きく進んだことは，この厚生労働省の報告が示すとおりです。

しかし，看取り介護を実施していく過程で，思い悩むことは多いのではないでしょうか。生命の尊さ，一人ひとりの人生の重さを考えれば，当たり前のことですが，逆の言い方をすれば，終末期のケアを提供するには，我々自身がより深く，生命の尊さについて考え，学ばなければならないことも，まだまだあるのではないかと思います。

看取り介護は特別な介護ではなく,施設サービスの一環

　先述したとおり,看取り介護の実施に当たっては,医師の指示を得ながら,ケアマネジャーをはじめ,生活相談員や看護師,介護士,管理栄養士,理学療法士,歯科衛生士などとの多職種協働による体制の下,利用者本人および家族などの意向や要望も尊重し,看取り介護計画書を作成します。そして,その看取り介護計画書に基づき,また,利用者の状態変化,家族の意向の変化などに合わせて,適宜,見直しを行いながらケアに努めるのです。

　しかし,特別養護老人ホームや介護老人保健施設,グループホームにおける看取りのためのケアは「何か特別なことをしなければいけない」ということではなく,日常生活の延長線上,日常の施設サービス計画書の延長線上にあるととらえた上で,日常ケアの充実を図っていくことを忘れてはなりません。それは,そもそも看取り介護計画だからと言って,特別に仰々しい書式や内容で作成する必要はないことからも分かります。

　施設で現在行っているアセスメント,施設サービス計画書の作成手順と同じでよいのです。さらに言えば,施設サービスの一連の過程の中に看取り介護があるという理解でよいのです。

　つまり,看取り介護は特別な介護ではなく,施設サービスの一環として,しっかりと日頃の施設サービス計画書を作成していくことが,なじみの人々や慣れ親しんだ環境の中で最期までその人らしく過ごせることへの支援になるということです。

施設サービスにおけるケアマネジャーの役割と期待

　まず,介護保険制度による「介護老人福祉施設(特別養護老人ホーム)」について振り返ってみましょう。

　資料1から,ケアマネジャーが作成する施設サービス計画が,施設において提供されるすべての介護サービスの根拠だということが分かります。

　また,2012年度から国により実施されている「介護支援専門員(ケアマネジャー)の資質向上と今後のあり方に関する検討会」における議論においても,ケアマネジャーが有する能力,あり方に関して検討がされてきました[2)]。

　検討会の議論,特に,介護保険施設におけるケアマネジャーについては,次の課題が呈されています。

●施設におけるケアマネジャーについては,社会保障審議会介護給付費分科会の審

資料1　介護老人福祉施設の定義　　　　　　　　　　　　　　　　　　　　　介護保険法

> 第一章　総則　（定義）　第八条
> 　この法律において「介護老人福祉施設」とは、老人福祉法第二〇条の五に規定する特別養護老人ホームであって、当該特別養護老人ホームに入所する要介護者に対し、施設サービス計画に基づいて、入浴、排せつ、食事等の介護その他の日常生活上の世話、機能訓練、健康管理及び療養上の世話を行うことを目的とする施設をいい、「介護福祉施設サービス」とは、介護老人福祉施設に入所する要介護者に対し、施設サービス計画に基づいて行われる入浴、排せつ、食事等の介護その他の日常生活上の世話、機能訓練、健康管理及び、療養上の世話をいう。

　議報告においても「施設におけるケアマネジャーの役割が不明確なのではないか」と指摘されている。

● 介護老人福祉施設などについては、入退所時における家族や居宅介護支援事業所のケアマネジャーなどとの調整・連携、ケアカンファレンスにおける多職種協働の円滑化など、ソーシャルワークやケアマネジメントの知識や技術を有する者がその役割をしっかり担えるよう推進していくことが必要である。

● 以上を踏まえ、ソーシャルワークやケアマネジメントにかかわる知識や技術を有する者による介護保険施設の入所者に対する支援を充実させるため、生活相談員などについて、ケアマネジャーとの現状の役割分担にも留意しながらケアマネジャーなどの資格取得を進めていくべきである。

● また、地域ケア会議においては、施設ケアプランについても検討していくことが適当である。

　これらのことから、検討会における評価の視点は、次の5つにまとめられました。

> **視点1**：利用者・家族の状況を十分に把握できているか
> **視点2**：課題を整理して優先順位づけできているか
> **視点3**：課題を勘案して方針を定め具体的な目標を設定できているか
> **視点4**：課題と目標に応じたサービスが盛り込まれているか
> **視点5**：必要な情報を、利用者・家族や多職種に分かりやすくケアプランに記載できているか

アセスメントの重要性

　前述した視点からも、施設サービス計画書においてアセスメントがとても重要であり、目標はスタッフだけでなく、利用者本人はもちろん家族などの関係する第三者から見ても納得できるような、具体的かつ意欲的なプランが求められることが分かります。

資料2　身体拘束における転倒事故などの法的責任についての考え方

ア．仮に転倒事故などが発生した場合でも，身体拘束をしなかったことのみを理由として法的責任を問うことは通常は想定されていない。むしろ，施設等として，利用者のアセスメントに始まるケアのマネジメント過程において身体拘束以外の事故発生防止のための対策を尽くしたか否かが重要な判断基準となると考えられる。

イ．施設等において説明を十分に行い，アセスメントの実施から施設サービス計画等の作成までの一連の過程に利用者や家族の参加を促すことが必要である。サービス提供に至るまでの過程と根拠が不明確ならば，利用者や家族としては，事故という結果をもってサービスを評価せざるを得ない。

ウ．介護保険法及び関係法令においては，「身体拘束原則禁止」と「施設サービス計画等の作成などのマネジメント」が明確化されており，利用者の転倒等のリスクについてアセスメントを十分に行い，自立支援を目指しながら事故防止にも配慮したケアプランを作成した上で，職員間で情報を共有し，ケアプランに基づいて適切なサービスを提供するというケアのマネジメントを充実することが求められている。

厚生労働省：身体拘束ゼロ作戦推進会議　資料（平成13年3月）

　例えば，厚生労働省の「身体拘束ゼロ作戦推進会議」（2003年3月）の資料の「身体拘束における転倒事故などの法的責任についての考え方」の中でも，介護保険施設等の中には「理念としては身体拘束廃止に賛成だが，現実の問題として，もし，転倒事故などが発生すれば，『身体拘束をしなかったこと』を理由として，損害賠償等の事故責任を問われるのではないか」という不安の声がある中，事故の法的責任については，**資料2**のような考え方を基本とすべきであると記されています[3]。

　資料2からは，アセスメントの重要性が分かります。どんなに立派なアセスメントシートがあっても，アセスメントをする人の気づきがなければ良いアセスメントはできません。つまり，きちんとした根拠が必要なのです。

　「できること」「できないこと」のチェックや，「やりたいこと」「やりたくないこと」を把握するのはそれほど困難なことではありませんが，「なぜできないのか」「なぜやりたくないのか」「なぜやりたいのか」といった根拠や裏付けについては，利用者の話に耳を傾け，家族の気持ちにも寄り添う「気づき」がなければ把握することはできません。これは，より良い施設サービス計画書の作成と，質の高い介護サービスを提供していくための根拠としても大事なことです。

利用者の顔が見えない施設サービス計画書

　加齢などによる「下肢筋力の低下に伴う転倒」がリスクとして挙げられる利用者の場合を例にして考えてみましょう。

　施設サービス計画書の短期目標が「転倒しないで移動できる」，長期目標が「転倒事故を起こさずに生活できる」などとなっていないでしょうか。このような目標では，施設サービス計画書（2）に記載される具体的サービス内容は，「歩行時見

表2　このような計画書になっていないか

生活全般の解決すべき課題	長期目標	短期目標	サービス内容
下肢筋力の低下に伴う転倒リスクがあるため，転倒せず生活したい	転倒を起こさずに生活できる	転倒しないで移動できる	歩行時見守り

守り」，あるいは「歩行時付き添い」という計画がされ，場合によっては「転倒に注意する」という，短期目標と長期目標が何ら変わらないものになってしまうことも考えられます（**表2**）。

これでは，歩行に何らかの障害のある利用者の施設サービス計画書は，すべて似通ったものになり，内容を読んだだけでは利用者の顔が全く見えてこないプランになってしまいます。

そのようにならないためにも，「何ができるのか」「何がしたいのか」「どういう生活を目標にするのか」という視点でアセスメントし，目標を具体化することが必要です。たとえ「転倒しない」という短期目標を挙げたとしても，長期目標では転ばないで歩行できる生活自体に着目しなければならないのです。

「何ができるのか」「何がしたいのか」「どういう生活を目標にするのか」という視点で目標を設定できれば，「歩行による移動が継続できることで，日常生活を継続し，温泉旅行を楽しむ」という計画が具体的に示されてもよいのではないでしょうか。

つまり，介護サービスにおいては，転倒しないことが目的ではなく，転倒せずにどのような生活をするのかということが目標として具体的に示されることが重要なのです。そうすれば，作成した施設サービス計画書からは，個別の生活が見えるようになり，計画書を読み込むことでその利用者の顔が浮かぶ，見えてくるものになるのです。

このことを，看取り介護計画書に当てはめて考えましょう。看取り介護の時期には，「最期の時間を施設で，家族や他利用者と共に心安らかに過ごしたい」というニーズが多く表現されます。しかし，「心安らかに」という言葉の意味だけを考えても，「苦しくないように」「痛くないように」など，一人ひとりニーズが違うのです。この違いを正しく理解しない限り，「心安らかに過ごしたい」というニーズを実現させるための具体的サービスが見えてくることはありません。今まさに最期の時を迎えようとしている利用者の気持ちに寄り添ったケアには結びつかないのです。

もう一歩踏み込んで言えば，意思決定ができない利用者の場合，看取り介護計画書に示される目標は，家族とスタッフが日頃の利用者の希望などから推察したものと言え，それはソーシャルワーカーとしてのアドボケイト機能そのものです。同時に，スタッフや家族が「看取り介護計画書」に基づき，連携を密にしてかかわらなければ，利用者が「寂しい，不安のある看取り介護期になるリスクがある」という意味が含まれていることも忘れてはなりません。

適切な施設サービス計画書作成の意義

　特別養護老人ホームをはじめとする介護保険施設は，単に看護・介護サービスを提供するだけではなく，要介護となった高齢者の生活の場として，ゆとりと潤いを提供し，利用者一人ひとりが楽しく充実した毎日が送れるよう支援することが必要です。

　そのためには，生活支援のための施設サービス提供が個々のスタッフの判断によって行われるのではなく，利用者の状況を的確に把握した全スタッフ共通認識の下に行われることが大切です。

　そのためにも，施設サービス計画書はケアマネジャーが一方的に目標を設定し，与えるのではなく，ケアマネジャーを中心に，多職種協働により適切に作成されなければならず，加えて利用者と家族が話し合い納得した上で，利用者の望む生活や意見を目標設定に反映するべきです。

　そうした過程を経て実施される介護サービス，看取り介護計画だからこそ，家族の気持ちを理解し，支え，悲しみや苦しみを分かち合い，利用者が最期まで本人にふさわしく，尊厳を保ち，残された時間，今日一日を，安らかな気持ちで生きられるように支援できるのです。

看取り介護のプロセス

　そもそも「看取り」とはどういうことなのでしょうか。先述のとおり介護保険では，医師が医学的に回復の見込みがないと判断してからの時期を終末期」としていますが，特別養護老人ホームなどの施設に入所する理由は，高齢になり，何らかの疾患により急性期の治療がある程度落ち着き，「病院ではもう何もすることがない，医学的にはよくならない」というのがほとんどではないでしょうか。つまり，施設への入所時にはすでに「看取り」の段階であるという考え方もできると思います。

　「看取ること」とは，「本人の意思に基づいて，家族や関係者の理解・協力を得ながら，最期の時を安らかに過ごせるよう，日々，一刻を大切に見守り，援助すること」です。これは，決して死を目前にした時期だけを指すのではなく，施設に入所してからずっと，利用者はもちろん，家族や関係者などとの信頼や関係性の上に立って行われるものでなくてはなりません。

社会環境に伴う看取り方の変化

　筆者の記憶が確かであれば，1950年代初め，病院で最期を迎える人は，全死亡者の10％程度であったのが，1980年代以降全死亡者の70％以上となり，現在では80％以上となっており，死ぬ場所は大きく変化したと言えるでしょう（**表3**）。

　同時にこれは，身近で看取る人にも変化が見られるということになります。病院で最期を迎える人が全死亡者の10％程度であった時，最期に看取る人は，同居している家族や親族，あるいは近隣住民であったことは容易に想像できます。一方で，80％を超える人が病院で最期を迎えている現在では，もちろん家族が最期に立ち会うこともあるでしょうが，医療関係者や施設職員が看取ることが断然多くなっているのは言うまでもないでしょう。

　このように，社会環境に伴う看取り方の変化はあるにせよ，看取る家族の思いはさまざまです。大切な家族に「1日でも長く生きてほしい」「最期まで，できる限り治療を受けさせたい」「痛み・苦しみをできるだけ軽くしたい」「最期までそばにいたい，いてほしい」「息を引き取る時に，手を握ってやりたい」「死ぬ時は畳の上で」「死ぬ瞬間に立ち会いたい」などです。

　したがって，最期が近づいた時，あるいは近づく前に，病院や施設で死ぬということについて，家族に一定の理解をしてもらうのはとても大切なのです。

　本人・家族が「医療を求める」のであれば，看取りの場として病院などの医療機関を選択せざるを得ないでしょう。この場合，治療が優先されることから，これまでの生活から切り離され，我慢を強いられることにつながります。「介護や自分なりの生活を望む」のであれば，施設サービスや居宅サービスを利用しつつ，在宅介護という選択肢も含めて選ぶことになります。この場合，慣れ親しんだ人との生活はもちろん，過ごし方，好みの環境，地域との関係など，これまでの生活が優先されることになります。語弊があるかもしれませんが，我がままを言える環境とも言えるのではないでしょうか。

表3　看取りの場所の変化

	病気で最期を迎える人の割合	看取りに立ち会う人
1950年代	10％程度	家族・親族・近隣住民
1980年代	70％以上	病院職員がほとんど
現在	80％以上	病院職員がほとんど

自宅で死を迎えなくなったことにより，看取る体験をする機会が低下した。病院・施設の新人職員も経験が乏しい。

適切な時期に適切なケアを提供する

　介護保険制度が施行されてからは，特別養護老人ホームにおいても，高齢化・重症化に伴い「終の棲家」としての機能を求められるようになり，看取り介護は必要不可欠になってきました。

　このような中にあって，先述の社会環境に伴う看取り方の変化にもあるように，家族や親族，近隣住民が多くの人を看取っていた時代を知らない現在の医療関係者や，特に施設スタッフは，死を迎える過程を見てきた経験も少なく，死の準備に入る過程も知りません。そして，そうした場にいたことがないということから，死に立ち会えない，死の徴候が分からないといった不安があるのも事実でしょう。

　したがって，看取り介護を実践する施設などにおいては，このような問題を払拭または軽減させ，適切な時期に適切なケアを提供できるよう，タイミングをつかむことが重要です。

　このためにはまず，利用者・家族，スタッフの「不安」について整理し，その「不安」や「希望」をできる限り具体化することが必要です。また，利用者や家族の望むこと・行うこと，スタッフができること・行うことを具体化し，介護職だけでなく，看護職や生活相談員，ケアマネジャーや栄養士，リハビリテーションスタッフなど，すべてのスタッフの役割を明確にするのも重要なことです。

　そして，最も大切なことは，入所から最期を迎えるまでのさまざまな時期（ステージ）をスタッフ間はもちろん，家族とも共通理解を得ながら，利用者が今どの時期にあるのかを把握し，ステージごとのアセスメントポイントを理解し，支援することです。

　入所から最期を迎えるまでのステージは，「入所期」「安定期」「急性増悪期」「回復期」「衰弱期」「終末期」に分けられます。その各ステージを**表4**にまとめました。施設サービス計画書立案においても参考にしてください。

　　　　　　　　　　　　　　＊　＊　＊

　このように，各ステージで適切なケアを提供できるよう，専門職としての観察力とスキルを身につけることが大切なのは言うまでもありません。しかし，看取り介護においてさらに大切なことは，利用者や家族がやり残していることを手伝い，悔いのない終末期を迎える支援をするということです。

　看取り介護は，ただ死の瞬間に立ち会うということではなく，また，死を間近にした時だけの特別なものでもなく，死にゆく人を取り巻く親族・知人・友人・介護関係者が一つになって，「この人が望むことは何か？」「これでよいのか？」「ほか

表4 入所から最期までの各ステージ

ステージ		
入所期	施設に慣れて，身体状態・精神状態ともに安定していく中で，「どう暮らしたい」かを引き出す時期	新たな生活の場で，さまざまな制約はあっても，自分らしさが出せるか，居心地の良さを感じ，自分の居場所が見つかるかどうかを探る。さらに，自分なりの役割や目標は見つかるか，楽しみや喜び，充実感を感じるか，他者との新たな関係づくりができるかなどを探す時期。
安定期	現状維持にとどまらない可能性の模索・挑戦，急性増悪期や衰弱期に入った時の希望・意向に変わりがないか確認する時期	状態が安定した中で，今後の生活に対する希望・意向を確認したり，生活の中でできることは何か，実現したいことは何かという願いを「形」にしたりするために，今の状態を長く保っていくために何をすべきか，今以上の可能性はないか，新たな望みはないかなどを模索し，実現を図っていく時期。
急性増悪期	既往症の再発や，原疾患の進行，増悪などがあるものの，「医療による」回復・改善も十分に期待されるため，必要な医療を適切に受けられるように支援する時期	本人・家族に，主治医や入院先，治療や今後の生活に対する希望・意向を確認し，医療サイドからのアセスメントと治療やサポート，大まかに人生の最後の時期をどのように過ごしたいのか，急変時の対応についての希望や意向を確認する時期。
回復期	急性増悪期での治療やサポートによる回復状況によって，今後の生活がどのように変化する可能性があるのか予測する時期	場合によっては，急性増悪期とこの回復期を繰り返しながら，徐々に衰弱期に進んでいくこともある。
衰弱期	本人・家族に「覚悟」を持ってもらう時期であると共に，「最後の望み」をかなえるチャンスととらえる時期	衰弱の兆候を示すサインを見逃さないことはもちろん，医療との細かな連携や協働，緊急時・終末期の対応や希望・意向の確認，今後の見通しについて，十分できめ細かな説明が必要な時期。そして，身辺の整理，「死」への心の準備，不安の除去と共に，会いたい人に会ってもらい，やり残したこと，伝え残したことに対する支援をする最後のチャンスの時期。
終末期	病気の末期，死を待つ時期	終末期になってみて，本当に望むことは何か，最期をどこでどのように過ごし看取りたいのか，本人や家族の希望・意向に沿ったケアを提供していく時期。

にできることはないか？」などを問うプロセスだということを強く認識しておくことが大切であると言えるでしょう。

家族は「当事者」

　第1章の最後にもう一つ大切なことを付け加えておきます。それは，家族との信頼関係を構築した上で，日頃から家族とコミュニケーションを図り，家族と共に考えながら対応していくということです。家族は，利用者が最期まで自分にふさわしく，尊厳を保ち，残された時間を安らかな気持ちで生きることができるように支援するための，大切なパートナーです。

しかし一方で，家族は，死にゆく人を精神的に支える側であると同時に，大切な人を失おうとしている当事者でもあるということを忘れてはなりません。

　利用者が亡くなった後も，利用者との関係は続きます。法事なども含めた親戚，近隣住民，友人などとの関係は，「今」だけではありません。ですから，普段から，スタッフは，利用者のキーパーソンだけにとどまらず，親戚を含めた家族の「死」についての考え方や意向についてコミュニケーションを図ることも大切です。

　その上で，家族がどんな「決定」をしても決して批判や非難をしてはいけませんし，することはできません。看取り介護では，施設側の自己満足，価値観の押し付けがあってはならないからです。また，家族，特にキーパーソンであっても，自分だけではなかなか決められないことがあるのは当たり前で，一度決めたことであっても，「心」が揺れるのもまた当然のことです。

　看取り介護とは，こうして悩み，迷うさまざまなプロセスを大切にすることなのでしょう。したがってスタッフは，利用者や家族が言葉にして訴えたことだけでなく，自覚していない思いも含めて，ニーズをくみ取る努力を怠ってはなりません。看取り介護を通して，利用者・家族の苦痛・苦悩を理解しようと努力することが，スタッフの成長につながるのだと言えます。

2015年度介護報酬改定における看取り介護の評価

　加算も含む看取り介護においては，国においてもさまざまな議論がされており，2014年10月29日に行われた第112回社会保障審議会介護給付分科会における第6期介護保険改正（案）において，看取り介護の質を向上させるために，看取り介護加算の充実を図るとされています（**資料3，4**）。

　例えば，夜間ナースの配置や医療ニーズ・看取り件数の高い施設について報酬上評価する。つまり，加算額の上乗せや，看取り介護における介護職・看護職の不安軽減を図るための看取り指針の整備などの案が示されています。

　本書の原稿の締め切り上，現時点ではこれ以上詳しく述べることはできませんが，これらのことからも，看取り介護に対する国の期待は大きく，介護福祉施設サービスの報酬・基準については，次期介護保険制度改正はもちろん，さらにその後の通知や制度改正などにも十分に注視しておく必要がありそうです。

> 本稿は，『相談援助＆業務マネジメント』Vol.5，No.1〜4に掲載したものに加筆・修正し，再編集したものです。

資料3　看取り介護加算の見直しについて

論点1
　入所者及びその家族等の意向を尊重しつつ，看取りに関する理解の促進を図り，介護老人福祉施設における看取り介護の質を向上させるために，看取り介護加算の充実を図ってはどうか。

対応案
- 新たな要件として，①入所者の日々の変化を記録により，多職種で共有することによって連携を図り，看取り期早期からの入所者及びその家族等の意向を尊重をしながら，看取り介護を実施すること，②当該記録等により，入所者及びその家族等への説明を適宜行うことを追加し，死亡日以前4日以上30日以下における手厚い看取り介護の実施に対し，単位数を引き上げる。
- また，施設における看取り介護の体制構築・強化をPDCAサイクルにより推進する。

厚生労働省：第112回社会保障審議会介護給付費分科会資料（平成26年10月29日）資料1

資料4　報酬改定における介護老人福祉施設の看取り対応の強化

平成26年7月23日 介護給付費分科会資料より抜粋

平成18年4月改定
- 「看取り介護加算」の創設　【160単位（最終的に医療機関等で死亡した場合は80単位）】

平成21年4月改定
- 「看取り介護加算」の見直し　【死亡日以前4日～30日：80単位/日，死亡日の前日・前々日：680単位/日，死亡日：1280単位/日】
（看取りに向けた体制の評価と，看取りの際のケアの評価を別個に行うこととした）

平成24年4月改定
- 特養の配置医師と在支診・在支病など外部の医師が連携し，特養における看取りを行った場合について，末期の悪性腫瘍患者に加え，以下の場合について医療保険の給付対象とすることとした。
①介護報酬における看取り介護加算の算定要件を満たしている特養において，
②在支診・在支病または特養の協力医療機関の医師が，当該特養において看取った場合，
③疾患に限らず死亡日からさかのぼって30日に限り医療保険の給付対象とする。

厚生労働省：第112回社会保障審議会介護給付費分科会資料（平成26年10月29日）資料1

引用・参考文献
1) 厚生労働省：平成25年9月18日社会保障審議会介護保険部会（第48回）資料2
2) 厚生労働省：介護支援専門員（ケアマネジャー）の資質向上と今後のあり方に関する検討会　資料
3) 厚生労働省：身体拘束ゼロ作戦推進会議　資料（平成13年3月）
4) 三菱総合研究所：介護サービス事業所における医療職のあり方に関する調査研究，平成25年3月．
5) 厚生労働省：介護給付費実態調査，2013．
6) 厚生労働省：第112回社会保障審議会介護給付費分科会資料（平成26年10月29日）資料1

第2章

入所から看取り介護開始までの業務

入所時における「看取りに関する指針」の説明と同意

1）看取りと相談員・ケアマネジャーの専門性

　現在の特別養護老人ホームは，要介護度の高い人が入所していることが多く，重度の認知症と慢性疾患を抱えながらも，穏やかに充実した日々を過ごしています。個人として尊重され，その人らしい生活がいつまでも続くことを願うものの，「死」を避けることはできません。特別養護老人ホームでは，人生の終焉を迎えようとしている人に対して，慣れ親しんだ環境の中で，最期までその人らしく過ごしていただけるよう，看取りが行われています。

　看取りとは，身体的・精神的苦痛をできるだけ緩和し，死に至るまでの間，その人の尊厳を十分に配慮しながら，心安らかに過ごせ，日々一刻を家族と共に心をこめて行う援助です。

　これまでは，医療機関で最期を迎えることが当然とされていたため，老衰という病態が理解されず本人の意志とは関係なく，治すことを目的とした延命治療（胃瘻や中心静脈栄養）が行われてきました。老衰により人生の終焉を迎えている中で実施される延命治療は苦痛を伴うことが知られるようになり，倫理的な面から高齢者医療の在り方を検討する契機となりました。現在では医療機関でも，延命治療ではなく尊厳ある終末期の在り方を重視する考え方に変わってきています。

　東京都にある特別養護老人ホーム芦花ホームの医師である石飛幸三氏は，「老衰，そして死は必然であり自然な出来事である。そして高齢者にとって一番安楽なのは自然死であり，尊厳ある死，平穏な死に特別養護老人ホームが貢献することの重要性」を述べています[1]。在宅重視の介護保険施策の中で，特別養護老人ホームで看取りの実施が求められているのは，先駆的に取り組みをされた人々による看取り介護の有用性が認められた結果です。

　看取りは，最期をどのような形で迎えたいかという提案から始まり，入所期，安定期，急性増悪期，回復期，衰弱期，終末期に到るまでの長期間のかかわりの中で形成されるスタッフと利用者・家族の信頼があってこそ実施できる援助です。この長期に及ぶかかわりの中で相談員・ケアマネジャーの果たす役割はとても重要です。医療の助けを借りて終末期を迎えることが一般的な考えとされている中で，穏やかな最期を迎えたいと考える本人の意志との隔たりをなくすためにも，医療に支配されることなく自然な形で終末期を迎えることの意味，個人の尊厳ある死期とはどのようなことかを利用者・家族に伝えていかなくてはなりません。また，相談員・ケアマネジャーは死期を迎えるにつれ意思表示が難しくなる利用者と家族が戸

惑うことのないよう，感情に寄り添い，共感し，支え，励ますなど，揺れ動く感情を支援する重要な役割を担っています。さらに当事者の気持ちや家族の気持ちを施設スタッフに伝えることで，施設全体で心を込めた援助が実施できるのです。その結果が，人生の終末期まで個人の意志が尊重され，自然な人生の終焉を迎えることが可能になるのです。つまり，相談員・ケアマネジャーは看取り介護の実践過程では，施設スタッフと利用者・家族，医師を結び付ける役割として，中心にいなければならないのです。

2)「看取りに関する指針」の説明と同意手順

①「看取りに関する指針」の説明

相談員・ケアマネジャーは，施設サービスを利用するに当たり，パンフレットやしおりを用いて利用上の注意点や準備すべきことなどを利用者や家族へ事前に説明すると共に契約書や重要事項説明書についても説明します。そして，利用者や家族の疑問点には丁寧に答えて利用上の不安を軽減する機会をつくります。

①「看取りに関する指針」の説明
↓
②「看取り介護についての同意書」の内容確認
↓
③「看取り介護についての同意書」のファイリング
↓
④記録の整備

その際，施設で作成している「看取りに関する指針」（**資料1**）および看取り介護加算の算定要件についても説明します。これから入所してどのような生活を送っていこうか，どのようなサービスが受けられるのかといったことが，利用者や家族の大きな関心事であるこのタイミングで「看取りに関する指針」の説明を十分に行うことは難しくもあります。なぜなら，看取りは死を連想させるデリケートなテーマであり，できれば考えることを避けたいと思う人が少なくないからです。また，施設への入所時点では，加齢に伴う疾病や心身機能の低下から介護は必要としていても，医療機関に入院するような状態ではないという点では元気に過ごしている人も多いからです。しかし，多くの高齢者は加齢や疾病に伴い，いつ，何が起こってもおかしくありません。突然，終末期を迎えたら誰でも慌ててしまいます。相談員・ケアマネジャーは，利用前の時点から過去の事例や経験談などを交えながら，「看取りに関する指針」について説明する必要があるのです。

❖「看取りに関する指針」を作成する意味

2006年4月に行われた介護保険制度改正の基本方針の一つに「中重度者への支援強化」があります。利用者の重度化・長期化をはじめ，終の棲家とされる特別養護老人ホームにおいて，利用者の看取り介護に関する対応を積極的に行っていくこ

資料1　看取りに関する指針（例）

○○ホーム看取りに関する指針

　利用者が医師の判断のもと，回復の見込みがないと判断された時に，利用者または家族が○○ホームにおいて看取り介護を希望された際には，以下の考え方のもと看取り介護の実施に努めていきます。

1．○○ホームは，「死」は「生」の延長線上にあるものであると認識していることから，「死ぬこと」だけを前提とした支援ではなく，日常的なケアの延長線上として，最期まで利用者の「生きること」を支えることに努めます。
2．○○ホームでは，高齢期は人生が完結する大切な時であると認識し，誰もが「最期まで幸せでありたい」というごく当たり前の願いを実現できるように努めます。その中で，利用者の自己決定と尊厳を守りながら，安らかな最期を迎えるために，以下に示す看取り体制のもと，看取り介護の実施に努めていきます。
3．その人らしい最期を迎えるためには，本人の意向を尊重することは当然として，家族，職員，関係する人々の思いを一つにすることが必要です。本人が望む，または望むと思われる最期の迎え方を関係する周囲の人々が同じ気持ちで看取り介護にあたることに努めていきます。

1）看取り介護の具体的方法

（1）生前意思の確認
　○○ホームにおける看取り介護の考え方を明確にし，利用者または家族に対し生前意思（リビングウィル）の確認を行います。

（2）看取り介護の開始
　○○ホームの看取り介護においては，医師による診断がなされた時（医学的に回復の見込みがないと判断した時）を看取り介護の開始とします。

（3）利用者または家族への説明と同意
　看取り介護実施に当たり，利用者または家族に対し，医師または協力病院から十分な説明が行われ，利用者または家族の同意を得ます（インフォームドコンセント）。

（4）多職種協働により看取り介護に関する計画書作成
　看取り介護においてはそのケアに携わる施設長，生活相談員，ケアマネジャー，看護師，栄養士，介護職員などが協働し，看取り介護計画書を作成し，利用者の状態または家族の求めに応じて随時に家族への説明を行い，同意を得て看取り介護を適切に行います。なお，必要に応じて適宜，計画内容を見直し，変更します。

2）施設における医療体制の理解

　特別養護老人ホームは医療施設ではありません。病院のような病気の治療や回復または療養を目的とした施設ではなく，「高齢者の生活」を支えるための社会福祉施設です。○○ホームの医師や看護師の主たる役割は，利用者の健康管理であり，病院のように治療を主としていないことから，常勤の医師や夜勤ができる看護師などの体制は制度的に求められていません。提携する医療機関との協力体制はありますが，病院の病棟のように専門的で迅速な対応はできない状況です。

3）医師・看護体制

①看取り介護実施に当たり，○○ホームは配置医，協力病院医師，看護師との24時間連絡態勢を確保し，必要に応じて随時対応します。
②看護師は医師の指示を受け，看護責任者のもとで利用者の疼痛緩和など安らかな状態を保つように状態把握に努め，利用者の心身の状況を受け止めるようにします。また，日々の状況などについて随時，家族に対して説明を行い，その不安に対して適宜対応します。
③医師による看取り介護の開始指示を受けて，カンファレンスに基づき多職種による看取り介護計画書を作成し，実施するものとします。

4）看取り介護の施設整備

①尊厳ある安らかな最期を迎えるために個室または静養室の環境整備に努め，その人らしい人生を全うするための施設整備の確保を図ります。

②施設での看取り介護に関して，家族の協力態勢（家族の面会，付き添いなど）のもとに個室または静養室を提供します。

5）看取り介護の実施とその内容
（1）看取り介護に携わる者の体制およびその記録などの整備
①看取り介護についての同意書　②医師の意見書　③看取り介護計画書作成（変更，追加）
④経過観察記録　　　　　　　⑤ケアカンファレスの記録　⑥臨終時の記録
⑦看取り介護終了後のデスカンファレンス会議録

（2）看取り介護実施における職種ごとの役割
〈施設長〉看取り介護の総括管理，諸問題の総括責任
〈相談員〉継続的な家族支援／多職種協働のチームケアの強化／
　　　　　死亡時および緊急時のマニュアルの作成と周知徹底
〈ケアマネジャー〉看取り介護サービス計画書の作成
〈看護職員〉医師または協力病院との連携強化／職員への「死生観教育」と職員からの相談機能／
　　　　　　状態観察と医療処置／疼痛緩和／家族への説明と不安への対応／
　　　　　　オンコールへの対応
〈管理栄養士〉利用者の状態と嗜好に応じた食事の提供／食事，水分摂取量の把握／
　　　　　　　家族への食事提供
〈機能訓練指導員〉安楽な体位の工夫／福祉用具の選定
〈介護職員〉きめ細やかな食事，排泄，清潔保持の提供／コミュニケーションを十分にとる／
　　　　　　状態観察
〈事務職員〉家族との連絡窓口

（3）看取り介護の実施内容
①栄養と水分
　看取り介護に当たっては，多職種と協力し，利用者の食事・水分摂取量，浮腫，尿量，排便などの確認を行うと共に，利用者の身体状況に応じた食事の提供や好みの食事などの提供に努めます。

②清潔
　利用者の身体状況に応じて，可能な限り入浴や清拭を行い，清潔保持と感染症予防対策に努めます。その他，利用者・家族の希望に沿うように努めます。

③苦痛の緩和
　〈身体面〉利用者の身体状況に応じた安楽な体位の工夫と援助および疼痛緩和などの配慮を適切に行います。
　〈精神面〉身体機能が衰弱し，精神的苦痛を伴う場合，手を握る，体をマッサージする，寄り添うなどのスキンシップや励まし，安心される声かけによるコミュニケーションの対応に努めます。

④家族
　変化していく身体状況や介護内容については，定期的に医師からの説明を行い，家族の意向に沿った適切な対応を行います。
　継続的に家族の精神的援助（現状説明，相談，こまめな連絡など）を行い，カンファレンスごとに適時の状態説明を通し，家族の意向を確認します。

6）看取り介護に関する施設内教育
　特別養護老人ホームにおける看取り介護の目的を明確にし，死生観教育と理解の確立に努めます。基礎・実践・応用と段階的に教育を施していくことが効果的です。
〈基礎〉看取りに関する指針の理解／死生観教育／記録の重要性
〈実践〉開始から終了までの経過／専門性の理解と職種間連携／死亡時の行動マニュアル／
　　　　書類の作成と管理／デスカンファレンスの重要性／エンゼルケアの意味と手技
〈応用〉終末期を意識したアセスメント／終末期における心身の変化と観察のポイント／
　　　　終末期における家族とのかかわり方／臨終後のあいさつと姿勢

とが期待され，看護体制の確保，一定の要件を満たした施設に加算される重度化対応加算が創設されました。そして，看取り介護についても一定の要件を満たした上で，実施した施設には「看取り介護加算」が，基本報酬にプラスされることになりました。この一定要件の一つが「看取りに関する指針」の作成，説明，同意を行うことだったのです。

　3年後の2009年4月の介護保険制度改正時には，重度化対応加算がなくなりましたが，看取り介護加算および加算算定の際に「看取りに関する指針」を定めていることは継続されています。なお，この時，介護老人保健施設にはターミナルケア加算，グループホームには看取り介護加算が創設されました。

　「看取りに関する指針」を作成するのは，看取り介護を実施するに当たり，利用者のためにできることや，そのための具体的な対応，各施設が看取り介護に関して実施の有無を含めた一定の考え方（基本方針），介護現場における標準化された看取り介護のあり方を確立するためです。

　ここで注意しなければならないことは，指針は形骸化されたものではなく，あくまでもスタッフが読んで，きちんと論旨が伝わり，理解できなければなりません。家族が読んでも理解できるものでなければなりません。次の点を「看取りに関する指針」に盛り込み，説明するとよいでしょう。

❖ 盛り込む内容と説明のポイント

指針における看取り介護の考え方：『特別養護老人ホームにおける看取り介護ガイドライン』に「看取り介護を進めるにあたり，施設の看取りに関する基本的な考え方や姿勢を明確にする」とあります[2]。本人と家族が施設における看取りを希望した際に納得して選択できるように，施設における看取り介護の考え方を示しておくことが重要です。

看取り介護の具体的方法：看取り介護の具体的な流れや方法を説明することで，利用者や家族との共通理解が深まります。説明の際には，看取り介護を実践したエピソードなども交えると，利用者や家族はイメージしやすいでしょう。

施設における医療体制の理解：特別養護老人ホームには医師や看護師がいて医療体制が整い，重度化した利用者が生活する施設の雰囲気から，病院のような印象を抱く人がいるかもしれません。しかし，特別養護老人ホームは病院とは違うこと，施設としてできることとできないことがあることをあらかじめ説明しておくことは大切なことです。

　施設と利用者・家族との間に誤解があると，その先の終末期に向けた判断の方向性にずれが生じることにつながりますので注意しましょう。

看取り介護の施設整備：誰もが家族に見守られて人生の締めくくりを迎えたいと考えていると思います。また，残された家族も悔いがないようにできることはしたいと思うでしょう。そのために，施設が提供できるものとして，気兼ねなく過ごせる個室や静養室，夜間でも付き添うことができる簡易ベッドなどについても説明しておくとよいでしょう。

看取り介護の実施とその内容：特別養護老人ホームが持つ強みの一つは，専門職が多面的に利用者を支援できるという点です。看取り介護においても，専門職が協働することでケアの質の向上が図れます。また，それぞれの専門職がどのような役割を担うのかを説明しておくと，利用者や家族にとっても安心感を持てるようになるでしょう。

看取り介護に関する施設内教育：施設が行っているスタッフ教育の具体的な内容を利用者や家族に説明しておくと，安心感が持てるようになるでしょう。

❖説明する対象

　看取り介護を受けるのは利用者ですから，利用者に「看取りに関する指針」を説明するのは当然の義務です。しかし，「何をどこまで説明するのか」「どのように伝えることが最適なのか」は，家族と事前に相談することが必要です。長い人生の中で，利用者と家族にしか分からない歴史や思いがあります。事前に情報を把握し背景を考慮した上で，丁寧に対応することが求められます。また，「看取りに関する指針」を説明する時，相談員・ケアマネジャーと利用者が初めて対面するということも少なくありません。相談員・ケアマネジャーは，看取り介護というデリケートなテーマに対して，利用者が安心して説明を受けられる面接技法のスキルも求められます。

　また，家族に対しては，キーパーソン以外にも関係する他の家族がいれば，その家族にも説明をすることが望ましいでしょう。看取り介護を実施する上で，施設の専門職や家族が同じ目標に向かって支援していくことは大変重要なことです。特に，看取り介護に対して家族の気持ちや考えを一つにしてもらうことは，大切なことです。家族であっても立場や理解度が違うことを踏まえ，その人に合った説明の仕方を確認しておくとよいでしょう。また，入所前には関係が希薄であった家族でも，入所中にかかわりが深くなることもあるため，一度に必要な人全員に説明することは難しい場合もあります。ですから，入所するまでの間に，できる限り，家族間で「看取りに関する指針」や利用者にとって最善の最期の迎え方について共通の認識が持てるよう働きかけていくことが必要です。

　「看取りに関する指針」については，1部は利用者または家族の保管用，もう1部

は施設の保管用として2部準備します。入所当日は施設保管用を持参するよう依頼しておきます。

②「看取り介護についての同意書」の内容確認

入所当日は，事前に説明した「看取りに関する指針」について説明を受け，看取り介護について理解し同意しているか確認します。そして，「看取り介護についての同意書」（**資料2**）に利用者・家族の署名・捺印されているかを確認します。関係する家族が複数いれば，どの程度の家族が同意しているのか，キーパーソンに一任されているのかなども確認しましょう。

③「看取り介護についての同意書」のファイリング

内容を確認したら，施設で定めた方法で保管します。

④記録の整備

利用者の死にかかわる問題であるため，家族とのトラブルに発展する可能性もないとは言えません。誰にどのような説明を行い，誰とどのような確認をしたのかなど，詳細に記録しておく必要があります。

資料2　看取り介護についての同意書（例）

看取り介護についての同意書

私は，「○○ホーム　看取りに関する指針」について説明を受けました。
貴ホームにおける看取り介護について理解し同意をしました。

　　　○年　○月　○日
○○ホーム　施設長様

　　　利用者氏名＿＿＿○○○○＿＿＿＿㊞
　　　同意者住所＿＿＿東京都○○区○○町○丁目○番地○号
　　　同意者氏名＿＿＿○○○○＿＿＿＿㊞
　　　　　　　　　　関係（　長男　）

　立会者住所＿＿＿＿＿＿＿＿＿＿＿＿＿＿＿＿＿
　立会者氏名＿＿＿＿＿＿＿＿＿＿㊞
　　　　　　　　関係（　　　）

　立会者住所＿＿＿＿＿＿＿＿＿＿＿＿＿＿＿＿＿
　立会者氏名＿＿＿＿＿＿＿＿＿＿㊞
　　　　　　　　関係（　　　）

（それぞれに署名・捺印をもらう。）
（立会者がいる場合は，署名・捺印をもらう。）

入所時における「看取り介護の意向確認書」の説明と同意

1）看取り介護の意向確認

　看取り介護を受けるのは，主に利用者であることから，利用者の意向を最大限に尊重するべきであることは言うまでもありません。最近は，自分にもしものことがあった時のために，自分の大切な情報をまとめておくエンディングノートなどを活用して生前に自分の意思を表明しておく人も増えてきましたが，全体から見ればまだまだ少数です。いざ終末期を迎えた際，利用者の意向が確認できる状態にないことが少なくありません。自分の意思を表明できるうちに，利用者に意向や死生観を確認しておくことはとても重要なことです。

　また，利用者の意向を確認できなくなった時は，その判断を家族に委ねることになります。決して単純で簡単な判断ではないことから，多くの家族が悩み，苦しみ，戸惑います。あらかじめ利用者から聞いておいた利用者の意向や死生観が，家族の判断の助けになることも少なくありません。

2）「看取り介護の意向確認書」の説明と同意の手順

①「看取り介護の意向確認書」の説明

　「看取りに関する指針」の説明に合わせて，「看取り介護の意向確認書」の説明を利用者および家族に説明します。「看取りに関する指針」の説明同様，元気に過ごしている段階から，利用者や家族が十分に内容を理解することは難しいと言えます

①「看取り介護の意向確認書」の説明
↓
②「看取り介護の意向確認書」の内容確認
↓
③「看取り介護の意向確認書」のファイリング
↓
④関係部署への周知
↓
⑤記録の整備

が，相談員・ケアマネジャーは，過去の事例や経験談を交えながら，施設で生活する上での大切なこととして，利用前から「看取り介護の意向確認書」（**資料3**）の説明を行う必要があります。

❖説明する対象と説明のポイント

　看取り介護では，利用者の意向が最大限に尊重されなければなりませんから，利用者の意向を確認することはとても大切です。しかし，「看取りに関する指針」同様，事前に家族と相談し，丁寧に説明・対応します。

　ただし，この段階ですでに認知症の重症化などにより，利用者の意思確認が困難な場合があります。この場合は，家族に意向を確認しますが，家族の意向は利用者の意向であると，安易に決めつけてはいけません。家族自身の意思や意向ではなく，

資料3　看取り介護の意向確認書（例）

○○ホーム　看取り介護の意向確認書

　○○ホームでは，希望される方に精神面での介護を中心とした看取り介護を行っています。利用者の容態が悪くなられた時，利用者の「～してほしい」というご意思やご要望に対しては，できるだけ反映させていただきたいと考えております。

　以下の質問は，利用者が終末期を迎える際，どのような考えをお持ちなのかを伺うものです。可能な範囲でご回答いただきますようお願い申し上げます。

1．口から食べる・飲み込むことが困難になった時，どのような形を望まれますか？
　　□経管栄養など口以外から栄養を摂る方法を希望する
　　☑経管栄養など人工的な栄養補給は希望しない
　　□今は分からない

2．終末期は，どのような形を望まれますか？
　　□入院し積極的に医療を受けたい
　　☑○○ホームで看取り介護を受けたい
　　□自宅に戻って最期を迎えたい
　　□今は分からない

> 意向を確認し，該当するところに✓を入れる。
> 家族に記入してもらってもよい。

3．その他（ご希望，ご要望があればご記入ください）

　　　○○ホームで最期まで過ごしたい。

　ご記入いただいた内容は，ご利用者およびご家族の意向を確認するためのものであり，意向内容を変更することは可能です。

> 署名・捺印をもらう。

　　　　　　　平成　○年　○月　○日
　　　　　　　　　利用者氏名　　　　○○○○　　　㊞
　　　　　　　　　立会者氏名　　　　○○○○　　　㊞
　　　　　　　　　　　　　　　　続柄（　○○　）
　　　　　　　　　立会者氏名　　　　　　　　　　　㊞
　　　　　　　　　　　　　　　　続柄（　　　　）

家族を最も身近な支援者として位置付け，家族が推測する利用者の意思をもって利用者の意思であると推定するのです。「看取りに関する指針」同様，キーパーソン以外の関係する家族も含めて，家族間で気持ちや考えを一つにしてもらう働きかけが必要です。

　「看取り介護の意向確認書」は，あくまでも意向を確認するためのものであることをきちんと説明してください。これまでの人生で意向がはっきりしている人や尊厳死公正証書を作成している人，日本尊厳死協会にリビング・ウィル登録をしている人，エンディングノートなどを活用して意思表明をしている人もいるでしょう。信仰や宗教上の考えを持っている人もいるかもしれません。意思をはっきり表明している人については，それを把握しておく必要がありますが，すべての人がしっかりとした意思を持っているわけではありません。「今は分からない」「今は考えたくない」という気持ちも，現時点での意向であるととらえます。無理に意向確認を行う必要はありません。

　また，その時々の状況に応じて気持ちが変化することは当然です。実際に終末期を迎えた時に入所時点と意向が同じであるかは，その時になってみなければ分かりません。入所時点での意向確認が決定事項なのではないこと，意向はいつでも変更できることを説明してください。

　「看取り介護の意向確認書」については，その場で書いてもらう必要はありません。利用者と家族で十分に相談することが大切ですから，確認書の提出は後日で構わないことを説明します。

②「看取り介護の意向確認書」の内容確認

　入所当日，事前に渡しておいた「看取り介護の意向確認書」を確認します。そして利用者・家族の署名・捺印を確認します。関係する家族が複数いれば，どの程度の家族が同意しているのか，キーパーソンに一任されているのかなども確認しておきましょう。

③「看取り介護の意向確認書」のファイリング

　内容を確認したら，施設で定めた方法で保管します。

④関係部署への周知

　利用者・家族，看取り介護にかかわる看護職員・介護職員など，必要な人たちに「看取り介護の意向確認書」のコピーを配布し，内容を周知しておくことが重要です。これは利用者の終末期における尊厳を守る重要な書類ですので，配布する際には，「取り扱い注意」「重要」といった印鑑を押印して注意を促しましょう。

⑤記録の整備

　いつ誰とどのような確認をしたのか，ここまでの経過についてのすべてを記録します。利用者・家族の終末期に対する意向や死生観を確認するということは，とてもデリケートなことです。発せられた言葉，浮かべていた表情，どのようなことに対してどのような質問や心配事があったのかなども含めて詳細に記録を残します。

入所後の意向確認の支援

1）利用者の意向を汲み取る

　自分自身の逝き方には，「家族に迷惑をかけたくない」「自宅で最期を迎えたい」「最期はできる限りの治療を受けたい」などさまざまな思いがあると思います（**図1**）。入所時点で最期の迎え方についての意向は確認していますが，入所期，安定期，急性増悪期，回復期，衰弱期，終末期と経過をたどる施設生活において，入所期～安定期は新たな環境になり，これまでとは違う生活様式を獲得していきます。この時期は生活する上での安心感とスタッフに対する信頼感が形成される大事な時期です。施設生活における安心感と信頼は，これから迎えることになる自分自身の最期に対する考え方に大きな影響を与えると思われます。

　特別養護老人ホームに入所する人の多くは，重度の認知症や慢性疾患を多数抱えているので，意志を確認することが難しい場合もありますが，できる範囲での意向を汲み取り，「逝き方」に関しても家族の判断に任せるのではなく，利用者の意志で決定できるようにしたいものです。

　スタッフは，認知症の人であれば，情報の認識，理解，判断が難しく，情報に基づく自己判断や意思決定ができないと考えがちですが，多くの利用者は普段，レクリエーションに参加する・しない，トイレに行く・行かない，お風呂に入る・入らない，起きていたい・

図1　最期を迎えたい場所

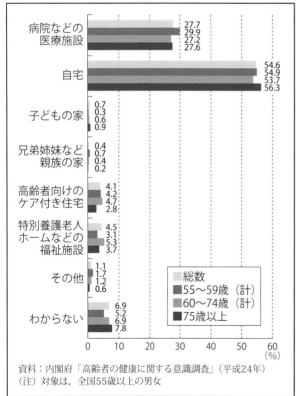

資料：内閣府「高齢者の健康に関する意識調査」（平成24年）
（注）対象は，全国55歳以上の男女

内閣府：平成26年版高齢者白書

寝ていたいなど，自分で決めて行動しています。日常生活の中では，情報を理解し，自己決定しているのです。ですから，自分自身の逝き方についても情報として理解すれば，意向を確認するのは不可能なことではありません。自己決定は，最期まで尊厳ある生活を送るために重要な要素です。

　看取りを実践する上で相談員・ケアマネジャーは，施設生活に対する満足感と安心感，信頼における関係性を軸に生活場面での面接などで，入所したてのころはあいまいであった最期の迎え方，逝き方に対する意向を，利用者の意志として明確にしていく必要があります。意向を汲み取るための援助のプロセスは次のとおりです。

2）入所後の意向確認の支援の手順
①逝き方について情報を提供する

　選択肢が提示されることは，利用者にとっての内発的動機付けが高まるきっかけになります。「施設で看取るとはこういうことです」「病院に行くとはこういうことです」など，難しく説明してしまうと情報としての認識・理解ができなくなってしまうので，できるだけ短い言葉で伝えてみてください。

　「○○さんは今○歳ですが，最期はどのような形で迎えたいと考えていますか？」「○○さんのご両親はどのような形でお亡くなりになったのですか？」など，理解しやすいようにシンプルに尋ねることが有効です。

> ①逝き方について情報を提供する
> ↓
> ②繰り返し説明する
> ↓
> ③死について話す機会を有効に活用する
> ↓
> ④生活歴を踏まえたアプローチをする
> ↓
> ⑤表出された意向を否定しない
> ↓
> ⑥繰り返し意向を確認する
> ↓
> ⑦家族の情報とすり合わる
> ↓
> ⑧利用者の意向を明確にする

　また，このような話をする時は，突然切り出すのではなく，失礼のないように生活場面での面接（ベッドサイドや食堂など）などで会話の中に組み入れる方が，緊張せずに答えられるようです。

②繰り返し説明する

　1度だけでの情報提供で判断を求めるのは難しいので，繰り返し，生活場面での会話の中に組み込み，理解できるように話しかけていきます。情報として繰り返して選択枝が入力されることで，選択を求められていることとしての理解を促すことにつながります。

③死について話す機会を有効に活用する

　介護が必要となる前段階で，多くの人は，人として自分の役割は十分に果たした

から，あとはどのような形で最期を迎えるかということを考えています。老年期を迎えたら，自分の逝き方は誰でも考えなくてはならない課題です。認知症のために，介護が必要となる前のころの自分の考えが想起できないかもしれません。私たち相談員・ケアマネジャーは，生活場面の面接で「もう，いつ死んでもいい」などという発言を聞くと，「そんなことは言わないでください」「元気なのですから，そんなことは考えないでください」と，当たり障りのない返答をしているのではないでしょうか。しかし，利用者は介護が必要になる前から死を必ず迎えることと理解し，考えているのです。相談員・ケアマネジャーは，このような発言をきちんと受け止め，話を聞くことが大切です。

　死を想起させる発言を受け，「どのような形で亡くなりたいと考えていますか」と聞き返すことは，その人の死生観を知る絶好の機会です。また，施設の他利用者が亡くなったのを見た時や「あの人が居なくなったけどどうしたのだろうか」などの発言があった際は，自分が亡くなることについて考えるきっかけになります。「△△さんは病気でお亡くなりになりましたが，○○さんは自分の時はどうしたいと考えますか」と問いかけることで，その人の考えを知ることができます。日常生活の場で死期に関する意向を聞く機会はたくさんあります。その機会を逃さず活用しましょう。

④生活歴を踏まえたアプローチをする

　利用者のこれまでの生活歴を踏まえて会話を重ねていくことは，「自分のことについて理解してくれて，一緒に考えてくれている人なんだ」という思いにつながります。一緒に考えてくれる人という思いは，利用者にとって心の支えとなるでしょう。また，逝き方についての意向を問われていることと，その情報に対し，選択として問われていることとしての理解につながり，内発的動機付けにつながる機会となるかもしれません。

　利用者の生活歴には，「どのような仕事をしていたか」「何が楽しみで，何が好きだったのか」「家族との思い出は何か」など，利用者を理解することにつながる情報だけでなく，その人らしい最期を迎えるためのヒントがたくさん隠されています。

⑤表出された意向を否定しない

　「○○さんは今○歳ですが，最期はどのような形で迎えたいと考えていますか」という問いに，明確な回答を得ることは難しいかもしれません。「何もしないでほしい」「楽に死にたい」「最期は病院で」など，あいまいな回答かもしれません。しかし，こうした回答もすべて自己主張であり意向表明です。利用者の逝き方に対する考えとして尊重しましょう（**図2**）。

　中には，「分からない」など，意思表示することが難しい人もいます。質問に答

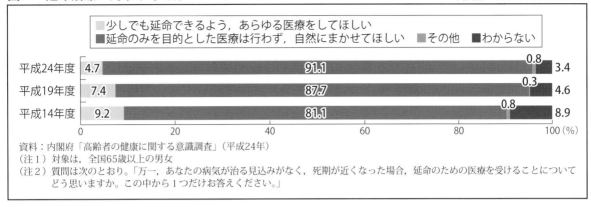

えられないとしても，質問することに意味がないというものではありません。最期の迎え方について答えられる・答えられないにかかわらず，一緒に考えながら自己決定に参加したことは，利用者にとっても自分が尊重されているという気持ちを感じる機会となるからです。

⑥繰り返し意向を確認する

一度「何もしないでほしい」「最期は病院で」と答えたとしても，時を変えて同じ質問をしたら同じ答えが返ってこないことも考えられます。ですから，「以前は○○したいと言われていましたよね」というように言葉かけをすると，それを記憶として認識する可能性があります。記憶として認識されれば，記憶から想起，再生することにつながる可能性があります。

⑦家族の情報とすり合わせる
⑧利用者の意向を明確にする

汲み取った意向を利用者も交えて家族に説明することは，家族にとっても逝き方についての意志を明確にすることにつながります。「○○さんは，最期はこのように迎えたいとおっしゃっていました」と利用者の意向を伝えることは，利用者の意志として家族も感じ取る機会となるでしょう。もしかしたら，家族から「以前からそういうことを言っていた」と話が出るかもしれません。利用者の意向と家族からの情報を統合することで，あいまいであった意向が明確になる可能性があります。自己決定に基づく逝き方は，最期まで尊厳ある生き方をする上での重要な要素です。

このような話し合いの場をつくることで，家族は利用者が「何を大事にしてきたのか」「どのような死生観を持っていたのか」ということを知る機会になるでしょう。利用者の自己決定による意向と家族がこれまで知り得た情報を統合することで，最期が近づいてきた時に，「ビールが好きだから飲みたい」「寿司が食べたい」「遠方にいる兄弟・姉妹に会いたい」「孫に会いたい」「子どもと一緒に過ごしたい」など，意向が明確になり，その人らしい最期を迎えることができるでしょう。

状態の悪化のプロセスと支援

1）状態の悪化による急性増悪期，回復期，衰弱期の流れの理解と支援

> 看取り介護は，医師が一般的に認められている医学的知見に基づき，回復の見込みがないと診断した入所者について，本人及び家族とともに，医師，看護師，介護職員等が共同して，随時本人又はその家族に対し十分な説明を行い，合意をしながら，その人らしさを尊重した看取りが実践できるように支援することを主眼として設けられたものである。

厚生労働省介護制度改革本部：介護制度改革INFORMATION, Vol.127, 2006.

利用者が終末期を迎えているかどうかを判断するのは，あくまでも医師です。どのような状態が終末期を示すのか明確な定義はありませんが，「医学的知見に基づき回復の見込みがない状態」にあることが前提です。この「回復の見込みがない」と判断するのは，施設スタッフではありませんが，そのような状況ではないかと医師や家族に相談・進言するのは，利用者支援・家族支援の意味で相談員やケアマネジャーの重要な役割です。

利用者の生活は，先述のとおり安定期から急性増悪期，回復期，衰弱期，終末期と経過しますが，安定期から急性増悪期，回復期から衰弱期へ移行していると把握することは，早期の段階での医師への進言，家族への提案につながります。そして，利用者の今後について本格的に検討する契機となります。ですから，日常から利用者の状態変化に伴う衰弱の徴候を見逃さないことが大事です。

衰弱していく経過を食事面から検討していくと，次のプロセスが考えられます。

この時期，相談員・ケアマネジャーは，常に利用者の状態を把握し，その人の背景や事情を考慮しながら，家族に報告します。

①機能低下による食事内容の変更
　↓
②自己摂取から介助への変更
　↓
③食事摂取量の低下
　↓
④対応による回復
　↓
⑤体重の減少
　↓
⑥傾眠の出現

①機能の低下による食事内容の変更

アルツハイマー型認知症や脳梗塞などの脳疾患は，脳神経機能の低下により，歯や頬，舌の動きが低下し，咀嚼困難，食塊形成不良，咽頭閉鎖不全による嚥下障害を起こすことがあります。食べ物を飲み込みづらそうにしている，水を飲む時にむ

せるなどの症状が見られたら，主菜は米飯からお粥へ，副菜は常食から一口大食，刻み食，ペースト食などへと，摂取状況に合わせた食事内容に変更します。食事形態を変える必要があるということは，食事摂取の機能が低下していると理解します。特に，刻み食からペースト食への変更を検討する時は，食事形態としては一番落とした状態ですから，嚥下機能が著しく低下したと理解してください。

②自己摂取から食事介助への変更

食事摂取の際，介助が要否を検討する機会になるのは，次の状況が考えられます。

食べ乱れ：一口量を適切に摂ることができない，飲み込む前から次々とかき込むように食物を口の中に運ぶ。

摂食開始困難：食べ始めるきっかけがつかめず，手に取って食事を始めることができない。

摂食中断：食事中に摂食動作が止まり，その後も自ら食事を再開できない。

摂取意欲の低下：認知症に伴う意欲低下が起因して，自ら摂取しようとする意欲がない。食物と認識できないために食べる意欲がわかない。

運動機能低下：食べる意欲はあるが，上肢の運動機能低下により食物を口まで運ぶことが困難になる。振戦が強く，スプーンなどで運ぼうとするがこぼれてしまう。

日常では，介護職員の声かけ，摂取方法の工夫，用具の工夫，食事環境の整備など，改善に向けた取り組みが行われています。しかし，それでも改善が見られない場合は，食事介助が必要です。食事を自己摂取できなくなることも運動機能低下を示すサインとして認識してください（食事介助が必要になったからすぐに悪くなるということではありません）。

③食事摂取量の低下

加齢に伴う変化は，体の内面でも起こっています。胃や腸など消化管の運動機能が低下し，消化・栄養吸収機能も低下します。そのため，食事を全量摂取すると，消化できる量を超えてしまい，嘔吐することもあります。

消化管の機能低下により，体が徐々に食物を受け付けなくなってくると，全量摂取できていた状況から食べむらが見られるようになります。そして，食べむらが続くことで全体量が慢性的に低下傾向をたどり，以前の7割程度，あるいは5割程度の摂取量で一定化してきます（**図3**）。このような状態になると，少量の食事量でも空腹を感じないようになってくると言われています。

④対応による回復

急性増悪期を迎えたことによる身体レベルの低下は，状況に応じて検討されたケアの実践や治療の結果，一時期，増悪傾向から回復傾向に向かいます。この回復期は，

図3　食事摂取量の変化（全摂取を10とした時のイメージ）

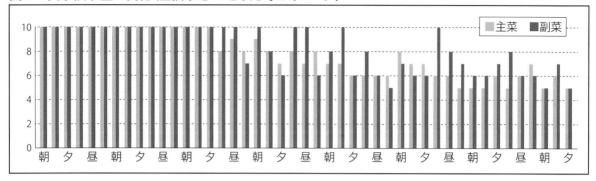

今後の生活がどのように変化する可能性があるかを予測する時期です。場合によっては，急性増悪期と回復期を言ったり来たりしながら徐々に衰弱期へと進んでいくこともありますし，回復傾向が見られないまま，衰弱期に進むこともあります。

⑤体重の減少

食事量の低下による変化は，体重の減少として現れます。施設では，栄養ケアマネジメントとして体重を把握しています。BMI〔体重÷身長（m）^{2}〕が18.5未満であれば低栄養状態とされています。体重減少率〔（通常の体重－現在の体重）÷通常の体重×100〕では，6カ月に2～3kg，または減少率が3％以上であると低栄養状態であると考えましょう。

体重減少も衰弱傾向を示す重要なデータとなります。

⑥傾眠の出現

慢性化した食事量の低下→体重減少→低栄養状態という連鎖は，本格的に衰弱期を迎えていることを示しています。低栄養状態が続くと，次第に傾眠も出現してきます。身体がエネルギー消費を抑えようと，日常生活の中でも体を休めようとしてベッドで入眠する時間をつくることが多くなってきます。

❖この時期の相談員・ケアマネジャーの役割－家族へのこまめな報連相

相談員・ケアマネジャーは，他職種との連携のもと，常に利用者の状態を把握し，その人の事情を考慮しながら家族に報告します。一方的に報告するのではなく，時には利用者の一番身近な当事者として，状態の変化について相談することで新たな情報を獲得することにつながります。

また，家族と面会することで，家族が気づかない利用者の変化を伝えることができます。わずかなことであっても家族と情報を共有していれば，家族と施設との間の受け止め方や認識に共通の理解を得ることができるでしょう。

さらに，サービス担当者会議でケアプランの説明の際に状態の変化を伝えることは，状態変化の共通認識を形成します。

図4　入所期〜終末期の状態の変化

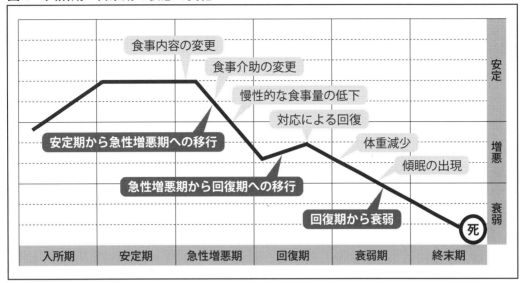

　何が衰弱傾向で，何が衰弱している状態かと示せる明確な定義はありませんが，私たちは日常生活の中で利用者の変化を細かくとらえています。特に食事面での慢性的な摂取量の低下は，低栄養状態を招き，低栄養状態になると一気に衰弱傾向は進むと考えらえます（**図4**）。安定期から急性増悪期，回復期から衰弱期に移行している状態を把握し，医師や家族に今後のことを本格的に検討してもらう契機としてください。

2）看取り希望と病院受診の考え方
入所に到るまでの高齢者の特性
　特別養護老人ホームの利用者は，要介護度が高い人を中心に，多くの人が入所に至るまでの生活習慣から循環器系，呼吸器系，代謝系などの慢性疾患を抱えています。そして，アルツハイマー型認知症や大腿骨頸部骨折，脳卒中などの直接介護が必要となる疾病と加齢に伴う心身機能の低下も加わり，現在の要介護状態となっています。そのため，入所してからも新たな疾病を発症する可能性は高く，さらに新たな疾病が加わることで回復は困難となり，体力的な面からも根本的な治療・手術ではなく対症療法的な治療を選択せざるを得なくなります。多くの疾病を抱えながらの生活は，いつ，何が起きてもおかしくないのです。特に衰弱傾向を迎える時は体調変化が起こりやすく，入院加療が必要になる場合も増えます。

「看取り希望＝入院しない」ではない
　特別養護老人ホームでは，看護師，配置医が中心になって日常の健康管理を行っていますので，体調不良の際は，医師に報告し，施設内での対応か，医療機関での入院加療かを医師に判断してもらうことになります。入院加療が必要という判断で

あれば，医療機関に受診を相談すると共に，家族に連絡するなど，入院に向けた援助を行います。

この時注意したいのは，「この人は看取り介護を希望している」という事前の意向から「医療機関へ搬送する必要はない」という誤った判断をしないことです。

> すべての人にとって最善の医療およびケアを受ける権利は基本的人権の一つである。どのような環境下であっても最前の医療およびケアが保障されなくてはならない。

日本老年医学会：日本老年医学会の立場表明2012

「看取り希望」とは，「その時が来たら看取り介護を希望する」ということです。「その時」とは医師の医学的知見に基づいて回復が不可能との見解が出た時を指していますので，回復が不可能と判断が出ていないのであれば，適切に医療機関へつながなければなりません。入院加療につなげないということは，最善の医療を受ける権利を阻害し，適切な治療によって病状が改善，治癒する機会を失わせるということです。「看取り介護を希望する＝入院しない」ではありません。

3）終末期を検討する契機となり得る病気

入院加療が必要となったら医療機関へ搬送しますが，これまでの既往と加齢に伴う心身機能の低下により，容易に回復するのは難しいと言えます。また，認知症が起因して十分な治療ができず早期に治療が終了したり，年齢に伴う体力低下が顕著で手術の適応とならなかったりするということも考えられ，入院は終末期を意識しなければなりません。ここでは，今後のことを検討しなければならない可能性が高い病気について説明します。

骨折

高齢者は加齢に伴う骨密度の低下，骨粗鬆症により，転倒，転落などで骨折しやすくなっています。転倒・転落に伴う骨折は，大腿骨頸部骨折が圧倒的に多く，治療方法として，骨折合手術（釘やねじで骨折部を固定する），人工骨頭置換術（骨頭を除去し，人工の骨頭に置き換える）などの手術が用いられるのが一般です。治療の際は，骨折部位からの出血による貧血，治療に伴う合併症（褥瘡，血栓症など）を引き起こす可能性があります。

難しいのは，認知症症状により手術適応とはならず，保存療法を選択する場合です。保存療法を選択した時は，早期退院となり，施設で安静を保ちながら，次の受診日までの経過を診ることになります。この経過を診ていく中で，身体機能の回復が望めない場合は半年以内で亡くなる確率が高いとも言われています。保存療法を

選択した場合は，回復に向けた話し合いをすることはもちろんですが，回復が望めないことも視野に入れて，検討する必要があるでしょう。

慢性心不全

　慢性の心筋障害により心臓のポンプ機能が低下し，末梢主要臓器などに血液が拍出できず，肺・体静脈系にうっ血を来している状態です。高齢者は，体への負担が大きいため手術適応とならず，対症療法が中心となりますので，根本的な完治は難しく，入退院を繰り返すことになりがちです。また，免疫力が低下している衰弱期であれば，肺炎などに罹患しやすく，発熱や呼吸困難などから心不全を増悪させてしまう可能性が高くなっています。施設での生活は急性増悪を繰り返すため，予後は極めて不良と言われています。入退院に合わせて，急性増悪を繰り返すようなら，今後のことを検討する必要があるでしょう。

悪性腫瘍

　体を構成する細胞に由来し，進行性に増えた腫瘍のうち，異常な細胞が周囲組織や他臓器への浸潤・転移を繰り返し，生命に重大な影響を与えるのが悪性腫瘍です。

　アルツハイマー型認知症の人は，認知症の進行に伴う前帯状回，一次体性感覚野の神経細胞の脱落に伴い，痛みの刺激を感じにくくなっていますので，刺激を受けてもその刺激が何か識別することが困難です。そのため，体の異変に気付いた時は，すでに転移を繰り返し末期症状であることも少なくありません。早期に発見できたとしても，年齢的に手術適応は慎重に検討されます。診断された時点で治療方針や悪化時の対応など，今後の対応について検討する必要があるでしょう。

誤嚥性肺炎

　脳の萎縮，脳血管障害などにより，喉頭蓋の閉鎖不全が起こります。そのため，食物などを食道に送り込むことが難しくなり，食物や水分の一部が雑菌と一緒に気道を通じて気管支内に侵入し，肺の中で雑菌が増殖して炎症を引き起こします。これが誤嚥性肺炎です。高齢者の場合，睡眠薬や精神薬を服用している人も多く，臥床中に喉頭蓋の閉鎖不全を誘引して唾液や雑菌などが気管支に入り，誤嚥性肺炎の原因となることもあります。肺炎の原因となる細菌を死滅させるために抗菌薬の服用が一般的な治療です。その治療過程で，誤嚥性肺炎を再発させないために，禁食で治療を開始し，炎症反応の減少など症状が改善すれば食事を再開して様子を見ます。

　誤嚥性肺炎の特徴は，治癒しても再発する可能性が高いことで，発症を繰り返すことにより心身機能が著しく低下するだけでなく，治療に伴う食止めが原因で脆弱化した嚥下機能のさらなる低下を招きます。肺炎の治療は終了したものの，嚥下機能が低下したために経口摂取できなくなったということも起こり得るのです。

入院時における支援

1）病状悪化から入院へ

　多くの高齢者は，慢性疾患と加齢により身体機能が低下していますので，病状悪化に伴う入院では，次の点について理解しておくことが必要です。

①ベッド上での安静が長時間続くので，身体機能の低下・廃用につながりやすい。
②他の病気を併発しやすく，重篤化しやすい。
③抗生剤など効果が出にくく，治療に時間を要する。
④対症療法が中心なので，治療が終了しても再発しやすい。

　病状悪化に伴う入院は，家族や医療機関に任せっきりにするのではなく，両者と連絡を取りながら，利用者の状態把握に努めます。そして診断が出たら，その病気の特徴を理解し，その後の対応を経過を含めて家族と相談します。

　入院時の対応について誤嚥性肺炎を例に検討してみましょう。

　誤嚥性肺炎と診断された時点で考慮しなければならないのは，次の点です。

①誤嚥性肺炎を発症したのは，嚥下機能の低下が原因である。
②治療のための食止めが，さらなる嚥下機能の低下を招く恐れがある。
③完治して経口摂取が再開できても，再び誤嚥性肺炎を起こす恐れがある。
④経口摂取が再開できても，これまでの食事内容を変更する必要があるかもしれない。
⑤嚥下機能の低下が著しければ，食事内容を変更するだけでは十分な対応とは言えない。

　こうしたことから，医療機関とも連絡を取って状態や経過に関して早期に情報を収集したり，利用者を訪問したりして，状況把握に努めることが必要です。そして，経過を見ながら，上述の事柄を踏まえ，家族と相談しなければなりません。たった1回の入院でも，施設での今後の生活を左右する可能性はあります。入退院を繰り返すことは身体機能の著しい低下につながり，経口摂取自体を検討しなければならないこともあるでしょう（**図5**）。

図5　誤嚥性肺炎で入院した際の対応

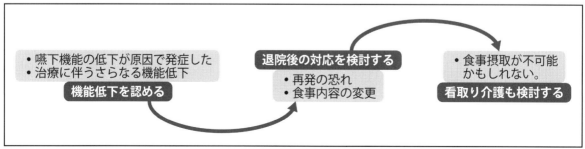

次に入院の際の手順を確認しておきます。
2）入院時における支援の手順
①医師に病名を確認する

病名については検査や医師の診察の結果，総合的な判断のもとで診断がされるものですから，勝手な推測はいけません。また，家族にとっては，どのようなことが起こっているのか，今後どうなるのかなど不安なことばかりです。そのためにも，医師に病名を確認する必要があります。

> ①医師に病名を確認する
> ↓
> ②医師からの病状説明，今後の治療方針などの説明の場に同席する
> ↓
> ③経過を見ながら，家族と今後の対応を相談する
> ↓
> ④経口摂取ができないと想定される場合は，再度，医師から説明を受ける
> ↓
> ⑤退院後のことを家族と相談する

②医師からの病状説明，今後の治療方針などの説明の場に同席する

医師から病状説明が行われますが，家族は病名を告げられても，何が原因で発症したのかを理解することが難しい場合があります。そこで，相談員・ケアマネジャーは自分が理解していてもあえて病状について質問し，医師からの回答をもらいながら家族への理解を促していきます。

また，医師による病状説明は専門用語が多く，家族が医学知識に乏しい場合は十分に理解できないかもしれません。説明終了後に相談員・ケアマネジャーからもう一度，平易な言葉に言い換えて話をすると家族の理解も深まるでしょう。

③経過を見ながら，家族と今後の対応を相談する

誤嚥性肺炎の場合，繰り返すことによって重篤化することが多いです。そして，脆弱化した嚥下機能のさらなる低下を招き，経口摂取ができなくなる恐れがあるというのは前述したとおりです。これまでの嚥下機能と治療に伴う機能低下の様子を知ることによって，退院後の経口摂取の可否が見えてきます。どのような評価になるかは不明瞭ですが，医療相談員（MSWなど）などを通じて事前に相談しておくと，早い段階で経口摂取に関する情報を確認することができます。

経口摂取が再開できそうなら，退院後の施設での対応を家族と相談しておきましょう。もし，経口摂取は不可という評価であれば，医療相談員を通して再度，医師に説明の場を設けてもらうように働きかけることが必要です。

④経口摂取ができないと想定される場合は，再度，医師から説明を受ける

医師から再度説明を受ける必要があるのは，経口摂取が限りなく厳しいか，不可と評価が出ると予想される場合です。その際は，今回誤嚥性肺炎を発症した理由，

嚥下機能の低下の程度，経口摂取が不可と評価された理由を確認することが必要です。経口摂取ができないことが明らかになった場合は，医師から終末期に向けた提案をされたり，胃瘻などの延命治療を勧められたりするかもしれませんが，即答する必要はありません。家族と十分に話し合って今後の対応を検討していきましょう。

⑤退院後のことを家族と相談する

　家族と相談した結果，延命治療をしないと決まれば，治療は終了し，退院するのが一般です。経口摂取ができない状態で施設に戻るということになれば，看取り介護を本格的に検討しなければなりません。その点も踏まえて，退院後の対応を検討してください。

引用・参考文献
1）石飛幸三：「平穏死」のすすめ，P.64〜66，85〜86，107〜108，講談社，2010.
2）三菱総合研究所：特別養護老人ホームにおける看取りガイドライン，P.3，2007.
3）厚生労働省介護制度改革本部：介護制度改革INFORMATION，Vol.127，2006.
4）日本老年医学会：日本老年医学会の立場表明2012
5）内閣府：平成26年度版高齢者白書
　　http://www8.cao.go.jp/kourei/whitepaper/w-2014/gaiyou/26pdf_index.html（2014年11月閲覧）
6）鳥海房江：介護施設におけるターミナルケア，雲母書房，2011.
7）高山成子編著：認知症の人の生活行動を支える看護，医歯薬出版，2014.
8）坂井建雄，久光正監修：ぜんぶわかる脳の事典，成美堂出版，2011.

第3章

看取り介護実施中の業務

病状悪化により看取り介護開始

1）状態変化の察知

　特別養護老人ホームにおける看取り介護加算および介護老人保健施設におけるターミナルケア加算の算定要件に記されている対象者は，「医師が一般的に認められている医学的知見に基づき回復の見込みがないと診断した入所者」とされています[1]。

　このように，看取り介護は医師の診断があって開始されるものですが，多くの場合，病状は突然に悪化するものではありません。日頃から利用者の状態を把握し，小さな変化も見逃さない体制づくりが求められます。スタッフが個々で取り組むのではなく，介護職員や看護職員，相談員，ケアマネジャーなどそれぞれの専門職が専門的な視点から利用者を観察し，必要であれば，アプローチします。もちろん配置医との連携は欠かせません。多職種が協働して取り組み，変化を見逃さないようにしましょう。

　注目すべき主な事柄は次のとおりです。

①食事

　食事への意欲や摂取量，食事に要する時間，嚥下状態，水分摂取量などに留意しましょう。

②排泄

　食事と共に，排泄も重要な要素です。排尿・排便の回数，尿や便の色などに留意しましょう。

③バイタルサイン

　血圧や体温，呼吸状態に変化がないか把握しておきましょう。これは，利用者の日頃の状態（数値や回数）を把握していることが前提となります。

④皮膚状態

　冷感，むくみ，チアノーゼ※などに留意しましょう。利用者や家族の了承を得て，写真を撮影し，経過を追うことも有効です。

⑤体重

　体重の増減は健康のバロメーターの一つです。短期的な変化だけではなく，長期的な変化にも注意します。ささいな変化も長期にわたると，心身に大きな影響を及ぼすことがあるからです。BMI，アルブミン値にも着目しましょう。

※チアノーゼ：血液中の酸素濃度が低下し，末梢の毛細血管へ酸素が十分運ばれず，爪先や口唇が青紫色になっている状態を指します。呼吸器・循環器疾患，貧血などの所見のある人は特になりやすいと認識しておきましょう。

体重が減少する主な要因としては，食事量の減少，エネルギー消費の増大，栄養吸収不良などが挙げられます。高齢者の多くは，慢性疾患の進行・悪化などの影響でエネルギー代謝が低下するために，自然と食事摂取量や活動量が低下するのに伴って筋肉量が減少し，体重も減少すると言われています。

⑥活気

　身体面だけでなく，精神面にも留意が必要です。無気力・無関心，生活不活発，意欲の低下や表情の変化，睡眠状態なども把握しましょう。

　これらの項目はあくまでも一つの目安です。終末期が近づくと，高齢者にはさまざまな変化が生じるため，その変化を敏感に察知することが求められます。施設では多くの場合，最初に状態の変化を察知することができるのは，直接的な介護を行い，長い時間を共に過ごしている介護職員です。介護職員の観察力が，看取り介護を適切な時期に開始することができるかどうかの決め手になります。

　また，スタッフ間で共有できる記録用紙を活用すると，利用者の変化を察知しやすくなります。**資料1**に示した「気づきシート」は，初めに施設の判断で利用者ごとに開始時期を設定し，1週間を1単位として介護職員が記入するものです。それぞれの項目について変化の有無を確認し，変化が生じた場合はその内容も記載します。記入後，記入者と介護リーダー（他のスタッフでもよい）でダブルチェックすることにより，客観的に変化の有無が確認できます。その結果から看取り介護の開始時期が近づいていると判断し，アプローチすることで利用者や家族の意識や行動も変わってきます。

　看取り介護の開始時期を誤り，利用者や家族が後悔しないよう適切な判断が求められることを忘れてはいけません。

2) カンファレンスの開催

　施設側が利用者に変化が生じたと判断した場合，相談員，ケアマネジャー，介護職員，看護職員，機能訓練指導員，管理栄養士（栄養士）などの関係者で臨時カンファレンスを開催します。カンファレンスの主な目的は，①各専門職で情報を共有する，②利用者の変化への対応策を検討する，の2つです。必要に応じて医師などにも参加を依頼しましょう。

　カンファレンスでは，「気づきシート」などの経過観察記録と共に各専門職から意見を求め，総合的に勘案し，看取り介護を開始すべきかどうかの検討をします。カンファレンスを開催する際は，多くの意見が出やすい環境を整えることが大切です。前述した事柄に加え，既往歴や現病歴，服用している薬など，現在の状況を各専門職が各々の視点から発言・検討し，方向性を確認します。

資料1　気づきシート（例）

○○ホーム　居室担当気づきシート

利用者氏名　　○○○○　　様

居室担当：　□□□□

1週間を通して該当するものに○，該当しないものには×を付けましょう。

記入期間〈平成　○年　○月　○日（月）～平成　○年　○月　○日（日）〉

		変化	特記事項
Ⅰ 食事	①食事摂取時間が長くなっていませんか	有・無	普段20分程度かけて摂取していたが，40分程度かかった。
	②食事への意欲に変化はありませんか	有・無	
	③食事量が減っていませんか	有・無	5割摂取していたが，1～2割の摂取にとどまっている。
	④嚥下状態の低下が見られませんか	有・無	
	⑤むせが増えていませんか	有・無	
	⑥口開けが悪くなっていませんか	有・無	数回は口を開けるが，それ以降は拒否が見られる。
	⑦食事中傾眠が見られませんか	有・無	途中で疲れてしまう。
	⑧水分量の低下が見られませんか	有・無	1日で180～300cc程度の摂取となっている。
Ⅱ 排泄	①便秘，下痢など排便状態に変化がありませんか	有・無	
	②排尿量，回数に変化はありませんか	有・無	
	③失禁することが多くなっていませんか	有・無	
	④尿や便の色に変化はありますか	有・無	
Ⅲ バイタル	①熱が出やすくなっていませんか	有・無	○日以降，kt37.0～37.5と微熱が続いている。
	②普段の血圧に変化は見られますか（高い，低い）	有・無	
Ⅳ 皮膚状態	①皮膚が乾燥しやすくなっていませんか	有・無	
	②内出血や剥離ができやすくなっていませんか	有・無	
	③むくみはありませんか	有・無	
	④冷感やチアノーゼが出やすくなっていませんか	有・無	
Ⅴ 体重	体重の変化はありませんか	有・無	
Ⅵ 活気	①眠っていることが多くなっていませんか	有・無	
	②自分から声をかけることが少なくなっていませんか	有・無	
	③ボーッとしていることが増えていませんか	有・無	
	④体操やレクリエーションに対する意欲の低下は見られませんか	有・無	
	⑤笑顔を見せることが少なくなっていませんか	有・無	
	⑥車いすに座っていると姿勢が悪くなったり疲れやすくなっていませんか	有・無	

（吹き出し）変化が見られた際に，変化内容を記載する。また，どのような変化があったのかを分かりやすく記載すること

（吹き出し）変化があった項目を中心に，課題や留意点を記載する。内容を基に介護リーダーと今後の方針を検討する

〈課題や留意点〉

食事，水分量が低下している。高カロリーのゼリーを提供しているが，口開けは悪い。微熱が見られる。

3）医師との情報共有

　繰り返しになりますが，看取り介護はあくまでも，「医師が一般的に認められている医学的知見により基づき回復の見込みがないと診断した入所者」が対象です。医師には，利用者の状態や意向など必要な情報を伝え，医療的な方針について判断を仰ぎます。

　前述の臨時カンファレンスに医師が参加できない場合は，検討した内容を医師に報告します。

　ケース記録や看護記録など基に経過を観ながら，医師は診察します。それと同様に，日頃から利用者と接している施設スタッフからの情報も，有効な判断材料であり，医師からの見解や指示が看取り介護を行う上で重要なポイントとなりますので，医師との情報共有は密にすることが求められています。

　特別養護老人ホームでは医師が来所する時間帯が限られることから，事前に上申したい内容を文書にまとめておくなど，短時間でより多くの情報が確認でき，利用者に対して的確な指示が仰げるように工夫しましょう。

　ここでは，食べられなくなった利用者に対して看取り介護を開始するに当たり，支援した事例を基に解説します。

食べられない状況の評価

　これまで常食を食べていた利用者が，食事に時間がかかるようになった，むせ込みが見られるようになった，形のあるご飯やおかずが食べられなくなったという場合には，まずなぜその状態になったのかを検証する必要があります。歯茎が痩せて義歯が合わなくなり，咀嚼が不十分のため飲み込みづらくなったのかもしれません。認知症が進行し，食べ物として認識できなくなっているのかもしれません。亜鉛不足などによる味覚障害※を起こし，「おいしい」と感じることができなくなっている可能性もあります。

　スタッフから利用者が食べるのが難しくなってきたという報告があったら，歯科

※味覚障害：味覚は主に舌で触知しますが，軟口蓋や咽頭の一部でも感じます。症状はさまざまで，舌の一部や片側あるいは舌全体が味覚を感じないのが味覚障害です。味覚障害は大きく５つに分類できます。
①味が薄く感じられる「味覚減退」　　　　　②味がまったく分からなくなる「味覚消失」
③本来の味とは違う，いやな味がする「異味症」　④甘味だけが感じられない「解離性味覚障害」
⑤何も食べていないのに，いつも口の中で苦い味がする「自発性異常味覚」
　味覚障害の原因の半分以上を占めているのが亜鉛不足です。口腔内舌の味蕾（みらい）の中にある味細胞は，体内の細胞の中でも新陳代謝が非常に活発な細胞で，その細胞の再生には亜鉛が重要な働きをすると言われています。その他にも，薬剤性（降圧利尿剤，抗生物質，抗ヒスタミン剤など），全身の病気（糖尿病，肝臓疾患，胃腸疾患，腎臓病など），口腔の病気，心因性（うつ病，ストレスなど）などが原因となることもあります。

医師や言語聴覚士に相談し，飲み込みテストによる評価をしてもらいましょう。評価に基づき，その利用者に適した食事形態を提供することで状態が改善する可能性があります。評価後も，定期的に診察を受けながら，経過を見ていきましょう。改善が見られればよいのですが，ソフト食・ゼリー食・流動食（ミキサー食，ペースト食）などへと段階が進むこともあるでしょう。その場合は，飲み込む力が弱まり，唾液の分泌量が減ってきているということですので，誤嚥をするリスクが高く，誤嚥性肺炎を起こしやすい状態であると言えます。

　食事の時以外でも唾液が気道に流れ込んでしまう不顕性誤嚥による肺炎も注意が必要です。健常者であれば，誤嚥するとむせ込むなどの反射行動が見られますが，高齢者の場合，体力の低下でむせ込みが見られない人も大勢います。「むせていないから食べても大丈夫」と考えるのではなく，むせ込むことができず，いつの間にか誤嚥してしまっているかもしれないと警戒する必要があります。

　なお，食事量が低下するということはそれだけ，身体がエネルギーを必要としていないことを意味します。食事だけでなく，排泄や活気，バイタルサインなど，複合的な変化が生じていることが考えられますので，利用者の変化を見逃さないようにしましょう。

状態の変化についての家族支援

　家族には，利用者の状態を逐一説明，連絡，報告をする必要があります。次第に食事の量が減っていくのは，全身の機能が低下している徴候であることを伝えましょう。場合によっては，スタッフからではなく，検査をした歯科医師や配置医から直接説明する場を設けることも必要です。

　しかし，医療従事者からの説明であってもなお，家族が納得しないこともあります。機能が低下している，つまり死が近づいているということを受け入れたくないという思いからです。わずかな可能性を信じ，セカンドオピニオン，サードオピニオンを受ける家族もいます。家族が納得するまでに時間を要することもありますが，良好な関係性を維持しながら，家族の心境の変化を見守ることも大切なアプローチです。

　このように，専門医の評価に基づいて支援を行っていても，食事量が低下する，誤嚥性肺炎を繰り返すなどの状態が見られる場合は，看取り介護の開始を検討する契機になります。この時点で関係者によるカンファレンスを開催し，情報を共有しておきましょう。

　現段階での家族の意向を確認・考慮しながら，看取り介護を行うのか積極的な医療のアプローチを行うのかを見極めるようにしましょう。

延命措置（胃ろう造設）についての家族支援

　入院中に医師から胃ろう造設を提案され思い悩む利用者・家族も少なくありません。病気や入院中の禁飲食状態の継続などにより，食べることがほとんどできなくなる場合です。

　このような場合，医療機関の医師や家族が施設のキャパシティをどの程度理解しているかを考える必要があります。医療機関の医師との面談の際には，家族が本人に代わって同意することへの精神的負担なども考慮し，相談員やケアマネジャーも同席して，食事や水分を摂取できない状態で退院した場合に施設ではどの程度の支援ができるのか，相談員やケアマネジャーが家族や病院の医師にそれぞれ説明します。そして，家族の不安を軽減すると共に今後の方向性を確認しましょう。

　親族が多ければ，その数だけ利用者への思いがあります。もともとの関係性が複雑で良好ではないと意見が対立する事態に発展する可能性もあるため，今後の方向性をその場で決められないこともあります。しかし，利用者の状態は日々刻々と変化していくため，利用者にとって「どこで最期を迎えることが最善であるのか」を基準に，早い段階で決論を出してもらうように促します。

　医療機関によっては，低栄養や脱水を回避するために胃ろうの造設を提案するところもあります。ただし，施設に帰るための条件として胃ろうを造設することがないように，本人の意思が明確でなければ元気であったころ「どのような最期」を望んでいたのか事前に家族に確認しておきましょう。

　止むを得ない事情で胃ろう造設を選択したものの，施設における医療行為の程度や範囲，人員的な問題や吸引が頻繁に必要などの理由から退院後の利用者を引き受けられない場合もありますので，在宅復帰支援や療養型医療機関への連携介入も検討しておく必要があります。

　胃ろうを造設しても，下痢や嘔吐をしたり，栄養剤が食道に逆流して誤嚥性肺炎を起こしたりして，入退院を繰り返すこともありますし，体が栄養剤自体を受け付けないこともあります。また，唾液の分泌も減少するため，口腔内が乾燥し，感染症を起こすリスクも高まります。

　いずれにしても，胃ろう造設という延命措置を選択することにより，介護は長期化することが予想されますので，家族の事情や生活環境，経済的な側面にも留意が必要です。

　また，次の場合は，胃ろう造設の手術を受けることが難しいとされています。

- **内視鏡が通らない（食道に潰瘍があるなど）**
- **出血が止まりにくい（血液が固まりにくい）**

表1　経腸栄養法と非経腸栄養法

【経腸栄養法】
- 胃瘻栄養（PEG：Percutaneous endoscopic gastrostomy）：内視鏡を使って「おなかに小さな口」を造る手術のこと。経口摂取できない人や，誤嚥性肺炎を起こしやすい人に，直接胃に栄養を入れる栄養投与の方法。
- 経鼻経管栄養（TF：Tube feeding）：経口摂取が不可能あるいは不十分な人に対し，体外から消化管内に通したチューブを用いて流動食を投与する方法。
- 間欠的口腔食道経管栄養（ITF：Intermittent tube feeding）：食事の時だけ口から食道までカテーテルを挿入し，流動食（栄養剤）を流す方法。

【非経腸栄養法】
- 中心静脈栄養（IVH：Intravenous hyperalimentation）：中心静脈に高濃度の栄養液を入れる方法。経口摂取が困難で静脈栄養以外に栄養維持が困難と判断された場合に用いられる。
- 末梢点滴（CV：Central venous）：手足の静脈に点滴をする方法。水分や薬は補給できるが，十分なカロリーや栄養は補給できない。
- 持続的皮下注射（Hypodermoclysis）：静脈が確保できない場合など腹部や大腿部などの皮下に点滴をする方法。

・腹水がある（腹部に体液が溜まっている）
・過去に胃の切除術を受けたことがある
・高熱や感染症が疑われる
・栄養状態が極めて悪い
・胃に腫瘍や炎症がある

経腸栄養法，非経腸栄養法について**表1**にまとめましたので参考にしてください。

経管栄養法の考え方と家族支援

　もともと経管栄養法の適用は，脳血管疾患，パーキンソン病や神経変性疾患などの難病，口腔や食道の消化器疾患などにより嚥下障害を伴っている場合が主でしたが，最近では心身の機能が低下して経口摂取できなくなった高齢者への適用が多くなっています。

　「経口摂取ができなくても経管栄養法などにより元気に生き続けられる」「経腸栄養法を試みないまま，あきらめてはいけない」「経腸栄養法を取り入れれば生き続けられるが，しなければ衰弱死になる」と言われています。一方で，「栄養不摂取＝死」という概念自体が変わってきたことも事実です。診察・検査・処置・手術・投薬などの医療行為も，あえて身体に操作・侵襲する行為です。意図的に行う行為であれば，「その意味」「必要性」「不可避性」を常に考慮することが求められています。「食べられないから胃ろうを造設する」のではなく，「その人の尊厳にとって胃ろうを造設する意味があるのか」「本当に必要なのか」「自然な死を選択するとすれば何が問題か」を考えなければいけないということです。

　また，経管栄養法はメリットばかりではありません。

　造設した胃ろうは，簡単に外すことはできません。若い人であれば胃ろう造設後

に，経口摂取が可能となった症例はありますが，高齢者にはあまり見受けられません。生涯にわたり，胃にチューブが挿入されている状態となることも予想されます。本人が認知症を発症して意思表示や疎通が困難な場合には「生かされている」ことになりかねないという危険性もはらんでいるのです。

経口摂取ができなくなった時点で身体が栄養を受け付けなくなっている徴候であることを踏まえ，本人の意思とは関係なく人工的に栄養剤を入れ続けることが人間の尊厳を守っていることになるのかと問われていることも忘れてはならない視点です。

このようなデメリットに対しても医師から分かりやすく説明してもらえるように，あらかじめ相談員やケアマネジャーが介入し，利用者・家族が納得のいく選択ができるよう支援します。必要に応じ，協力医療機関などの医療相談員にも相談，協力を仰ぎ，連携して取り組みましょう。

なお，生命倫理的な観点から「尊厳死」と「安楽死」の違いについても，ここで触れておきます。

「尊厳死」は，今後治療しても回復の見込みがない疾患を抱える人が，本人の意思に基づいて延命治療を望まず，自然の経過で迎える死のことです。本人の意思は健全な判断であることが条件で，尊厳死は自己決定による自然な死と言えます。法は未整備ですが，終末期における延命措置を中止する自己決定権は，日本国憲法が保障する基本的人権の一つ幸福追求権第13条に含まれると解釈されています。

一方「安楽死」は，医師などの第三者が薬物を意図的に用いて患者の死期を早めることです。「回復の見込みがない疾患」であり「本人の意思による」点は尊厳死と同じですが，自然に死を待つのではなく積極的に命を断つ点が全く異なります。そのため，日本尊厳死協会では，安楽死を認めていません。日本では，安楽死は犯罪（違法行為）なのです。しかし，過去の裁判では，一定の要件を満たすことで違法性を退ける判決が下っています。

これら二つの違いを理解し，家族から質問があった際には，的確に説明できるように知識を備えておくことも重要です。

看取り介護実施における意向確認・説明と同意

1）看取り介護の流れと意向確認・説明をする意義

一般的に，家族が看取り介護を希望し，同意書を取り交わした後，看取り介護が開始されるまでは，図に示すような過程をたどります。

この過程は，施設スタッフが把握しているだけでは機能しません。家族も含めた

図　一般的な看取り介護の流れ

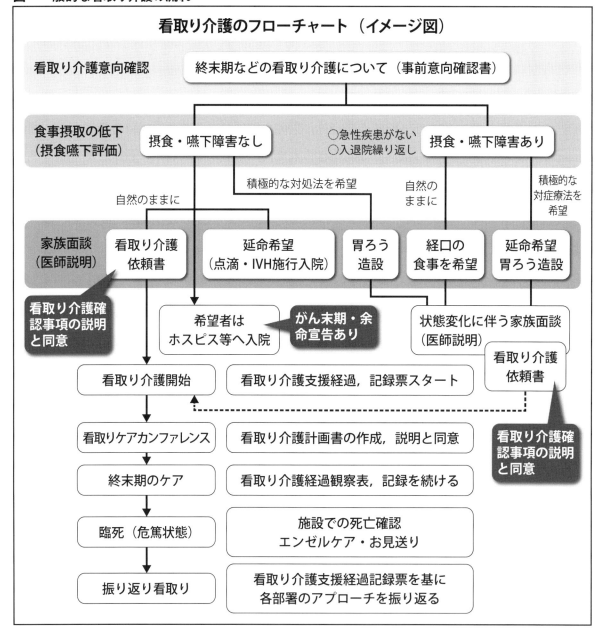

　チームとして取り組むわけですから，情報を共有しておく必要があります。口頭で説明してもよいのですが，図や表を用いて可視化することで，より分かりやすくなり，方向性のずれをなくすことができます。

　施設入所時やカンファレンス開催時などで定期的に利用者・家族に意向を確認していたとしても，看取り介護を実施する時は改めて意向を確認します。なぜなら，終末期に関する意向は，その時々の状況や状態によって変化するものだからです。また，入所時には施設の看取り介護について説明していたとしても，「まだ先のことだから……」と深く考えることなく意向を表明している人もいるからです。

　施設にとって，看取り介護は，利用者の最期を担う重大な責任を伴ったサービス

です。その際に，施設と利用者・家族の意識にずれ（温度差）があっては，まっとうな看取り介護を行うことができません。看取り介護を実施する際は，改めて場を設け，施設で行われる看取り介護の取り組みを説明すると共に，利用者・家族の意向はどのようなものか，利用者・家族と施設の間に意識のずれが生じていないかなどを施設関係者全体で確認しましょう。

2）看取り介護実施における意向確認・説明と同意の手順

①利用者または家族の意向を確認する場の設定

❖ 話しやすい環境づくり

　説明する際の環境は重要です。立ち話ですむような内容ではありませんので，利用者の居室や相談室など，落ち着いて話せる環境を整え，意向を引き出せるようにしましょう。また，その際は空間の広さや明るさにも気を配る必要があります。狭く暗い部屋で説明すると，内容が重くてつらいものに感じ，それだけで気分が落ち込んできてしまいます。逆に広すぎると，家族が萎縮（恐縮）してしまう可能性があります。医師からの状態説明は医務室（看護室）で行い，そのほかの説明については場所（部屋）を改めて行うというのも一つの方法です。

```
①利用者または家族の意向を
　確認する場の設定
　　　↓
②意向確認・説明
　　・現在の状態
　　・今後起こり得る
　　　状態変化・リスク
　　・終末期を過ごせると
　　　考えられる場所
　　　↓
③看取りに関する指針の説明
　　　↓
④看取り介護についての
　同意書の取り交わし
　　　↓
⑤看取り介護確認事項の説明
　　　↓
⑥看取り介護の実施を決定
```

　医師からの説明は，回診の限られた時間で行われることが多いと思います。医師には，概ねの所要時間，利用者と家族との関係性，家族の特徴，現時点での医療面に対する意向などをあらかじめ伝えておき，どこで話し合う場を持つのか，相談・検討しましょう。

❖ 家族の定義

　意向の確認は，本来であれば実際に看取り介護を受ける利用者と行うべきです。しかし，多くの特別養護老人ホームには，重度認知症や慢性疾患を多数抱え，終末期に近い状態で入所する人が多いことから鑑みても，看取り介護を検討する時点で，説明の理解や意思決定が困難となっている場合が多いのが現状です。このような場合，利用者の法定代理人である家族に十分な説明を行い，意向確認をすることが求められます。

　看取り介護は，あくまでも利用者の意向を尊重して開始されるべき取り組みであ

ることに留意しましょう。

　本来，施設と契約するのは身元引受人で，身元引受人の同意をもって，利用者は施設で生活します。しかし，利用者の家族は身元引受人だけではありません。婚姻関係がない夫（妻）や実子がいなくても甥・姪がいる場合などは，それらの人々にも，意向確認を行う必要があります。施設と連絡が取りづらい親族の意向確認は，身元引受人など施設と連絡が取れる家族にお願いすればよいでしょう。身元引受人も連絡先が分からない場合には，行政の協力を得て戸籍謄本などをたどり，所在を把握してもらう必要も出てきます。ただし，利用者の終末期に関する意向が明らかで，家族全員が理解・把握しており，利用者の意向が尊重される場合はこの限りではありません。

②意向確認・説明

　看取り介護の導入決定は施設にとって大きな選択ですが，利用者・家族にとってはそれ以上に重大な「命の選択」を迫られることになります。施設スタッフは利用者・家族の揺らぐ気持ちに寄り添いながら，段階的に取り組みの説明や意向確認をすることが求められます。あらかじめ「何をどのように伝えるか」を考え，専門職間で準備し，相互に確認をした上で説明に臨めるようにしましょう。

　看取り介護の同意書は，基本的には身元引受人（法定代理人）と取り交わします。デリケートな話ですから，身元引受人には施設への来訪を依頼し，直接話をします。また，看取り介護の同意は，医師とも交わす必要があります。医師の回診時に合わせて日程調整を行うことになりますが，平日就業している家族も多いため，時間帯については医師にも事情を伝え，できる限り配慮します。場合によっては，医師が普段診療を行っている医療機関や診療所などで開催することも考慮します。

　面談には，看護職員，相談員，ケアマネジャーの同席が望まれます。先述したように家族は身元引受人だけでなく，利用者を取り巻く複数の家族が参加できるように配慮しましょう。

　医師には，家族への説明に入る前に，あらかじめこれまでの具体的な経過を伝えておきます。利用者の入所前の生活・施設での生活，家族関係，これまでに聞かれた利用者・家族の意向などです。家族への説明は，施設や医師の都合に合わせた誘導的な話し合いにならないよう注意が必要です。身元引受人とその他の家族など，家族間で説明に対する受け止め方にずれが生じる場合もあるため，説明のたびに理解の程度を確認しながら進めましょう。また，双方の認識に食い違いが生じないように，説明した内容や家族の発言などは必ずカンファレンス記録やケース記録に残します。

　説明のポイントは次のとおりです。

❖職員の身だしなみや態度，話し方にも配慮する

　家族が施設に看取り介護を依頼するには，大きな決心が必要です。決心に至るにはいくつもの要因がありますが，そのうちの一つは施設への信頼です。施設に対し，「この施設なら安心して最期を任せられる」と感じてもらわなくては，家族が看取り介護を選択することはありません。

　看取り介護を説明する際も，施設への信頼を得るための配慮が欠かせません。職務中における服装や髪形の乱れはないか，疲れた表情をしていないかなど，スタッフ間で事前に注意しておきましょう。また，声のトーンや大きさ，メリハリの付け方など，説明の仕方にも配慮が必要です。一方的な説明が続くと，聞いている利用者や家族は疲れてしまいます。ところどころで間隔を設け，理解できているか，質問はないかを確認しながら進めましょう。時には，休憩を挟んで気分転換を図ってもらうよう促すことも必要です。

❖説明は分かりやすい表現を用いる

　看取り介護は，施設と家族が一つのチームとなって取り組むものですから，情報を共有することはもちろん，施設は介護に関する専門家の集まりという視点を忘れてはいけません。

　昨今，情報は身近なところにいくらでもありますが，家族は専門的な勉強をしているわけではなく，看取り介護に関する知識が乏しい人も少なくありません。施設スタッフ間で話すのと同じような説明では，家族が理解するのは困難です。例えば「サチュレーション」という言葉は，血液内に含まれている酸素の量（酸素飽和濃度）のことで，健康な人の場合は99％近くの値を示しますが，呼吸器循環器系統の疾患により不具合があると，この値は低下します。施設内では当たり前のように使用している言葉ですが，家族には理解しにくい言葉です。こうした医療や介護の専門的な事柄は，図や絵などを用いたり，表現を変えたりするなど，家族に分かりやすく伝えられるよう配慮することが重要です（看取り介護の説明に限らず，普段から相手にとって印象に残る話ができるかどうかコミュニケーションスキルが重要です）。

❖説明は複数の職員で対応し，記録も残す

　説明の際は，基本的には相談員と看護職員，ケアマネジャーなど複数のスタッフに立ち会いを求めて対応します。それぞれの専門職から説明することにより，より正確な説明ができますし，家族からの質問にも答えられるようになります。

　また，施設全体で周知するための会議録を残すことも心がけましょう。

表2　今後起こり得る変化

食事が食べられなくなる
　個人差はありますが，終末期になると，食事量が低下する，食べられなくなる（食思がなくなる）などの傾向が見られます。看取り介護では食べる意思がなかったり，身体が受け付けなかったりする場合は，本人の意思に反してまで無理に食べさせることは避けます。無理に食べさせることで誤嚥性肺炎を発症するリスクも高まりますし，窒息につながる恐れもあります。「食べられる時に，食べられるものを食べられるだけ食べてもらう」。これが看取り介護支援における食事介護の基本です。

水分を摂れなくなる
　食事と同様に，水分摂取は嚥下機能の問題だけではなく，心臓（循環器）への負担を考慮します。一般的には，脱水を起こさないための水分量は1日当たり2,000mLと言われていますが，小柄な利用者の場合，水分摂取量が多すぎると心臓に負担がかかり，むくみの原因にもなりますし，心不全を起こす要因となることもあります。
　医師とも相談し，身長と体重を勘案して，本人に負担のない量を定め，提供しましょう。家族には，食事にも水分が含まれているということを説明することも重要です。

発熱しやすくなる
　食事量が減って血液中の栄養状態が悪化し，水分摂取量が減少すると体調不良を繰り返し起こしやすくなります。また，高齢になると体温調節が難しく，ちょっとした気温の変化でも熱を出すなどの症状が見られるようになります。
　人間の身体には，ウイルスや病原菌，常在菌が侵入すると体温を上昇させてウイルスなどの活動を抑制する働きや白血球が増殖した外敵を吸収する作用があります。また，発汗して熱を下げようとする作用もありますので，すぐに解熱剤を投与するのではなく，熱の推移を観察することが基本とされています。しかし，高齢者は体内の水分を蓄積しにくく，脱水に近い状態に陥りやすいため，尿路感染症や蜂窩織炎などの感染症を罹患しやすいと言われています。
　40℃近くの高熱になると，外来通院し一時的に抗生剤や点滴で水分を補う調整するのが一般的ですが，受診の結果，医師から勧められるまま入院して，施設に戻れなくなったというケースもあります。
　今後このような状態が見られるようになることを説明し，対応方法を取り決めておくことが重要です。

❖説明すべき事柄

現在の状態：医師が現在の利用者の状態を伝えます。看護職員や相談員は，食事・水分摂取量，活気，バイタルサイン，睡眠状況，体重の推移，日常の生活の様子などを伝えると共に，記録に残します。

今後起こり得る状態変化とリスク：終末期が近付いていることを踏まえて，利用者の身体や精神，生活が今後どのように変化していくか予測されることを具体的に説明します（**表2**）。医療機関への入院治療を希望するのか，あるいは積極的な治療は希望せず，施設で行える範囲の治療・対処にとどめるのか家族全体で話し合いを持ってもらうように促します。

終末期を過ごせると考えられる場所：終末期を過ごす場所は，特別養護老人ホームだけではありません。状況によっては，医療機関や自宅なども選択肢となります（**表3**）。

③看取りに関する指針の説明

　施設での看取り介護の取り組みについても，説明が必要です。入所時に「看取りに関する指針」を説明しているはずですが，時が経つと忘れてしまうものです。忘

表3　特別養護老人ホーム以外で終末期を過ごせる場所

> **医療機関**
> 　点滴を行えば元気になると考えている人や，どうすればよいのか分からないから医療機関を希望すると考えられている人も大勢いますが，終末期を過ごす場所として，医療機関を選択するということは，延命治療を希望することになるということを忘れてはいけません。医師は医療を怠ることはできませんので，食事が摂れなければ命を保つために経管栄養や胃ろう造設，中心静脈栄養などの治療をすることになるでしょう。食事が摂れなくなった際は，利用者や家族がどのような手段での延命を希望しているかを確認する必要があります。
> 　また，医療機関で過ごすということは，生活から分断され，我慢を強いられることにつながります。例えば「たばこが吸えない」「お酒が飲めない」「自由にトイレに行けない」などの弊害が生まれるということを利用者や家族に理解を促しながら慎重に検討を進めます。
>
> **自宅**
> 　条件が整えば自宅で生活することも可能です。
> 　1つ目の条件は退所後に在宅診療を行う医師・看護職員を見つけ，事前に情報を提供することです。これには施設の相談員やケアマネジャーが居宅介護支援事業所のケアマネジャーと連携し，退所後の体制を整えます。
> 　2つ目は，対応する家族の体制を整えることです。看取り介護を行う家族は，「人の死を迎える過程を一緒に過ごす」という，不安と緊張の連続で精神的に疲弊することが予想されます。家族間で時間を決めて，ローテーション対応するなど，実際に家族・親族も含めての協力・支援体制がつくれるかということに考慮しなければなりません。
> 　また，臨終（呼吸停止）に向かうプロセスを理解し受け止めることができるかも考える必要があります。家族での対応が中心となるので，常に支える家族を励ます専門職種がいなければ，臨終（呼吸停止）へのプロセスに不安を感じることになりかねません。下顎呼吸が始まった時に「苦しそうで見てられない」「こんなことになるとは思わなかった」ということでは，本人のために選んだ自宅で看取りが，家族にとって苦痛をともなう看取り（最期）になってしまいます。
> 　そのような事態を避ける意味でも，臨終（呼吸停止）に至るまでのプロセスは専門職による十分な説明と親族総意で理解されることが必要です。

れてはいなくても，「看取りに関する指針」は専門用語が多いため，読み返した時に「何を説明されたか分からない」という不安を持っているかもしれません。改めて「看取りに関する方針」を説明しましょう。

　施設で看取り介護を経験した人の例を交えて説明したり，指針をより家族が理解しやすいような別紙を用意したりすることも有用です。

④看取り介護についての同意書の取り交わし

　説明をしながら家族が理解できているかをこまめに確認し，意向を尋ねながら進めます。「看取り介護を始めたいと思っているだろう」と家族の意向を確かめることなく進めてしまうと，「そのようなつもりで言ったのではない（看取り介護を希望した覚えはない）」と違う意向を持っていた場合，施設との間に溝ができ，双方に取り返しのつかないわだかまりが残ってしまうという事態にもなりかねません。

　利用者の不利益にならないことを第一に考え，トラブルに発展しないよう慎重に時間をかけて進める必要があります。

　説明後は，改めて家族に意向を尋ね，看取り介護を選択した場合は，「看取り介護についての同意書」（**資料2**）を取り交わします。

資料2　看取り介護についての同意書（例）

○○ホーム　看取り介護についての同意書

○○ホーム施設長　○○○○様

　私は，貴○○ホームの「看取りに関する指針」を基に看取り介護についての対応ならびに医師からの説明を受け，その内容が利用者自身の意向に沿ったものであることから，下記の点を確認し同意いたします。

① 本日より医療機関での治療は，利用者に苦痛を伴う処置対応は行いません。延命的処置，点滴，酸素吸入は，医師の判断により最低限の行為に留めます。

② 看護・介護職員は安心できる声かけをし，ご本人，ご家族の意思・尊厳を守る援助をします。

③ 急変時，救急車の要請はいたしません。例外的に看取りケアの途中で，吐血，顕著な呼吸苦，激しい疼痛などが発生した場合には，医師の指示に基づいて必要に応じて医療機関へ救急搬送します。なお，受診時にはあらかじめ看取り介護対象者であることを搬送先の医療機関へ知らせた上での対応とします。

---

1. 利用者記入欄

　　氏名：　○○○○　　　　　　　　　　　　生年月日：M・T・⑤・○年○月○日生
　　住所：　東京都○○区○○町○丁目○番○号　世帯主氏名：㊀本人・その他
　　配偶者の有無：□いる　☑いない（　未婚　・　離別　・㊀死別　）

　　　　　　　　　　　※入所時に契約している身元引受人・保証人，連帯債務者が適切である

2. 届出者（代表家族）記入欄

　　氏名：　○○○○　　　　　　　　　　　印　生年月日：M・T・⑤・○年○月○日生
　　続柄：　長男　　住所：　○○区○○町○丁目○番○号　Aマンション○○
　　記入日：平成　○　年　○　月　○　日

　　【その他のご家族】
　　住所：○○県○○市○○町○丁目○番○号
　　氏名：　○○○○　　　　　　　　　　　印　続柄：　次男

　　　　　　　　　　　※遠方でも，代表家族に成り代わる親族で，看取り介護の同意が得られる人に記入してもらう

3. 医師記入欄

　　医療機関名：　○○クリニック
　　医師による終末期診断　平成　○　年　○　月　○　日　氏名：　○○○○　　　印
　　コメント：○○がんの進行による，免疫力の低下，感染症リスクが高いことに加え，
　　加齢に伴い回復が見込めないことから，治療の継続は困難と判断しました。
　　今後は看取り介護を提案します。

―施設記入欄―

4. 施設側立ち会い人　　所属：生活サービス課　　氏名：　○○○○　　　印
　　　　　　　　　　　所属：看護課　　　　　　氏名：　○○○○　　　印

5. ご遺体搬送指定業者
　　㊀ある　：○○葬儀社（式典）　　　　　・　ない（これから検討する）

6. お渡し書類　　☑付き添いのご案内　　☑本書の複写

看取り介護は施設と家族の契約ですから、「看取り介護についての同意書」は施設長（管理者）あてに、利用者および家族が記入する形になっています。家族の署名欄は身元引受人の署名だけでなく、その他の家族にも署名してもらいましょう。また、看取り介護には医師の管理が必要不可欠です。担当する医師にも署名してもらいます。そして、立ち会った施設スタッフの署名することで、多職種がチームとなって利用者の看取り介護に取り組むという同意書が完成します。

　本書では、「看取り介護についての同意書」の冒頭に次の事柄を記載し、了承を得られた時点で同意書に署名してもらうことを推奨します。これは、看取り介護を開始するに当たり、想定される事柄をあらかじめ具体的に提示することで、理解が得られやすくし、トラブルを回避するためです。

・医療機関での治療は、利用者に苦痛を伴う処置対応をしない（延命的処置、点滴、酸素吸入は医師の判断により、最低限の行為にとどめる）。
・看護・介護職員は安心できる声かけを行い、本人・家族の意思・尊厳を守る。
・急変時、救急車の要請をしない。
　　例外的に吐血、顕著な呼吸苦、激しい疼痛などが生じた場合には、医師の指示に基づいて医療機関に搬送する。その際は、看取り介護対象者であることを搬送先の医療機関へ知らせる。

---

⑤看取り介護確認事項の説明

　看取り介護として、どのように援助するのかをチェック表にまとめ（**資料3**）、具体的に説明します。説明する項目と説明する際のポイントを以下に記します。

❖食事

　看取り介護では、1日でも長く生きるために少しでも多くの栄養を摂取してもらうという支援は、看取り介護を選択した利用者・家族の意向に反することになり、意図的に行うことはありません。あくまでも利用者が食べられる状態と判断した時に、利用者のペースに合わせて、食事を提供します。食事を中止したり半量にしたりした時は、必要に応じて少量で多くのエネルギーを摂取できる栄養補助食品などの利用もその都度検討し提供します。

　また、利用者に食べたいものを食べてもらうため、家族に協力してもらいながら、好きなものを施設に持参してもらうよう依頼します。

　胃ろうの場合、医師の指示により、栄養剤の内容や量を変更（減少）したり提供を中止したりすることがあります。利用者の許容量よりも多量の栄養を提供することで、胃から栄養剤が逆流してしまい、食道炎や誤嚥性肺炎、窒息などの危険が増

資料3　看取り介護確認事項（例）

○○ホーム　看取り介護確認事項

当施設では，看取り介護の具体的援助内容を下記のとおり定めます。
また，看取り介護を実施するに当たり，介護保険で定められている看取り介護加算が算定されます。

支援項目	具体的内容	確認欄	備考
食事	□ 普段どおりの食事ができない場合，時間にこだわらず，摂取可能な時に少しずつ提供します。	□	
	□ 本人の好きな食べ物や飲み物を提供します。	□	
	□ 食べやすい形態にて食事を提供します。	□	
	☑ 胃ろうによる食事摂取をしている場合，医師の指示により，栄養剤の内容や量を変更したり提供を中止したりすることがあります。	□	
	□ 希望する食べ物をできる限り食べることのできる環境づくりをします。	□	
排泄	□ 本人の負担にならないように，排泄介助の回数・方法を検討します。	□	
	□ 本人の負担を軽減するため，下剤・浣腸の使用や導尿を行うことがあります。	□	
	□ 臀部・陰部の清潔保持に努めます。	□	
清潔	□ 負担がない範囲で入浴介助をします。	□	
	□ 入浴が難しい場合は，全身または部分清拭，部分浴（手浴・足浴）を行います。	□	
	□ 本人の負担にならない範囲で，衣類の交換を行います。	□	
	□ 眼脂が固まらないように，こまめに目拭き綿で拭き取ります。	□	
	□ 毎日，口腔ウエットティッシュなどで口腔ケアを行います。	□	
	□ 男性は髭剃りを行います。	□	
	□ 毎日，整髪を行います。	□	
環境	□ 快適に過ごせるように，室温調節，採光，換気を行います。	□	
	□ 最期まで，慣れ親しんだ環境で過ごせるように，原則として居室は変更しません。	□	
	☑ 家族が気兼ねなく，一緒に過ごせるように配慮します（多床室で行う場合，同室者への配慮も行います。）。	□	
	□ 本人の体調を確認しながら，できる限りベッドから起きて過ごす時間を設けます。	□	
医療	□ 血圧，体温，脈拍などの測定は，通常どおり看護職員か介護職員が必要に応じて行います。	□	
	□ 延命を目的とした点滴・酸素治療などは行いません。	□	
	□ 終末期であっても，別の病気などによる体調不良が疑われる場合は，受診・救急搬送をする場合があります。	□	
	□ 夜間は看護師が不在となります。電話による看護師との連携体制を設けていますが，看護職員や医師が駆け付けての処置は行いません。	□	
精神的支援	□ 本人の言葉を傾聴します。	□	
	□ 本人の好きな話などを積極的に語りかけます。	□	
	□ 好きな音楽や色などを感じてもらえるようにします。	□	
	□ 本人が心地良く過ごせるような，言葉かけ・介護を行います。	□	
家族支援	□ 家族の不安や迷いを傾聴します。	□	
	□ 家族とは定期的に話し合いの場を持ち，必要な情報を提供します。	□	
	□ 可能な限り家族が付き添えるよう配慮します。	□	
	□ 夜間に付き添う家族が休めるように，可動式リクライニングソファベッドを用意します。	□	
	□ 事前（前日まで）に申し込みがあれば，家族に施設の食事を提供できます（有料）。	□	
	□ 希望があれば，葬儀業者を案内することができます。	□	
職員体制	☑ 夜間，介護職員が意識レベルの低下，呼吸停止またはそれに近い状態を発見した場合，当番職員に引き継ぎ，通常介護業務に戻らせていただきます。	□	
	□ 終末期でも常に付き添うことはできないため，スタッフが臨終時に立ち会えない場合や発見が遅れる場合があります。	□	
臨終	□ 意識レベルの低下・呼吸停止またはそれに近い状態を確認した場合でも，医師による診断をするまでは死亡とは判断できませんが，最期に着てほしい衣類があれば，更衣の手伝いをします。	□	
	□ 医師が死亡診断したら，事前に確認した葬儀会社に連絡をします（原則的に家族での対応をお願いします）。	□	
	☑ ○○病院に搬送し，診断を受けます。死亡診断書を受け取った後，施設に戻り，葬儀社の迎えを待つことができます。死亡診断書（複写）を施設に提出してください。	□	希望する方にチェック □死亡診断後，施設に戻る □死亡診断後，病院で待機
	□ 施設を発つ際，希望に合わせた装束を身に着けることが可能です。希望があれば，事前に施設へ持参してください。	□	
	□ 参加できるスタッフで簡単なお別れ会をした後，正面玄関よりお見送りをいたします。また，親しい利用者や家族がお別れを希望する場合には，お見送りをしてもらうことがあります。	□	

該当する□に✓を入れる

上記内容について説明を受け，同意いたしました。

平成　○年　○月　○日

説明者氏名　○○○○

利用者氏名　○○○○

家族代表者氏名　○○○○　　　㊞　　続柄　○○

す場合があることも理解しておきましょう。

❖ 排泄

利用者に合わせた排泄支援を心がけます。排尿・排便の回数・形状をこまめに確認し，状態に合わせて援助方法を変更します。終末期は尿路感染症などが発症しやすくなりますので，臀部や陰部の清潔保持に努めます。食事や水分の摂取量が低下することで，排尿・排便の回数や量も減ります。24時間おむつやパッドを着用している必要があるかどうかを検証して，布パンツとパッドに変更することも視野に入れましょう。

❖ 清潔

利用者の尊厳を守るために，清潔を保持することは欠かせません。負担をかけない範囲で入浴を実施しましょう。入浴が困難な場合でも，清拭を行うことで清潔を保持します。手浴や足浴を含め入浴には，清潔保持のほかにリラックス効果もありますので，状態に合わせて実施しましょう。

❖ 環境

終末期は居室のベッド上で過ごすことが多くなりますが，体調が良い時は，離床する時間を設け，他の利用者とかかわれる時間を設けましょう。室温や採光，換気などに配慮し，快適に過ごせる居室をつくります。元気な時によく聴いていた音楽などがあれば，家族に協力を求め，その音楽を流すなどの取り組みも行います（聴覚は最期まで刺激になります）。

また，慣れ親しんだ環境で生活してもらうため，原則として居室は変更しません。多床室の場合は，個室や静養室などに移動してもらうことが望ましいとされていますが，いつもの空間で最期を迎えたいという希望がある場合は，意向を尊重し，部屋を移動しない配慮も必要です。

❖ 医療面

看取り介護が開始されたからと言って，すぐにバイタルサイン測定の頻度や時間が変更されるわけではありません。あくまでも状態に合わせて測定します。看護職員が測定を行う施設と介護職員も行う施設があります。

時として，医師の指示により水分補給を目的とした点滴などの医療行為を行うことがあります。しかし，看取り介護の意義から言っても，延命を目的とした医療行為を行うことは望ましくありません。終末期も「（延命を目的とした）点滴をしてほしい」と考えている家族もいますので，この辺りは，意向を汲み取った上で，医師からの詳しい説明が必要です。

一方，「看取り介護を開始したら，病院には連れて行かない」と考えている家族

もいますが，たとえ終末期であっても，医療機関に行く場合があります。「看取り介護についての同意書」にもありますが，利用者・家族と意向の相違がないよう，具体的に説明するようにしましょう。

看取り介護期間でも医療機関を受診する場合としては，次のものが考えられます。

ケース1 別の急性疾患（疾患増悪）などを発症し，治療すれば回復が見込める場合

転倒・転落などにより頭部打撲や骨折が疑われる場合や処置の必要な出血を伴う広範囲の裂傷（表皮剝離），褥瘡の悪化などもこのケースに該当します。

ケース2 利用者・家族が受診を希望した場合

看取り介護を開始したとしても，利用者もしくは家族の意向は途中で変わることがあります。配置医による指示判断だけではなく，利用者・家族が外来受診を希望した際は，その意向に沿って医療機関を受診しましょう。ただし，家族が受診を希望した際は，利用者を取り巻く他の家族も希望しているのか確認することが必要です。

ケース3 医療行為があり，定期的に通院している場合

この場合は，引き続き受診することがあります。例えば，胃ろうを造設したり尿管バルンカテーテルを挿入したりしている場合は，看取り介護が始まったとしても定期的に交換が必要です。施設で交換する体制が整っていなければ，受診先に看取り介護を開始している旨を伝え，配慮してもらいます。ペースメーカーを使用している利用者も同様です。

夜間帯の医療体制についても，説明が必要です。介護老人保健施設と特別養護老人ホームでは夜間のスタッフ配置が異なりますし，看護職員が当直をしている特別養護老人ホームもあります。夜間に対応を迫られた場合，施設によって体制が異なるということですから，利用者・家族にはその施設の体制を十分に説明しておきましょう。

❖ 精神的支援

最期まで，安心して生活してもらえるよう支援します。また，スタッフだけでは精神的支援に限界があります。家族にも協力してもらいながら，チームの一員となって安らぎを提供できるようにしましょう。

❖ 家族支援

看取り介護の対象者は利用者ですが，利用者だけを支援すればよいというものではありません。終末期に限ったことではありませんが，家族に対する支援も大切です。可能な限り，家族の言葉にも耳を傾け，態度（行動）や表情から深層心理まで理解するよう努めましょう。

また，居室で一緒の時を過ごしたいと考える家族に対して，ベッドを用意するな

どして，利用者と家族がくつろげるよう配慮する旨を伝え，後から家族が「聞いていない」「知らなかった」ということがないようにしましょう。実際に利用することがなくても，「ここまで配慮してくれている」といった家族が安心を感じられるような演出が不可欠です。

さらに，葬儀業者の情報を提供しましょう（あくまでも営業目的ではないことに留意が必要です）。家族からの希望があれば，費用や規模に応じた複数の葬儀業者を紹介します。ただし，案内が不要な場合もありますので，あくまでも情報提供のみであることも念頭に置きましょう。

❖ **職員体制**

医療面の対応と同様，スタッフ体制は施設ごとに異なりますが，終末期の利用者に24時間，スタッフが付き添う体制を整えている施設はほとんどないでしょう。それでも，家族によっては，付き添う体制になっていると理解しているかもしれません。夜間帯に呼吸が停止した場合でも，何らかの処置が行われるものだと考えている家族もいます。

施設で実施できることとできないことを明確に伝えておけば，家族の不安や後悔を減らすことができます。また，こうした説明責任を果たすことで，施設やスタッフを守ることにもつながります。

❖ **臨終**

臨終時の対応も施設ごとに違います。提携している病院に搬送して死亡診断を受けた後に一度施設に戻ってくるところもありますし，医師が施設に来所して死亡診断を行うところもあります。医師が施設に来る場合でも，時間に関係なくすぐに医師が駆け付けて診断するところもあれば，夜間帯であれば翌朝に医師が来所するというところもあります。最期を迎えた際の自施設での対応の仕方を理解した上で，正確な情報を提供しましょう。

また例外として，入所前に「がん（悪性腫瘍）」と診断されて専門の訪問診療を継続している利用者であれば，その医師（または所属するクリニックなど）に速やかに連絡し，担当医による死亡診断を行うことになります※。

さらに，逝去後に身に着ける装束やお別れ会などについて説明すると共に，家族の意向を確認しておきましょう。お別れ会の希望がある場合は，できる限り多くのスタッフでお見送りをしましょう。

※2014年4月1日診療報酬一部改訂により，特別養護老人ホームの入所者であっても，在宅患者訪問診療料を算定できるようになりました（P.89・**資料10**参照）。保険医が配置医ではない場合については，緊急の場合または患者の傷病が当該配置医の専門外にわたるものであるため，特に診療を必要とする場合を除き，それぞれの施設に入所している患者に対して，みだりに診療してはならない原則があります。

表4 看取り介護(ターミナルケア)加算

(2015年1月現在)

	加算内容	加算要件	単位数
特別養護老人ホーム	看取り介護加算Ⅰ	死亡日の4日以上前から30日前まで	80
	看取り介護加算Ⅱ	死亡日の前日から3日前まで	680
	看取り介護加算Ⅲ	死亡日当日	1,280
介護老人保健施設	ターミナルケア加算Ⅰ	死亡日の4日以上前から30日前まで	160
	ターミナルケア加算Ⅱ	死亡日の前日から3日前まで	820
	ターミナルケア加算Ⅲ	死亡日当日	1,650

* * *

施設と家族,お互いの情報にずれがないことを確認にするためにも,説明後に家族に署名をしてもらうことが有効な手段となります。

⑥看取り介護の実施を決定

利用者の状態や看取り介護の一連の説明を行い,家族から同意が得られた時点で,看取り介護が開始されます。

特別養護老人ホームの場合,看取り介護を行った際は,看取り介護加算を算定することが可能です。看取り介護加算算定単位数と介護老人保健施設におけるターミナルケア加算算定単位数は**表4**のとおりです。

❖家族が持つ権利,家族への要望,留意事項

看取り介護が開始されると,これまで以上に家族の協力が必要となります。何か変化が生じた時に連絡が取れるよう,施設と家族との連絡方法も確認しておく必要があります。家族が施設に宿泊し,利用者に付き添うという場面も増えていきます。施設としても推奨すべきです。

家族が宿泊する時は,使用できるトイレや何かあった時にスタッフを呼ぶナースコールなどについて細かく説明しておきます。家族への要望なども含め,伝えたい項目に不備がないよう**資料4**のような紙面で伝えるとよいでしょう。

❖終末期に向かう利用者の変化

終末期になると,利用者の身体には変化が現れます。変化はすべての人に同じように見られるわけではありません。人によってさまざまです。一見すると苦しそうに見られる変化でも,本人には自然な経過であり,苦痛を感じないことが多くあります。大切なのは,事前に看取る家族に説明をしておき,いざという時に動揺しないようお互いに心の準備をしておくことです。

臨終の時の説明においても,**資料5**のような紙面を活用し,家族に情報を提供することが有用です。終末期に見られる身体の変化を言葉で伝えるだけでなく,文字にして伝えることにより,当日説明を聞いた家族に限らず,他の親族にも正しい情

資料4　家族への要望等をまとめた文書（例）

看取り介護委員会

看取り介護に付き添うご家族の皆様へ（ご案内）

① できるだけ穏やかにお見送りができるようにお手伝いさせていただきたいと思います。ご本人様のお好きなものや思い出の品物などをお持ちください。
② ご家族もできる限り，ご面会にいらしていただき，一緒の時間をお過ごしください。
③ 亡くなられた後，最期に身に着けていただきたい衣類（お気に入りだったもの）などを事前にご用意ください。
④ ご家族の荷物，貴重品はご自身で管理をお願いします。
⑤ 携帯電話はマナーモードにした上で，通話の際は1階ロビー，談話コーナーまたはベランダなどでお願いします。
　※携帯電話を使用する場合は，職員に一言お声がけください。
⑥ 夜間ご家族が付き添われる場合，仮眠ができるリクライニングソファ（または折りたたみ簡易ベッド）をご用意しています。
⑦ お手洗いは各階共用トイレをご使用ください。
⑧ ご家族から事前にお申し出いただいている場合，1階職員用シャワー室のご利用が可能です（シャンプー，石けんなどはご自身でご用意ください）。
⑨ ご家族が更衣を希望される場合は職員にお申し出ください。ご利用いただけるお部屋をご案内いたします。
⑩ 事前（前日まで）にお申し込みをいただいている場合は，食事をご用意することが可能です。食事券を1階事務所でお求めください。食事の際は職員に声をかけていただき，各階談話コーナーなどをご利用ください。
⑪ 面会にいらしていない間に容態などに変化がある場合には，ご提出いただいている緊急時連絡先一覧に従って電話連絡をいたします。電話連絡にはご協力をお願いします。
⑫ 夜間は介護職員のみの勤務となりますが，適宜巡回してご様子を見ております。ご家族がお付き添い中，ご容態に変化があれば，ベッドお手元にあるナースコールでお知らせください。なお，看護師には24時間必要に応じて電話で連絡を取ることが可能です。
⑬ お車で来園の際は，正面玄関前の駐車スペースをご利用ください。駐車場が満車の場合は1階事務所にお声がけください。
⑭ 正面玄関は夜9時から翌朝7時30分まで施錠し，エレベーターも夜9時から翌朝7時30分まで運転を停止しています。この時間帯に出入りされる場合には，各階職員にお声をかけてください。また，この時間帯に面会にいらっしゃる場合は，事前にお電話でお知らせください。

上記以外に不明な点，ご要望などがある場合は，随時施設職員にお問い合わせください。

平成○年○月○日　○○ホーム

> 看取り介護開始の手続きの（契約）際に使用する。1項目ごとに，具体例を挙げながら説明するとよい

> 看取り介護確認事項と重複している項目もある

報が行き渡りやすくなります。適切な情報を共有することで，家族間での情報の行き違いや意向のすれ違いを防げます。そのことが，本人が亡くなった時に，慌てたり後悔したりすることが少なくなります。

看取り介護計画書の作成・説明と同意・モニタリング

1）看取り介護における施設ケアマネジメント

施設でのケアマネジメントは，アセスメント→ケアプラン原案の作成→サービス担当者会議（ケアカンファレンス）の開催→看取り介護の実施→モニタリングの流れで行われます。ケアマネジャーを中心に各職種が協働してこれらを行うことで，利用者の生活の質を高めていきます。看取り介護を開始した後も，この流れが大きく変わることはありません。

資料5　臨終時に見られる身体的な変化を説明する文書（例）

○○ホームで看取り介護に付き添うご家族の皆様へ
～大切な人の旅立ちにあたって～

　これから看取りに付き添われる方に，ご利用者のお別れ前後に見られる身体の変化を記していきます。これらの変化はすべての人に見られたり，起こるわけではありません。
　大切なことは，ほとんどの変化がお別れまでに見られる自然な経過であり，ご利用者にとって苦痛ではないということをご理解いただきたいと思います。

お別れが近づいた時の変化
■身体がだるくなり，ベッドに休まれ，うとうとすることが多くなりますが，周囲の話し声は聴こえていると言われています。
■日にち・時間や場所，場合によってはご家族の顔も分からなくなることがあり，突然大きな声を上げたり，つじつまの合わないことを言ったりすることがありますが，これは身体のエネルギー代謝が低下する時の徴候と言われています。
■食事や水分を取る量が減ってきます。手足にむくみが出ることもあります。
■唇が乾燥し，口の中が粘つき，呼吸の際にゴロゴロと音を立てることもあります。息苦しそうに見えるかもしれませんが，これも身体のエネルギー代謝が低下していることを示しています。
■手足が冷たくなり，皮膚が青白くなってきます。赤紫色に皮膚が変化する（チアノーゼ※）場合があります。内出血が目立つ時もあります。
　※チアノーゼ：血液中の酸素が不足して唇や指先が紫色になること。
■39℃前後の発熱が見られることがあります。これもお別れ前に身体が頑張っていることで起こる現象です。氷枕で頭部や腋の下を冷やしたりします。
■徐々に食事も水分も摂取できなくなるので尿量が減っていきます。
■呼吸が不規則になります。10～30秒ほど止まったり，いびきのような呼吸をすることがあります。
　また，下あごを使って全身で息をするような状態（下顎呼吸※）になります。
　※下顎呼吸：脳に酸素が回らなくなり，欠乏することで起こる呼吸。チアノーゼと共に，酸素不足が基で起こる現象。酸素不足になると，脳内にエンドルフィンと呼ばれる麻薬のような物質が分泌されて恍惚状態（快感に近い状態）になるため，意図的に酸素を吸入すると苦痛が強くなる可能性があるので，静かに見守ることが大切である。

お別れが来た時の変化
◆呼吸がなくなります。　　◆脈が触れなくなります。
◆揺れ動かしても，声をかけても，全く反応がなくなります。
◆眼球は動かず，まぶたは少し開いているか，閉じています。

　お別れの時に見られるご利用者の自然な姿を事前に知ることで，ご家族の心の準備にお役に立てることを願っています。

　　　　　　　　　　　　　　　　　　　　　　　　　平成○年○月○日　　○○ホーム
　　　　　　　　　　　　　　　　　　　　　　　　　　　　　　施設長　　○○○○

2）看取り介護における施設ケアマネジメントの手順

①アセスメント

　まずアセスメントを行います。アセスメントでは，アセスメントシート（**資料6**）の項目に沿って，身体機能や移動，移乗，排泄，入浴，食事などさまざまな項目から利用者の状態を観察し，全体的な状態や意向を把握します。

　また，アセスメントは，利用者の状態を把握するだけでなく，スタッフがより早く

①アセスメント
　↓
②看取り介護計画書原案の作成
　↓
③サービス担当者会議
　（ケアカンファレンス）の開催
　↓
④看取り介護計画書原案の
　利用者・家族へ説明と同意
　↓
⑤看取り介護の実施
　↓
⑥モニタリング

変化を察知し，情報を共有することにより，アセスメント能力などスキルが向上し，スタッフ教育においても一定の役割を果たします。

②看取り介護計画書原案の作成

アセスメントの結果から，利用者の状態や意向を基に，ケアマネジャーは看取り介護計画書原案（**資料7**）を作成します。看取り介護計画書は，以下の項目に留意して記載します。

❖**医療面**

終末期になると，これまでに比べて食事・水分摂取量が低下します。身体に栄養が行き渡らなくなるわけですから，身体にも変化が生じます。褥瘡などの発生リスクも高まります。このような身体に生じる変化に対する予防や対応などを記載します。

❖**食事**

嚥下機能の低下や食べる意欲の低下など，食事に関する変化が生じます。食べたい物，食べられる形態や提供する時間，場所などを計画に反映します。利用者や家族が望むのであれば，リスクを共有した上で提供することも時には有用です。その際は，医師や看護職員，管理栄養士（栄養士）など多職種に相談し，調整することが必要です。

❖**排泄**

食事・水分摂取量が低下することにより，排尿量も変化します。量だけでなく，色やにおいが変化する可能性もあります。変化に早く気づけるような計画を盛り込みましょう。利用者の状態によって，排尿や排便の方法も違い，回数も違いますので，計画に反映します。

❖**清潔**

清潔を保つためにも，利用者の体調や意向に合わせながら，亡くなる直前まで入浴できるように配慮しましょう。入浴できない場合は，清拭などの手段で清潔を保ちます。時には手浴や足浴なども計画に入れましょう。

❖**体位・姿勢**

終末期になると，腹筋や背筋をはじめとする体幹の筋力が低下し，まっすぐ座ることが難しくなります。通常の車いすでは座位保持ができなくなるため，リクライニングの車いすなどを使用することが必要となります。リクライニングの車いすを使用したとしても，長時間の座位は仙骨部位から臀部・大腿部にかけて圧がかかり，褥瘡が発症するリスクも高くなりますし，疲労も増します。当然，ベッド上にて生活することが多くなりますが，ベッド上で生活するに当たっても，マットはどのような形状がよいのか，安楽な姿勢はどのような姿勢なのかを利用者に合わせて計画する必要があります。

資料6 アセスメントシート（例）

アセスメントシート　初回・更新

		入所日：平成〇年〇月〇日	要介護度：5
フロア 〇F 〇〇〇〇 様		作成日：平成〇年〇月〇日	居室担当者：〇〇〇〇

		嗜好（好み）何が好きで、何が嫌いかどんな援助を必要としているか	現在の状況 どのような援助をしているか	今後の目標 どのような状態を目指しているか（実現の見通しがある具体的なこと）
身体機能	拘縮（有）・無 麻痺（有）・無（特に右足関節） 視力障害（有）・無 聴力障害（有）・無 感染症（有）・無	関節の拘縮が進み、関節可動域ストレッチを行うと、顔をしかめる（特に右足関節）。強く握ることで手指の爪が自身の手のひらを傷付けてしまうことがある。声をかけると時折、笑顔になる。声を発することもある。免疫力低下により感染症体質になっている（現在はない）。	マッサージ、可動域訓練を継続する。これ以上進まないように両脇にクッションを挟んでいる。クッションは低反発素材を使用する。	関節拘縮の悪化を防ぐ。【施設サービス計画書と異なる場合、現状維持が達成目標となる。「○○を維持することができる」という表現も可能】
移動・移乗	歩行（自立・一部介助・全介助） 車いす（自立・一部介助・全介助） 移乗（自立・一部介助・全介助）	自ら起き上がることができない。ベッドで端座位が取れない。車いすはティルトリクライニングタイプを使用することで、安楽な姿勢を保っている。	職員2人で移乗した後は45度傾斜にする。車いすで移乗した後は45度傾斜にする。付属のヘッドサポートに頭部が届かず、バスタオルを巻いて隙間を埋めるようにしている（首が左右に傾くことを防ぐ）。※バスタオルは適宜交換する。 【利用者の趣味・嗜好、こだわり、得意・不得意など利用者の目線で記入する。「○○が好き」「○○に興味がある」「○○は苦手なので助けてほしい」など、「○○ができる」「○○ができる」と状態をそのまま記入することも可能】	継続的な対応を行うことができる。
体位交換	寝返り（可・不可）	自由に向きを変えることが難しい。	臥床時、2時間ごとに右体位交換介助を行っている。マットレスはアクアフロート（除圧マット）を使用する。	褥瘡を予防する。
排泄	トイレ・ポータブルトイレ・リハビリパンツ・パッド・おむつ 動作（自立・一部介助・全介助） 尿意（有・無・あいまい） 便意（有・無・あいまい）	腎機能低下により、尿路感染症を起こすリスクが高いため、バルーンカテーテルが留置されている。活動量が減り、排便は以前に比べて出にくい。	時間を決めて、尿量を測定する。色の状態などを観察し記録する。管の詰まりがないか観察する（程度によりミルキングする）。中2日出ない場合には、座薬・浣腸を施行する。	継続的な対応を行うことができる。
入浴	個浴・機械浴 洗髪（自立・一部介助・全介助） 洗身（自立・一部介助・全介助）	温泉が好きである（歩行が困難になってからは、旅行に行けなくなった）。機械浴を週2回行っている。洗身・洗髪は介助を行っている。（お気に入りのシャンプー・ボディソープがある）。	浴槽に入浴剤を入れ、温泉気分を味わっていただく。季節により、菖蒲・バラ・柚子・りんごなどを入れて香りを楽しむ。シャンプーやボディソープは、少なくなったらご家族に補充をお願いする。上下肢のマッサージを行う。	継続的な対応を行うことができる。
更衣	着脱（自立・一部介助・全介助）	関節の拘縮が進んでいるが、花模様で色鮮やかなブラウスやスカーフがお気に入りである（伸縮性はあまりない）。	ご本人にお気に入りのブラウスを何点かご用意いただく（同じ物に偏る場合があるので、ご家族に複数枚替えの準備を依頼する）。ゆったりサイズにする。	おしゃれを楽しんでいただく。
洗面	動作（自立・一部介助・全介助）	肘関節が曲がり、手を前後に動かすことができないため、洗面動作ができない。元気なころは起床後は洗面所前で冷たい水で顔を洗う習慣があった。	蒸しタオルで顔を拭く。眼脂など目に固まりがあるので、10秒ほど目の上にあてて軟らかくしてから拭き取りやすくする。 【左記の「嗜好（好み）」を受けて、「何をどこまで援助するのか」を記入する。できることは継続してもらい、必要なところだけ援助する視点を重視する】	継続的な対応を行うことができる。
整容	爪切り（自立・一部介助・全介助） 髭剃り（自立・一部介助・全介助）	拘縮の項目で爪切りを挙げているとおり、指の爪が強く握ったままでいると、皮膚に食い込んで出血してしまうことがある。	入浴などに爪切りを行う。手指の間にビーズクッションを重ねる。	継続的な対応を行うことができる。

口腔ケア	歯磨き（自立・一部介助・全介助） うがい（可・不可）	義歯上下使用しているが、歯ぐきが痩せて合わなくなり、音を立てる。外れやすいため、使用していない。食後の口腔ケアが難しくなっている（うがいは水を誤飲するため、行えない）。	歯茎のマッサージ（専用手袋使用）を行う。 口腔ケアスポンジを使用する。 歯科往診でクリーニングを行う（週1回）。	誤嚥性肺炎を防ぐ。
			好きな物を楽めるようにペースト状の嗜好品をご用意する。 ・誕生会のケーキ（チョコレートケーキ） ・プリン（特定の商品がある） ・ヨーグルト（食べ切りサイズ） 消化管出血があり、上記の食品は本人の嗜好ではあるものの、胸やけを起こしやすいことから食後すぐに臥床しないよう注意する。	誤嚥性肺炎を防ぐ。 食事を楽しんでいただく。
食事	摂取（自立・一部介助・全介助） 主食形態（ペースト） 副食形態（ペースト） とろみ剤（要・不要）	摂食嚥下機能障害の診断があり、ペースト食になっている。 自ら食べることが厳しくなってきたが、献立の説明をすると、お膳に視線を向ける（食意はあるが量が入らなくなってきた）。 以前は食欲旺盛でご飯をたくさん食べていた。「お米が好き」と言っていたので、粥ペースト食を半量提供している。 甘いものも好きである。		
服薬	動作（自立・一部介助・全介助）	錠剤の数が多いと顔をしかめる。 錠剤を一つずつとろみジュースに混ぜて飲む。 「薬」と認識しぶい顔をする場合がある。	医師に最近の生活の様子と共に内服薬の相談をし、必要最低限に変更となる。 薬局同士にて粉状に変更してもらう。	継続的な対応を行うことができる。
睡眠状況	眠前薬（有・無） 状況（良眠・浅眠・不眠）	働き者であり、家族の中でいつも最後に寝ていた。 今でもすぐには寝付けない。	お休み前に、ご本人の故郷のお話しをする。 地元の民謡を歌っているといつの間にか眠っていることがある。	継続的な対応を行うことができる。
精神面	認知症（有・無） （診断：脳血管性） 記憶障害・失見当識・妄想 感情失禁・昼夜逆転・暴力 キーパーソン（息子）	認知症が出現し、物忘れでパニックを起こすなど、時混乱がある。骨折もあり支障はあるが、その場の言葉かけや見当識に支障になり、その場の言葉かけや見当識・視線を振るう・視線を追うと理解を示すにはうなづき・首を振る・視線を追うと理解を示すとても穏やかになる。	言葉は出ないが、意思疎通を図るために本人が反応しやすい言葉を限定して使用する。 息子様の面会時は目を見開いてうれしそうな表情をするので、談笑室などでゆっくり過ごしていただきたい。	継続的な対応を行うことができる。
環境面	特別な配慮（有・無）	多床室であるため、同室他利用者に「終末期ケア」を取り入れることにったことを説明した（あらかじめ、本人、家族から了解を得ている）。	比較的食堂で皆さんと過ごすことが好きである。いつもの生活音があるほうが安心するようで、「お部屋に戻りましょうか」と声をかけると、首を横に振る。	継続的な対応を行うことができる。
趣味	現在：音楽を聴く 過去：手芸、温泉旅行	園芸：土いじり、が好きであった。	園庭やベランダの花を見に行く。 土や花、草木のにおいを感じている。 目を細めて気持ちよさそうな風を感じている。	継続的な対応を行うことができる。
社会活動	定期の外出（有・無）	慢性腎不全より排尿障害があり、バルーンカテーテルが留置されているため、定期交換をする必要がある。泌尿器科に通院している。 閉塞性動脈硬化症に伴い、血流の悪化から左第1趾潰瘍があり、創部から時折湿潤し、化膿や出血感染症のリスクがあるため皮膚科を受診し出血による外出出る。	通院には息子様が付き添われる。 診察が終わり、精算と迎えの車を待つ間、つかの間の生活音を感じいたり、院内の喫茶店でアイスクリームを食べることが楽しみとなっている。	継続的な対応を行うことができる。
医療・健康	既往：高血圧、脂質異常症、白内障手術、多発性脳梗塞、誤嚥性肺炎 右大腿骨頚部骨折（人工骨頭置換術） 現病：脳血管性認知症、慢性心不全、腎不全 閉塞性動脈硬化症（左第1趾潰瘍） 食道裂孔ヘルニア		内服 ・クレジメン ・タケプロン ・マグラックス ・ガスモチン	処置 ・臀部の亀裂部位軟膏塗布 ・臀部全般ワセリン保護 ・左第1趾潰瘍部分の洗浄 消毒（皮膚科） ・膀胱洗浄・カテーテル交換（泌尿器科）
終末期の意向	（息子様より）元気なころから、病院に行くことを嫌がっていた。入院していた時より、施設で過ごしている時の方がずっと穏やかに見える。いつも慣れた職員から声をかけられるのがうれしいのだと思う。先日、面会してきた人に「ここ（ホーム）」が良いかと聞いたら、大きくうなずいたので、決していろんなことに強いられず、このまま施設で過ごすことはしのびないので、家族もできる限りのことを協力したい。			上記のアセスメントの内容、終末期の意向、利用者家族からの聞き取りを基に、終末期をどのような環境で誰と見守られていたいか、何が近くにあったら安心かなど、生活の場面での過ごし方の意向確認を行っている。「延命治置は望まないが、苦しむことだけは避けてほしい」と記入されていた。今後は、体調を崩しても、入院治療を重視した内容を記入する

75

資料7　看取り介護計画書原案（例）

○○○○様　看取り介護計画書（初回）　**看取り介護計画書（1）**　作成日：平成○年○月○日

利用者氏名：○○○○様　　生年月日：昭和○年○月○日　　作成者：○○○○（計画作成担当ケアマネジャー）
要介護認定：5　　有効期間：平成○年○月○日～平成○年○年○日

看取り介護に対する意向

ご家族（息子様）：元気なころから，病院に行くことを嫌がっていた。本人が入院している姿より，施設で過ごしている時の方がずっと穏やかに見える。いつも慣れた職員から声をかけられるのがうれしいのだと思う。先日，面会して本人に「ここ（ホーム）が良いか」と聞いたら，大きくうなずいたので，決心した。今後は，体調を崩しても，入院治療などで長期間点滴や注射を強いることはしのびないので，このまま施設で過ごしてもらいたい。家族もできる限りのことを協力したい。

総合的な援助の方針

○○ホームで穏やかに過ごすことができ，自然な形で最期が迎えられるよう支援します。

ご利用者またはご家族の承諾
住所：〒　　東京都○○区○○町○-○-○　　氏名：○○○○　印　　続柄：長男　　承諾日：○年○月○日

○○○○様　看取り介護計画書（初回）　**看取り介護計画書（2）**　作成日：平成○年○月○日

生活全般の解決すべき課題（ニーズ）	サービス内容 ケア内容	担当者
摂食嚥下機能障害により，誤嚥性肺炎を繰り返す可能性があり，経口摂取が厳しくなっている。	・むせる体力が低下し，不顕性の誤嚥を起こしていた可能性があるため，今後も自らの唾液などでもむせ，誤嚥するリスクは高いため，食事はペーストのハーフ食，補助栄養食や本人の好むものを提供する（口の開きが悪い時には無理をしない）。 ・水分・栄養が摂れないことにより，脱水症状を起こす可能性がある。発熱した場合にはクーリングを行う（頭部・腋下）。 ・喉がゴロゴロし，痰を絡ませている場合は適宜吸引を行う。ただし，吸引は医療行為であるため，夜間帯は研修を受けた介護職員のみが口腔内の吸引を行うのみとする。 ・食後ベッドで臥床する際は逆流を防ぐため，頭部を45度にし，30分～1時間程休んでいただく。 ・消化管出血（食道に複数の潰瘍）で入院していたこともあり，ベッド上で茶褐色の嘔吐物があった際には看護師に報告する。意識レベルを確認する。	介護職員 看護職員 医師 管理栄養士
可能な限り好きだったことを感じる機会を設ける。	・ルームヴィジットを実施。ご本人のなじみの話題を語りかける。音楽を流す。〔○○県出生，畑仕事一筋であった，庭いじり，料理，民謡など〕 ・離床した際は部屋のカーテンを開け，陽の光を感じられるようにする。 ・ベッドで横になって過ごす姿勢など，苦痛が軽減できるよう機能訓練指導員などが姿勢を確認する。関節が拘縮しないようにクッションなどを活用し，ポジショニングを行う。 ・体調を確認しながら，車いす（リクライニング）に座る時間を設ける。両膝下閉塞性動脈硬化が進まないよう保温する（赤外線ソックスを着用する）。	介護職員 看護職員 生活相談員 機能訓練指導員
体圧分散ができないため臀部が表皮剥離しやすく，低栄養に伴う褥瘡形成のリスクがある。	・排泄介助時や入浴時に皮膚状態を確認する。 ・皮膚状態を観察し，状態に合わせて軟膏を塗布する。臀部に掻き壊しなどがあり，悪化した場合には皮膚科を受診し医師の指示を仰ぐ。経過良好な場合でも，予防のためにワセリンを塗布する。 ・適宜体位変換介助を行う（マットレスは除圧タイプにする）。 ・左第1趾潰瘍部分は洗浄，消毒処置を継続する（出血や滲出液の有無を確認し，適宜ガーゼ交換を行う）。 ・今後，創部の観察を行う（下肢の血流障害が起これば悪化する危険性有）。 ・感染症に注意する。 上記に関して皮膚科受診の必要性がある場合は，ご家族に受診の付き添いをお願いする（受診が終了し，車の迎えを待つ間，希望により院内の喫茶店でアイスクリームを食べる）。	介護職員 看護職員 医師 （皮膚科）
入浴や足浴などの部分浴などを行い，むくみを軽減する。	・お風呂に入ることが好きなので，体調を考慮しながら可能な限り入浴する。入浴中は下肢を軽くマッサージする。 ・入浴できない場合には，部分浴または清拭して皮膚の清潔を保つ。	介護職員 看護職員
水分摂取量の低下により，尿路感染や排尿障害があるため，バルーンカテーテルを使用している。	・時間を定めて尿量測定，色の状態などを観察し，記録する。 ・管の詰まりがないか観察する（場合によりミルキングを行う）。 ・定期的な膀胱洗浄・交換はご家族に泌尿器科受診の付き添いをお願いする。	介護職員 看護職員 医師 （泌尿器科）

❖環境整備

　居室で過ごすことの多くなる利用者に対し，居室の環境を整えることは快適に過ごしてもらうための重要な条件です。こまめに清掃を行い，清潔を保ちましょう。室温や湿度の確認，調整も必要です。また，慣れ親しんだ家具や思い出の写真などを用意し，くつろいでもらえるように空間を整えましょう。

　環境整備を行うことで，利用者の生活にリズムをもたらすことも可能です。カーテンの開け閉めや照明の調整など，利用者の生活リズムに合わせて行いましょう。

❖精神的なかかわり

　心穏やかに生活してもらうためには，精神的なかかわりという視点も欠かせません。あいさつはもちろん，昔話をしたり，趣味の話をしたり，利用者の負担にならないよう配慮しながら，声をかけるようにしましょう。尊厳を持って接することが求められます。

③サービス担当者会議の開催

④看取り介護計画書原案の利用者・家族へ説明と同意

　看取り介護計画書はケアマネジャーが作成することとなりますが，サービス担当者会議では各職種から意見を取りまとめ，利用者や家族の意向に沿った原案を作成するよう心がけましょう。

　看取り介護計画書原案を利用者および家族に説明し，同意が得られた日より成案となり，計画書に沿った看取り介護が開始されます。自然の経過で過ごしてもらうため，厳密な目標や期間は設けません。

⑤看取り介護の実施

　看取り介護計画書は介護職員，看護職員，相談員，機能訓練指導員，管理栄養士（栄養士）などを含めた多職種で共有し，看取り介護の実施につなげる必要があります。同意・署名をもらった看取り介護計画書をはじめ，看取り介護にかかわる書類は，すべて関係部署に配布するなどして，部署間で情報に誤差が生じないよう配慮しましょう。

⑥モニタリング

　看取り介護計画書に記されているケアを実施した後は，モニタリングを行います。計画を実施できているか，変更する必要はあるか，利用者や家族の状態はどうか，状況に変化はあるかなど，計画実施中に記載した「24時間経過観察表」（**資料8**）を基に評価します。

　モニタリングは多職種で行うことが望ましいでしょう。定期的に「モニタリングシート」（**資料9**）を使用して，医療・介護・栄養などの観察項目を設け，記録し

資料8　24時間経過観察表（例）

看取り介護経過観察表

利用者氏名　　○○○○　　様　　　　　　　　　　　　　　　平成○年○月○日（○）

時 分	摂食内容	水分(cc)	排泄	バイタル	巡回	コメント	署名
9:30	ゼリー	50cc程度				介助にてベッド上で召し上がった。	○△
10:00			○			ごく少量であった。パッド交換と陰部洗浄を行い、体位変換。	□○
10:40					○	本人に話しかけると、目を少し開眼された。反応があった。	△□
11:00						面会家族（長男）。表情が穏やか。声をかけると微笑んだように見え、安心した。	○○
11:30				血圧80/50　脈拍55/分　体温36.0℃　呼吸45回/分		血圧は低いままで推移している。呼吸：次の呼吸までの間隔が長い。	□△
12:00					○	時折、数秒間無呼吸あり。体位変換すると、呼吸落ち着いた。	△○
12:30	アイスクリーム	5口				介助にてベッド上で召し上がった。	○△
13:00			○			洗浄後、臀部にワセリンを塗布した。	□○

＊部屋で過ごすことが増えた人やバイタルが変動している人、食事をほとんど口にしなくなった人などが対象

＊これは訪室するすべての職員と家族が共有できるシートである。家族が面会している間も職員に伝えたい内容があれば自由に記入してもらい、相互で状態の把握をする。この経過を観ながら、臨終（死期）が近付いているかどうかの判断をする

＊記号を用いることで、誰もが記入しやすいものにする

記入記号
【排便】…普通便　○…軟便　◎…水様便　▽…未消化便　△…硬便　付…付着　【排尿】○…あり　×…なし
【巡回】…様子を見て変化がない時は○を付け、コメントは省略してよい。

○○ホーム

資料9　モニタリングシート（例）

看取り介護計画モニタリング表

利用者氏名　　○○○○　様（○歳）　　計画作成日　平成○年○月○日

日時	参加者		
○/○ （月） ○:○ 〜 ○:○	ケアマネジャー 相談員 介護職員 看護職員 栄養士 機能訓練指導員	医療面	バイタルは現状維持されている。たん吸引も定期的に行っているが、回数やたんの形状など変化は見られない。
		介護面	入浴継続。ベッドにて生活する時間が長いが、定期的に車いすに座る時間を設けている。
		栄養面	体重○kg。食べられる時に食べられるものを食べていただいている。
		その他	拘縮が見られるため、ベッド上では、クッションを使用し、安楽な体制を維持している。
		同意欄	平成○年　○月　○日　氏名　○○○○

（吹き出し：実際は参加者の氏名を記載する）
（吹き出し：家族に説明を行い、同意を得る）

日時	参加者		
○/○ （火） ○:○ 〜 ○:○	ケアマネジャー 相談員 介護職員 看護職員 栄養士 機能訓練指導員	医療面	バイタルは現状維持されている。たん吸引も変化なし。両下肢に浮腫が出てきた。
		介護面	入浴継続。発語はないが、リラックスされている表情見られている。
		栄養面	体重○kg。食事中に傾眠することが増えてきた。ゼリー食も併用し対応している。
		その他	娘様より入浴時、本人の背中を流してあげたいとの話あり。一緒に入浴介助を行った。
		同意欄	平成○年　○月　○日　氏名

（吹き出し：計画が実行できているか、変化の有無などを記載する。各専門職からの視点でとらえる）

日時	参加者		
○/○ （水） ○:○ 〜 ○:○	ケアマネジャー 相談員 介護職員 看護職員 栄養士 機能訓練指導員	医療面	○月○日より微熱が見られ、不安定な状態が続いている。たんの吸引に関しては1日5回程度行っている。
		介護面	微熱続いているため、清拭にて対応。ベッド上にて生活する時間が長い。音楽を聴きながら過ごされている。
		栄養面	体重○kg。ゼリー食を併用しているが、食事量は毎食ゼリー1個程度。水分は1日200cc程度。
		その他	娘様は毎日面会にいらしている。○日には息子様も面会に訪れた。
		同意欄	平成　○年　○月　○日　氏名　○○○○

（吹き出し：モニタリングの実施日を記載する）

日時	参加者		
○/○ （日） ○:○ 〜 ○:○	ケアマネジャー 相談員 介護職員 看護職員 栄養士 機能訓練指導員	医療面	微熱が続いている。両下肢に浮腫も見られるようになった。
		介護面	微熱続いているが、看護職員および家族と協議し、状態が良い時は入浴を実施。それ以外は清拭にて対応。
		栄養面	体重○kg。毎食ゼリー1個程度の摂取。水分量も1日200cc程度。
		その他	誕生日にメッセージカードを手渡した。
		同意欄	平成　○年　○月　○日　氏名　○○○○

ていくとよいでしょう。実践しながら，利用者の状態に合っているか内容を精査していきましょう。精査の結果として，計画書に変更が生じた場合は，アセスメントからもう一度行い，看取り介護計画書を修正します。

各職員の役割と連携・調整

看取り介護は，利用者に尊厳ある安らかな最期を迎えてもらうための支援です。これを実践するには，施設が一丸となって取り組む必要があり，多職種でかかわることが不可欠です。各専門職がそれぞれの役割を果たし，連携して取り組むことが求められます。

1）施設長

総括管理

施設長は，施設で行われる看取り介護の総括管理が求められます。施設全体の方針を設定し，目標を定めたら，各スタッフがその目標を達成できるように体制を整え，質の高い看取り介護が行えるよう取り組みます。

諸課題の総括責任

看取り介護を行う中で生じる諸問題の総括責任者としての役割も求められます。日頃から看取り介護に携わるスタッフと情報を共有し，的確に判断することが必要です。

2）医師

終末期の診断

看取り介護は，医師が「回復の見込みがない」と診断した人が対象です。

家族への説明（インフォームドコンセント）

施設スタッフと連携して，家族への説明を行います。主に，利用者の身体や精神面の状態，および今後起こり得るリスクを説明します。

緊急時，夜間帯の対応と指示

終末期を迎えた利用者は，日々変化します。どのような状態になるかを予測し，スタッフに指示を出します。また，緊急時の対応も求められます。

各協力病院との連携，調整

看取り介護を行っていても，受診が必要になる場合があります。その際，施設の医師は，協力病院など受診先の病院と情報提供書などを通じて連携します。

定期的カンファレンス開催への参加

医師も定期的に開催されるカンファレンスに参加し，医師としての立場から意見を述べます。

死亡確認，死亡診断書等関係記録の記載

利用者に呼吸停止や心肺停止などの状態変化が生じた際は，施設スタッフが医師（医療機関・診療所）に連絡します。連絡を受けた医師は，利用者の状態を確認し，死亡診断を行います。診断した内容を死亡診断書に記載し，家族へ渡します。診断時には家族に対して説明を行うなど，家族に対しての心のケアも行います。

3）相談員

継続的な家族支援（連絡，説明，相談，調整）

家族は看取り介護を行う中で，死に向かう利用者を支えます。死を受容して不安なく援助できる家族もいれば，看取り介護を選択したものの事あるごとに迷いが生じる家族もいます。介護職員や看護職員も家族を支援するのはもちろんですが，相談員には特にこの役割が強く求められます。

入所前から利用者や家族とかかわりのある相談員ですので，家族も頼りにしていることでしょう。利用者・家族の気持ちに寄り添いながら意向を確認するよう努めます。悩みを抱えている家族がいるのであれば，悩みを解消するために取り組むべきですし，意向に変化が生じている場合は，改めて意向を確認し，意向に沿った支援を行えるよう配慮しましょう。

相談員による家族支援は，入所前から始まり，入所中，看取り介護実施中，そして死後まで，段階的にかつ継続的に行われます。家族への連絡・説明は随時行う必要があります。また，家族が相談しやすい環境を整えるよう配慮しましょう。

さらに，さまざまな場面での調整業務も相談員の役割の一つです。これらの役割を担うことで，家族との信頼関係を構築していきましょう。

多職種協働のチームケアの強化

相談員は，利用者・家族の代弁者としての役割を担います。気持ちを代弁し，実現していくために，多職種に働きかけ，チームケアを強化することが求められます。施設全体がチームとなって看取り介護に取り組むという雰囲気をつくり出し，各職種間に意識のずれがあれば，「なぜ，そうしなければならないのか」ということを根拠に基づいて訴えることで，ずれをなくしていきましょう。

定期的カンファレンス開催への参加

相談員も定期的に開催されるカンファレンスに参加し，相談員の立場から意見を述べます。

緊急時，夜間帯の緊急マニュアルの作成と周知徹底

看取り介護の末に利用者は死を迎えます。その際に，スタッフが「どのように行動すればよいのか分からない」では話になりません。亡くなった際に，誰がどのよ

うに行動するかをマニュアル化し，各スタッフに周知徹底させておく必要があります。マニュアルを誰が作成するのかということに特に決まりはありませんが，相談員がその役割を担うことが多いのではないでしょうか。各スタッフとの連携・調整を行うことは相談員の業務の一つです。スタッフが混乱しないようなマニュアルを作成しましょう。

また，看取り介護を実施している場合でも，時には救急搬送などの緊急事態が起こる可能性があります。夜間帯に亡くなる場合もあります。さまざまな場面を想定したマニュアルが必要です。

死後のケアとしての家族支援と身辺整理

看取り介護では相談員にはグリーフケアなどの家族支援も求められます。詳細は第4章（P.91）で述べることとします。

4）ケアマネジャー

看取り介護計画書の作成

ケアマネジャーの中核業務は介護サービス計画書（ケアプラン）の作成です。これは看取り介護の場合でも同じです。利用者・家族の意向を大切にして，各専門職からの情報を収集し，看取り介護計画書を作成しましょう。カンファレンスの主催・進行も大切な業務です。参加者が発言しやすい雰囲気をつくり出し，効果的なカンファレンスとなるよう努めましょう。

5）看護職員

医師または協力病院との連携

看取り介護を行う上で，医師との連携は欠かせません。日頃の健康管理を担う医師だけでなく，緊急時や胃ろうや尿管バルーンを交換する際に受診する可能性のある協力病院との連携も必要です。

看護職員は，医療従事者として医師と連携をとる中心的な役割を果たします。

多職種協働のチームケアの確立

看取り介護は，最期を迎える利用者を受け止め，支える取り組みです。状態の変化への対応は，看護職員も中心的な役割を担います。多職種で支えるための体制を看護職員としての視点からとらえ，整えましょう。

職員への「死生観教育」と職員からの相談機能

看取り介護を行う中で，苦悩する可能性があるのは家族だけではありません。時にはスタッフも悩むことがあるでしょう。日頃からスタッフに対し，「死とは何なのか」「看取り介護を行う意義とは何か」など，死生観を養うことが必要です。

「死生観教育」には看護職員がその役割を担うことが期待されています。詳しく

は第6章（P.161）で述べることとします。

　また，他のスタッフの相談に応じることも求められます。施設に勤務する看護職員は介護職員から「怖い」というイメージで見られていることもあるようです。これまで受けてきた教育や職種の役割の違いなどにより，ある程度はいたしかたのないことかもしれませんが，チームとして取り組むためにはスタッフ間がしっかり連携できていなければなりません。相談しやすい雰囲気をつくりましょう。

状態観察の結果に応じた医療処置

　利用者の状態は日々，変化します。もちろん介護職員を始めとした他職種も状態の観察を行いますが，看護職員にはより医療職としての視点での状態観察が求められます。変化が生じた際は，的確に対応しましょう。また，褥瘡や吸引などの医療処置が必要になる場合があります。介護職員と連携して行いましょう。

疼痛緩和

　疼痛を伴う終末期を迎える利用者もいます。そのような利用者に対して，疼痛緩和を行うことも看護職員の役割です。特に末期がんの場合は，モルヒネなどの鎮痛剤を使用して痛みを取り除き，利用者が安楽に生活を営むことができるよう配慮する必要があります。医師と連携し，取り組みましょう。

急変時対応マニュアル（オンコール体制）

　利用者の状態が急変した際のマニュアルを整備するなど，対応方法の統一を図りましょう。

　特別養護老人ホームでは，夜間帯に看護師が当直として勤務している施設は限られており，多くの施設の看護職員は，オンコールでの対応を行っています。夜間帯にどのような変化が見られたら看護職員に連絡するかなどを取り決めておき，いざという時に備えましょう。

家族への説明と不安への対応

　看護職員には，医療的な立場で家族とかかわることが求められます。利用者の身体の様子や今後起こり得る変化など，医療の専門家として情報提供を行います。正しい知識を前もって得ることにより，家族も安心し，考えることができます。また，悩みや不安を聞き出しながら寄り添うことで，家族の心のケア（グリーフケア※）にも努めましょう。

※グリーフケア：間もなく死を迎えようとしている家族は，「苦しみ」「不安」「怒り」など悲嘆のプロセスをたどることになります。自宅で死を迎えることと異なり，大切な家族を施設に預けていることで複雑な思いが込み上げて来ることは避けて通れません。そこで，看護の立場から臨床場面で起こり得る利用者の変化について客観的に説明し，家族のありのままの反応を受け止め，その家族を次のステップへ導いていく使命があります。「心の揺らぎ」に共感していることを言葉で伝え，関係するスタッフにフィードバックする役割もあり，家族から「この施設なら安心して最期を迎えることができる」と思える支援効果が期待されます。

定期的カンファレンス開催への参加

　看護職員も定期的に開催されるカンファレンスに参加し，看護師としての立場から意見を述べます。

6）管理栄養士・栄養士
利用者の状態と嗜好に応じた食事の提供

　看取り介護を開始した後でも，利用者が食べたいものを考え，提供するという役割は変わりません。むしろ，看取り介護が始まったからこそ，今まで食べたくても医師から疾患を理由に制限されて提供を見合わせていた食事（いわゆる療養食や禁食）がチームでの検討を経て量を加減することで食べられるようになる場合もあります。しかし，これまで一番の楽しみにしていた食事さえも，食べることが困難になって看取り介護を開始したというケースが大半です。利用者の状態に合わせ，リスクが伴うことも考慮した上で，家族や他職種と協力・連携しながら慎重に食事環境を整えるよう努めましょう。

食事量・水分量の把握

　身体にエネルギーを行き渡らせるためには，十分な食事や水分の摂取が必須です。利用者が普段からどのくらい食事や水分を摂取しているのかを把握するのは，管理栄養士の役割です。変化が見られた際は，他職種へ情報を発信し，必要に応じて食事形態や提供量，提供時間を変更するようにしましょう。1日3回の食事が厳しいと判断する場合もあります。

　健常な状態では感じていないことでも，食べたものが栄養となるまでの一連の消化・吸収活動が高齢者の体には負担となり，血流や血圧の変動を招きます。咀嚼と飲み込みの運動で疲れてしまうことを理解しておきましょう。

定期的カンファレンス開催への参加

　管理栄養士または栄養士も定期的に開催されるカンファレンスに参加し，管理栄養士・栄養士としての立場から意見を述べます。

家族への食事提供

　看取り介護では，利用者の状態に変化があった際は，その都度家族に連絡します。家族が施設に宿泊を希望することもあります。必要に応じて食事を提供するなどの配慮が必要です。家族への食事の提供に関して，実費として料金設定をどうするかなど，施設として事前に検討しておきましょう。

7）機能訓練指導員
安楽な体位の工夫

　終末期が近づくにつれ，利用者には，安楽な体位が取れるようなアプローチが必

要になります。例えば，関節に拘縮が見られる時には，ベッドで臥床する際にもクッションやタオルなどを当てる（ポジショニング）などの対応が必要です。

身体に圧（負荷）がかかる体位で長時間過ごした結果，表皮剥離や褥瘡ができてしまったなどということになったら本末転倒です。利用者に安楽な体位で生活してもらえるよう，機能訓練指導員が介護職員に対して多角的な視点での指導や助言，評価ができるようケアマネジャーからの介入を求めるとよいでしょう。

福祉用具の選定

利用者が生活するに当たり，ベッドマットや車いすなどの福祉用具は欠かせません。低栄養状態や臥床時間が長くなることにより褥瘡のリスクが高い利用者にはエアマットの導入も検討しなくてはなりません。車いすも標準型のものではなく，安楽な姿勢で無理なく過ごすことができるよう（ティルト式）リクライニング型を検討する場合があります。

このような福祉用具の選定に関しても，機能訓練指導員が他職種と連携をとりながら行うことが期待されます。

定期的カンファレンス開催への参加

機能訓練指導員も定期的に開催されるカンファレンスに参加し，機能訓練指導員としての立場から意見を述べます。

8）介護職員

きめ細やかな食事，排泄，清潔保持の提供

食事，排泄，入浴などの清潔保持は人間が生きる上で欠かせない要素です。これらの支援は介護職員が担うべき役割であり，提供するサービスの質により，利用者の生活の質は大きく変化します。業務としてこなすだけでなく，利用者が何を求めているかを考え，支援するようにしましょう。

身体的・精神的緩和ケアと安楽な体位の工夫

終末期を迎えた利用者は，体力が低下しているために，ささいなことで疲労を感じたり，状態が悪化したりするなどの変化が生じやすいものです。そのため，身体的にも精神的にも支援が必要であり，介護職員は利用者と接する中で，対応することが求められます。ベッド上での生活が多くなるため，機能訓練指導員などと連携し，安楽な体位で過ごせる工夫も必要です。

こまめな訪室とコミュニケーション

施設に入所している利用者と一番長い時間を過ごすのは，介護職員です。その介護職員が利用者とコミュニケーションをとれていないとしたら，どうなるでしょうか。利用者の意向を十分に把握することができていなければ，利用者が安心して過

ごすことはできません。利用者の性格や既往歴，生活歴，趣味，嗜好などの情報を把握し，コミュニケーションを図ることが必要です。

居室で生活する時間が長い利用者であれば，こまめに訪室しましょう。コミュニケーションは会話だけではありません。表情や態度など非言語的コミュニケーションも活用しながら，安心感を提供できるよう取り組みます。

状態観察と記録への記載

看護職員や管理栄養士（栄養士）などの専門職も状態観察を行いますが，いずれもそれぞれ専門領域からの視点で行われます。では，介護職員はどのような視点で状態観察を行えばよいのでしょうか。

前項でも触れましたが，利用者と一番長い時間を過ごすのは介護職員です。つまり，どの専門職よりも詳しく利用者の状態を確認することができるということです。看取り介護の最中は，刻一刻と利用者の状態が変化します。昨日と今日で変化はないかなど，比較しながら状態を観察しましょう。

介護職員はその利用者に対しての専門家という自覚を持ち，観察を行います。アンテナを高くし，状態把握に努めましょう。また，状態変化などは細かく記録を取るよう心がけましょう。

定期的カンファレンス開催への参加

介護職員も定期的に開催されるカンファレンスに参加し，利用者に接することが多い介護職員として意見を述べます。

9）事務職員

家族との連絡窓口

忘れてならないのが事務の総合職としての存在です。一見すると看取り介護にはあまり関係ない職種に思われがちですが，家族から電話がかかってきた際，最初に窓口となるのは事務職員ですし，家族が施設に訪れた際は事務所に顔を出すということも珍しくありません。事務職員も看取り介護を担うチームの一員として位置付け，高いモチベーションのもと，サービスを行うことが求められます。

＊　＊　＊

このように，多職種がそれぞれに求められる役割を理解し，実行することで，看取り介護は行われます。円滑に連携するためのポイントは次のとおりです。

①取り組みの指標を明確に

施設での看取り介護を実施するに当たり，個別の看取り介護計画書では目標を設定しないと述べましたが，施設として果たすべき「看取り介護の醍醐味」が共有できていなければ，同じ方向を向いて取り組むことができません。まずはスタッフが

取る明確な行動指針を決め，共有することが求められます。行動指針には大きく分けて2つあります。

　1つ目は施設全体の看取り介護に関する目標です。目標を指針に記載するなどして，共有できる体制を整えましょう。これは，看取り介護委員会などの組織を設立し，活用することが効果的です。定期的に開催し，目標にずれが生じないようにします。

　2つ目は，利用者ごとに立てられた看取り介護計画に沿って援助を行うことです。

②情報を共有する

　看取り介護には大勢のスタッフがかかわることが必要です。かかわるスタッフごとに情報に差があれば統一したケアを行うことはできませんので，情報を共有することが求められます。その鍵を握るのは記録です。各職種がそれぞれの記録用紙を使って記録していると，結果的に多職種間で情報が共有できない事態に陥ってしまいます。

　利用者に関する記録用紙を1つにまとめる（**資料8**）など，職種に関係なく同じ記録をチェックできる体制を作る必要があります。申し送りについても同様です。各職種が同じ情報を共有できるように努めましょう。

③臨時カンファレンスの開催

　情報を共有し，各職種間での調整が必要になった場合は，カンファレンスを開催します。定期的なカンファレンスとは別に調整に必要な職種が集まり，検討します。机を囲んで行う形式でも構いませんし，文書照会形式でも構いません。重要なのは，「迅速に行う」ということです。必要があれば，その都度行い，状態に即したケアを提供できるよう努めましょう。

④ボランティアとのかかわり

　看取り介護で連携が必要なのは，施設スタッフだけとは限りません。ボランティアを活用することなどもあるでしょう。その際は，施設で行う看取り介護や利用者の状態や起こり得るリスクなど十分に説明し，理解をしてもらうことが大切です。

家族との連携

　看取り介護を行う中で，家族はなくてはならない存在です。スタッフがどんなに質の高い支援を行っても，家族に代わることはできません。家族との連携を密にして，チームとして取り組むことで利用者の生活の質は何倍にも向上するでしょう。ただし，家族と連携する上で配慮すべきこともたくさんあります。

①正しい情報を分かりやすく伝える

　これは，本書の中で何度となく述べていることですが，家族は看取り介護に関する知識や入所後の利用者に関する情報など，施設スタッフほど多くを持っていません。事あるごとに情報を伝えることで，目標を共有し，利用者にかかわることが可能となります。

　スタッフ間で情報を把握・共有し，家族から問い合わせがあれば誰でも同じ説明ができるような体制を整えておくことも重要です。「誰に聞いても同じ答えが返ってくる」ことは，不安を抱えながら利用者に寄り添う家族に安心感を与えます。また，面会の時などは利用者に関する記録を閲覧できるよう配慮しましょう（個人情報保護の観点から，閲覧できる内容を制限している場合には，開示請求書などが別途必要となります）。

　家族に必要な情報を提供する場としては，面会時やカンファレンス時などがあります。また，大勢の家族に来訪してもらい，家族説明会を開催するのもよいでしょう。「家族説明会」については，第6章（P.161）で述べます。

②家族の心情に寄り添う

　第1章でも述べましたが，家族は，利用者が最期まで自分らしく，尊厳を保ち，残された時間を安らかな気持ちで過ごすための大切なパートナーであると同時に，大切な人を失おうとしている当事者でもあることを忘れてはなりません。

　たとえ看取り介護を選択しても，時には利用者の死を受け止めきれず，悩むことがあります。利用者の変わりゆく姿を受け止めることができない時期もあることを理解し，そばで見守り，「自然な経過」であることの声かけと理解を求めます。一生懸命呼吸をしていても苦しそうな姿に見える，食べられなくなり弱っていくといった姿を見ることで，「この選択（施設での看取り介護）が正しかったのか」と気持ちが揺らぐ家族もいます。不安や悩みを受け止め，寄り添い，精神的な支えとなれるよう努めましょう。

　その上で，家族がいかなる決断をしたとしても，決して批判や非難をしてはいけません（非審判的態度）。施設の都合を押し付けることもいけません。繰り返しますが，看取り介護は利用者や家族を中心にした介護であることを念頭に置き，取り組みましょう。

③家族が穏やかに利用者を看取れる環境整備

　あらかじめ24時間連絡がとれる体制を整え，状態に変化があった際は，逐一家族に連絡します。夜間に付き添いたいという場合は，宿泊室や利用者のベッドサイドに仮眠するスペースを設けたり，宿泊時の食事を提供したりするなど，家族が最

期まで利用者に寄り添える環境を整えましょう。また，整えた環境を家族に案内することも忘れず行いましょう。

医師との連携・調整

　医師も看取り介護を行うチームの一員です。介護老人保健施設や一部の特別養護老人ホームでは，医師が配置されているところもありますが，多くの特別養護老人ホームでは，定期的に回診に訪れる医師が配置されています。

　医師の協力がなければ，看取り介護は成立しません。また，医師による経過観察と死亡診断が欠かせません。

　2014年3月28日付の「特別養護老人ホーム等における療養の給付の取り扱いについて」の一部改正通知には，利用者であっても，施設で看取った場合は在宅患者訪問診療料を算定することができる旨が記載されています（**資料10**）。

　先述したとおり，医師は看取り介護を行う上で施設との連携が欠かせません。施設で行われる看取り介護に対して理解を求めると共に，日頃から連携を深め，情報を共有する必要があります。いかに円滑にコミュニケーションが取れる関係性を築けるかで，看取り介護の質は変わります。施設と医師，双方の考えがすれ違わないようなすり合わせが必要です。

　また，深夜に呼吸停止した場合の連絡方法や医師が施設に駆け付けられない場合の対応方法も事前に取り決めておく必要があります。死亡診断書作成費用なども確認しておき，施設スタッフは家族に説明できるようにしておきましょう。

資料10　「特別養護老人ホーム等における療養の給付の取り扱いについて」の一部改正について（保医発0328第2号，一部抜粋）

4　養護老人ホーム，特別養護老人ホーム，指定短期入所生活介護事業所，指定介護予防短期入所生活介護事業所，指定障害者支援施設（生活介護を行う施設に限る。）療養介護事業所，救護施設，乳児院または情緒障害児短期治療施設（以下「特別養護老人ホーム等」という。）に入所している患者については，次に掲げる診療報酬等の算定の対象としない。
（中略）
　・在宅患者訪問診療料
　ただし，特別養護老人ホームの入所者については，以下のア又はイのいずれかに該当する場合には在宅患者訪問診療料を算定することができる。なお，当該患者について，介護福祉施設サービス又は地域密着型介護老人福祉施設入所者生活介護に係る看取り介護加算（以下「看取り介護加算」という）を算定している場合には，在宅ターミナルケア加算及び看取り加算は算定できない。
ア　当該患者が末期の悪性腫瘍である場合。
イ　当該患者を特別養護老人ホーム（看取り介護加算の施設基準に適合しているものに限る。）において看取った場合（在宅療養支援診療所，在宅療養支援又は当該特別養護老人ホームの協力医療機関の医師により，死亡日から遡って30日間に行われたものに限る。）

参考文献
1）指定居宅サービスに要する費用の額の算定に関する基準（短期入所サービス及び特定施設入居者生活介護に係る部分）及び指定施設サービス等に要する費用の額の算定に関する基準の制定に伴う実施上の留意事項について（平成12年3月8日老企第40号 厚生省老人保健福祉局企画課長通知）
2）厚生労働省：重篤副作用疾患別対応マニュアル
http://www.mhlw.go.jp/topics/2006/11/tp1122-1.html（2014年11月閲覧）
3）杉山孝博：胃瘻（ろう）についての考え方
http://www.sekishinkai.or.jp/saiwaicl/outline/irou.pdf（2014年11月閲覧）
4）石飛幸三：平穏死のすすめ，講談社，2013.
5）高橋美香子：胃ろう 元気に過ごすための，わずかなお手伝い，いつでも元気，No.259，P.14〜17，2013.
6）日本老年医学会：高齢者の摂食嚥下障害に対する人工的水分・栄養法の導入をめぐる意思決定プロセスに関する整備とガイドライン，2012.
7）テルモホームページ：テルモ体温研究所「発熱のメカニズム」
http://www.terumo-taion.jp/health/temperatur/06.html（2014年11月閲覧）
8）川上嘉明：はじめてでも怖くない自然死の看取りケア 穏やかで自然な最期を施設の介護力で支えよう，メディカ出版，2014.
9）桜井紀子編著：高齢者介護施設の看取りケアガイドブック「さくらばホーム」の看取りケアの実践から，中央法規出版，2008.
10）鳥海房枝：介護施設におけるターミナルケア 暮らしの場で看取る意味，雲母書房，2011.
11）新庄徳州会病院ホームページ http://shin-toku.com（2014年10月閲覧）
12）日本尊厳死協会ホームページ「リビングウイルとは」
http://www.songenshi-kyokai.com/living_will.html（2014年11月閲覧）
13）NPO東京都介護支援専門員協議会主催「胃ろうを通してそれぞれの生命（いのち）を考える」研修会資料（「平穏死を考える」石飛幸三氏講演資料，2010年）
14）藤島一郎監修：嚥下障害のことがよくわかる本 食べる力を取り戻す，講談社，2014.

第4章

死亡〜退所支援の業務

永眠時における相談員・ケアマネジャーの役割

1）永眠時における相談員・ケアマネジャーの役割

　看取り介護は，多職種協働によるチームケアが原則です。そのプロセスにおいて，最後のステージである利用者の死の場面での相談員・ケアマネジャーの役割もまた重要です。

　特に，利用者の死の場面での対応が後手に回ったり，家族などに不快な思いをさせたりする事態が起こると，今まで懸命に行ってきたチームでの看取り介護に対して不信感やあらぬ誤解を生じかねません。相談員・ケアマネジャーは，利用者の死の場面においては，最大限に利用者や家族に寄り添い，その尊厳を守るべき対応をとる必要があります。「最期にこんなことまでやってくれた」と家族が望んでいること以上の対応を施設として行うことができれば，看取り介護が施設としての強みとなっていきます。その中心となるのが，相談員・ケアマネジャーなのです。

2）死の定義

　まず，永眠時いわゆる死亡の定義を明確にしておきましょう。以前は，3徴候死が医学的に死の判定基準とされていました。つまり，心臓の拍動および呼吸の停止，脳機能の不可逆的な停止を示す瞳孔の対光反射の消失をもって医師が死亡と判定していました。しかし，現在の医学では臓器移植などの治療法も確立されつつあり，脳死という概念が示されたことにより，死の定義があいまいになっています。

3）永眠時における連絡などの手順

①利用者の心肺停止状態の確認

　看取り介護における死は，利用者や家族が自然死を望んだ結果であり，看取り介護を提供する施設スタッフは，利用者の脈拍や呼吸・意識などが徐々に低下していく過程に寄り添うことが大切です。いよいよバイタルサインが確認できない状態いわゆる心肺停止状態になった際は，普段以上に冷静に対応する必要があります。自分だけの判断ではなく，一緒

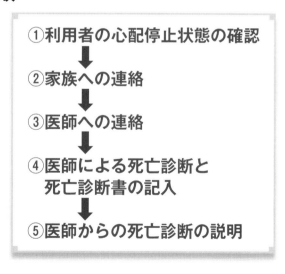

①利用者の心配停止状態の確認
↓
②家族への連絡
↓
③医師への連絡
↓
④医師による死亡診断と
　死亡診断書の記入
↓
⑤医師からの死亡診断の説明

に勤務しているスタッフや看護職員に連絡し，再度一定期間呼吸が停止しているのを確認した上で，あらかじめ決めておいた家族や関係職員，医師などに連絡します。

②家族への連絡

❖家族などへの連絡担当者の選定

　日中であれば，相談員やケアマネジャーなど，普段から家族と連絡を取っているスタッフが対応することが望ましいでしょう。夜間・早朝などの場合は，相談員やケアマネジャーが不在なことが多いため，家族への連絡担当者を決めておく必要があります。夜勤スタッフが家族に心肺停止状態に陥ったという状況を連絡する方法もあれば，オンコール体制を整えた上で，夜勤スタッフが相談員やケアマネジャーに連絡し，その担当者から家族に連絡する方法もあります。

　また，面会中の家族がスタッフよりも早く利用者の状態変化に気づく場合もあります。その場合は，その居室から最も近くにいるスタッフに声をかけてくることが多いので，たとえ介護職員以外のスタッフが家族から連絡を受けた場合でも，速やかに関係職員に連絡できるような体制を整えておくことが大切です。

❖家族などへの連絡方法

　終末期になると，自宅で待機している家族は施設からの連絡に対して，その都度「ついにその時がきたか」と覚悟したり，安定しているとの報告に安堵したりして，極度の緊張が続いています。そして，家族は，覚悟をしてはいるとは言うものの肉親の死という大変つらい局面に向き合っています。その家族の心理状態を十分に理解した上で，心肺停止状態に陥ったという第一報を行うことが大切です。

　連絡をするスタッフもまた，利用者の死を目の当たりにして動揺するのは当然のことですが，家族への連絡の際には，普段以上に冷静でなくてはなりません。あわてず，通常よりはっきりとした口調で要件を伝えることが大切です。「大変残念ではありますが，○○様の心肺停止状態を確認いたしました」などと伝えると家族にも要件が理解しやすいです。

　この時点では，まだ医師による死亡診断は行われていないため，家族には「死亡した」「永眠した」「逝去した」などと伝えることは適切ではありません。書類への記録についても同様のことが言えます。

　家族と連絡が取れなければ，留守番電話などに利用者の状態を伝えなくてはいけない場合があります。その際は，状況を長文で伝えるのではなく，「至急伝えたいことがあるので，施設に連絡をいただきたい」などとメッセージを残し，家族から折り返し連絡が入った際に詳細な状況報告をした方が，内容が明確に伝わります。また，電子メールなどを用いて報告する手段も有効です。

　家族と連絡が取れたら，死亡診断の立ち合いなども含め，施設に来所してもらうよう依頼します。夜間・早朝で公共交通機関では来られない場合など，遠方の家族

であればそのような事態を想定して、どのように対処すべきか取り決めておくと同時に、どのスタッフでも対応できるよう手順を明確にしておくことが大切です。

③医師への連絡

看取り介護を行っている以上、利用者がいつ心肺停止状態になってもおかしくありません。医師が24時間体制で配置されている施設であれば、利用者が心肺停止状態となっても施設内で完結できます。しかし、そのような施設は多くはありません。夜間・早朝、または土日・祝日も含め、利用者が心肺停止状態に陥った際の医師への連絡方法や協力体制を取り決めておく必要があります。

施設としては、24時間365日医師が対応できる体制を整えておくことが必要です。場合によっては、病院まで配置医を迎えに行く、利用者を協力医療機関へ搬送する、配置医が出勤するまで待機するなどの状況が生じる場合があります。そのような事態が生じた場合は、家族にその状況を丁寧に説明し、理解してもらうことが大切です。

④医師による死亡診断と死亡診断書の記入

❖死亡診断と医師法第20条の関係

配置医や協力医療機関の医師によって死亡診断が行われます。配置医などが不在で当直医が死亡診断を行う場合、当直医から24時間以内に診察を行っていないため死亡診断を行えないと言われることがあります。それは、医師法第20条（**資料1**）が誤った解釈のまま、医学界の間で一般的な考え方として浸透してしまった結果と言えます。

この条文では、24時間以内に診察をしていない患者に対しては、死亡診断書を記入することができません。そこで当時の厚生省は、医師法第20条但書に関する件1949年（昭和24年）4月14日　医発第385号を通知しました（**資料2**）。

この内容が全国的に周知されていなかったため、医療現場では、医師の診察を受けてから24時間を超えて死亡した場合は「当該医師が死亡診断書を書くことはできない」「警察に届け出なければならない」という医師法第20条但書の誤った解釈によって在宅などでの看取りが適切に行われないケースが生じています。

そのため、厚生労働省は60年も経過した2012年（平成24年）8月31日に、各都道府県あてに医政医発0831第1号1第1号「医師法第20条ただし書の適切な運

資料1　医師法1948年（昭和23年）法律第201号第20条（無診察治療等の禁止）

> 医師は、自ら診察しないで治療をし、若しくは診断書若しくは処方せんを交付し、自ら出産に立ち会わないで出生証明書若しくは死産証書を交付し、又は自ら検案をしないで検案書を交付してはならない。但し、診療中の患者が受診後二十四時間以内に死亡した場合に交付する死亡診断書については、この限りでない。

用について」（**資料3**）を通知して，再度周知徹底を図るようにしました。

医師が死亡診断を拒否した場合は，相談員・ケアマネジャーは，医師法20条および医政医発0831第1号1第1号を説明しましょう。

看取り介護では，医師によって死亡が診断されるのが当然であり，死体検案による所轄警察署の事情聴取や検死など，ある意味利用者の尊厳を脅かす対応はできる限り避けるよう努めなければなりません。

❖死亡診断書（死体検案書）の記入

配置医などが施設で死亡診断書（**資料4**）を記入する場合，死亡診断書を配置医が施設に持参するか，施設が用意しておくのか決めておきましょう。死亡診断書は，区市町村役場の戸籍を管轄している部署（市民課など）が管理しています。市担当者に特別養護老人ホーム職員であることを伝え，複数枚の死亡診断書を入手しておくとよいでしょう。

医師・歯科医師には，死亡診断書（死体検案書）の作成交付の義務が，法律によって規定されています（**資料5，6**）。

厚生労働省の『死亡診断書（死体検案書）記入マニュアル』によれば，「死亡診断書（死体検案書）は，人の死亡に関する厳粛な医学的・法律的証明であり，死亡者本人の死亡に至るまでの過程を可能な限り詳細に論理的に表すもの」とあります[1]。したがって，死亡診断書の作成に当たっては，死亡に関する医学的・客観的な事実を正確に記入します。

資料2　医師法第20条但書に関する件　1949年（昭和24年）4月14日　医発第385号通知

1　死亡診断書は，診療中の患者が死亡した場合に交付されるものであるから，苟しくもその者が診療中の患者であった場合は，死亡の際に立ち会っていなかった場合でもこれを交付することができる。但し，この場合においては法第二十条の本文の規定により，原則として死亡後改めて診察をしなければならない。
法第二十条但書は，右の原則に対する例外として，診療中の患者が受診後二四時間以内に死亡した場合に限り，改めて死後診察しなくても死亡診断書を交付し得ることを認めたものである。
2　診療中の患者であっても，それが他の全然別個の原因例えば交通事故等により死亡した場合は，死体検案書を交付すべきである。
3　死体検案書は，診療中の患者以外の者が死亡した場合に，死後その死体を検案して交付されるものである。

資料3　「医師法第20条ただし書の適切な運用について」通知　医政医発0831第1号1第1号

診療継続中の患者が，受診後24時間を超えている場合であっても，診療に係る傷病で死亡したことが予期できる場合であれば，まず診察を行い，その上で生前に診療していた傷病が死因と判定できれば，求めに応じて死亡診断書を発行することができます。ただし，死因の判定は十分注意して行う必要があります。

資料4　死亡診断書

死亡診断書（死体検案書）

この死亡診断書（死体検案書）は，我が国の死因統計作成の資料として用いられます。
かい書で，できるだけ詳しく書いてください。

氏名		1 男 2 女	生年月日	明治　昭和 大正　平成　　　　年　　月　　日 （生まれてから30日以内に 死亡したときは 生まれた時刻も書いてください。）	午前・午後 　時　　分

> 死亡した時刻を記載すること。死亡時刻が不明の場合は，死亡時の状況や死体現象などから判断した死亡推定時刻を記載する。この場合，一番右端に「頃」「（推定）」などの言葉を付ける

死亡したとき	平成　　年　　月　　日　　午前・午後　　時　　分		
死亡したところ及びその種別	死亡したところの種別	1 病院　　2 診療所　　　　3 介護老人保健施設 4 助産所　　**5 老人ホーム**　　6 自宅　　7 その他	
	死亡したところ	施設の住所・名称を記入する（ゴム印でもよい）	番地 番　号
	（死亡したところの種別1～5） 施設の名称		

> 原死因を記入すること。
> 死因としての「老衰」は，高齢者で他に記載すべき死亡の原因がない，いわゆる自然死の場合のみ用いる
>
> （例）
> 原死因：
> 誤嚥性肺炎
> （ア）の原因：
> 老衰

死亡の原因 ◆ I 欄，II 欄ともに疾患の終末期の状態としての心不全，呼吸不全等は書かないでください ◆ I 欄では，最も死亡に影響を与えた傷病名を医学的因果関係の順番で書いてください ◆ I 欄の傷病名の記載は各欄一つにしてください 　ただし，欄が不足する場合は（エ）欄に残りを医学的因果関係の順番で書いてください	I	（ア）直接死因		発病（発症）又は受傷から死亡までの期間 ◆年，月，日等の単位で書いてください。 ただし，1日未満の場合は，時，分等の単位で書いてください。 （例：1年3か月，5時間20分）	
		（イ）（ア）の原因			
		（ウ）（イ）の原因			
		（エ）（ウ）の原因			
	II	直接には死因に関係しないが I 欄の傷病経過に影響を及ぼした傷病名等			
	手術	1 無　2 有		手術年月日	平成　昭和 　年　月　日
	解剖	1 無　2 有			

死因の種類	**1 病死及び自然死** 外因死　　不慮の外因死 ｛2 交通事故　　3 転倒・転落　　4 溺水 　　　　　　　　　　　　5 煙，火災及び火焔による傷害　　6 窒息 　　　　　　　　　　　　7 中毒　　8 その他｝ 　　　　　その他及び不詳の外因死 　　　　　｛9 自殺　　10 他殺　　11 その他及び不詳の外因｝ 12 不詳の死

外因死の追加事項 ◆伝聞又は推定情報の場合でも書いてください	傷害が発生したとき	平成・昭和　年　月　日 午前・午後　時　分	傷害が発生したところ	都道府県 市　区 郡　町村
	傷病が発生したところの種別	1 住居　　2 工場及び建築現場 3 道路　　4 その他（　　　　）		
	手段及び状況			

生後1年未満で病死した場合の追加事項	出生時体重 　　　　グラム	単胎・多胎の別 1 単胎　2 多胎（　子中第　子）		妊娠週数 満　　週
	妊娠・分娩時における母体の病態又は異状 1 無　2 有 [　　] 3 不詳		母の生年月日 昭和　平成 　年 　月　日	前回までの妊娠の結果 出生児　　人 死産児　　胎 （妊娠満22週以後に限る）

その他特に付言すべきことがら	病院などの住所・名称を記入する（ゴム印でもよい）

上記のとおり診断（検案）する （病院，診療所若しくは 　介護老人保健施設等の 　名称及び所在地又は医師の住所） （氏名）　　　　医師　　　　　　印	診断（検案）年月日　　平成　　年　　月　　日 本診断書（検案書）発行年月日　平成　年　月　日 　　　　　　　　　　　　　　　　　　　　番地 　　　　　　　　　　　　　　　　　　　　番　号

> 死亡診断書は，医師・歯科医師にしか作成できない書類である。絶対に加筆・修正はしない

資料5　医師法第19条第2項（応招義務等）	資料6　歯科医師法第19条第2項（応招義務等）
診察若しくは検案をし，又は出産に立ち会った医師が，診断書若しくは検案書又は出生証明書若しくは死産証書の交付の求があつた場合には，正当の事由がなければ，これを拒んではならない。	診療をなした歯科医師は，診断書の交付の求があつた場合は，正当な事由がなければ，これを拒んではならない。

❖「死亡したとき」の記入

「死亡したとき」は，死亡確認時刻ではなく，死亡時刻となります。ですから，医師から「死亡したとき」を判断するための状況確認があった場合は，相談員やケアマネジャーは事実に基づいて医師に情報を提供します。

❖「死亡の原因」の記入

厚生労働省大臣官房統計情報部では，「死亡の原因」欄の記載内容を基に世界保健機関（WHO）が示した原死因選択ルールに従って，「原死因」を確定し，死因統計を作成しています。傷病名は，医学界で通常用いられているものを記入し，略語やあまり使用されていない医学用語は避けます（例：AMI→急性心筋梗塞，SAH→くも膜下出血）。

相談員・ケアマネジャーは，医師が記入した死亡診断書の利用者氏名や生年月日，性別などを健康保険被保険者証などと照らし合わせ，間違いや記入漏れがないか確認することが大切です。

❖死亡診断書と死体検案書の使い分け（図1）

医師は，診療継続中の患者以外の者が死亡した場合と診療継続中の患者が診療に係る傷病と関連しない原因により死亡した場合には，死体検案を行った上で死体検案書を交付することになっています。また，外因による死亡またはその疑いのある場合には，異状死体として24時間以内に所轄警察署に届け出なければなりません（**資料7**）。

このような事態になった場合は，所轄警察署の捜査官が実況見分を行うために施設を訪れます。その時に勤務していたスタッフや家族への事情聴取も同時に行われます。

警察署は，あくまでも利用者の死について，事件性の有無を捜査するのですから，相談員やケアマネジャーは，あらぬ嫌疑を掛けられないように事実に基づいて記録などを確認しながら証言する，死亡した場所（主に居室）の現場保全をスタッフに指示する，経緯や進捗状況を施設長などの管理者に報告する，家族の心中を察して労いの言葉をかけるなど，努めて冷静に対処する必要があります。

⑤医師からの死亡診断の説明

医師による死亡診断の際には，家族がその場に立ち会うことが望ましいです。死

図1 死亡診断書と死体検案書の使い分け

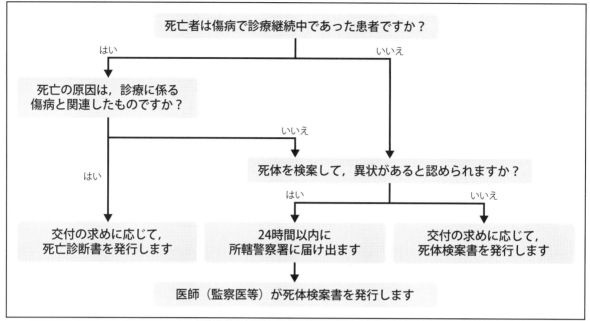

厚生労働省大臣官房統計情報部医政局：平成26年度死亡診断書（死亡検案書）記入マニュアル

資料7　医師法第21条（異状死体等の届出義務）

> 医師は，死体又は妊娠四月以上の死産児を検案して異状があると認めたときは，二十四時間以内に所轄警察署に届け出なければならない。

亡の原因（直接死因）や死亡した時の説明を医師から受けることで，家族は利用者の死を正面から受け止めることができるからです。

　前述したとおり，医師が常駐している施設は少ないので，家族が施設に到着するタイミングを見計らって，医師による死亡診断に立ち会える状況をつくりましょう。

　家族が遠方に住んでいる場合，施設に到着した際にはすでに医師による死亡診断が終わっていることもあります。そのような時には，施設スタッフが医師は医療機関に戻らなくてはいけない理由を家族に説明すると共に，医師による死亡診断の内容を伝言する必要があります。医師から預かった診断書を基に，死亡の原因（直接死因）や死亡した時間を伝えます。そして，利用者が入所してから看取り介護の経緯を把握している施設スタッフならではのエピソードを含めながら丁寧に説明していくと，家族の心理状態に寄り添うことができるでしょう。

　この後は，死亡後の処置や葬儀業者への相談などで少しあわただしくなりますので，この時に死亡診断書を家族に渡しておいた方がよいでしょう。

　看取り介護の記録物の一つとして，死亡診断書は施設で1部控えを複写しておくことをお勧めします。また，死亡診断書の作成には費用がかかることも併せて説明しておく必要があります。生活保護受給者の場合は，福祉事務所によって給付基準額が異なるため，福祉事務所担当者に確認します（P.104参照）。

死亡後の処置からお見送りまで

1）死亡診断後の業務手順
①死亡後の処置の説明

医師の死亡診断が終了したら，死亡後の処置を行います。この時に注意したいのは，家族に「死亡後の処置を行いたい」と説明を切り出すタイミングです。利用者の最期の姿を見て悲しみにくれる家族に寄り添いつつ，死亡後の処置を進めなくてはなりません。点滴の抜針や身体の清拭などを行っていく旨を家族に説明し，一度居室から退室してもらうよう促します。

死亡診断
↓
①死亡後の処置の説明
↓
②死亡後の処置の実施
↓
③葬儀業者への連絡支援
↓
④霊安室の準備
↓
⑤お別れ会・お見送りの実施

施設によっては，死亡後の処置やそれに使用する備品（浴衣など）に別途費用を徴収することがあります。その際は，家族に対して死亡後の処置や備品を使用した場合の費用を説明し，家族の意向を確認します。家族から施設で対応してほしいと確認ができた場合は，速やかに死亡後の処置を行います。

家族が葬儀業者の互助会などに加入しており，施設での死亡後の処置を希望しない場合は，点滴の抜針など必要最低限の対応に留め，家族が手配した葬儀業者へその後の対応を引き継ぎます。

②死亡後の処置の実施

死亡後の処置を行う前に，まず必要物品（**表1**）を用意します。必要物品などは事前に準備し，医務室などに保管しておくとよいでしょう。また，家族から事前に最期の場面に身に着ける衣類（装束）などの指定があった場合は，その衣類も床頭台などにあらかじめ用意しておくことが大切です。処置の手順は**表2**のとおりです。

全身の整容が終了し，死亡後の処置で使用した備品を片付けたら，家族に入室を促し一緒に死化粧を行うとよいでしょう。中には拒否する家族もいますので，無理

表1　死亡後の処置に必要な物品

青梅綿，脱脂綿，紙おむつ・尿取りパッド，割りばし，タオル，ガーゼ，化粧セット，浴衣セット，利用者の所縁の品（衣類，入れ歯，眼鏡，写真など），使い捨て手袋，使い捨てエプロン，ビニール袋，消毒液，微温湯液，洗面器

表2　死亡後の処置の流れ

①医療器具を除去・抜去する	⑤全身の清拭・整髪を行う
②排泄物を処理する	⑥浴衣を着せる
③口腔ケアを行う	⑦全身の整容・化粧を実施する
④口腔・鼻腔などにガーゼを詰める	

笹原留似子：復元納棺師が教える！　看護職・介護職が行うエンゼルケア・死化粧とグリーフケア，P.61〜67，日総研出版，2012.を基に筆者作成

強いはいけませんが,「最期はご家族でお化粧をして差し上げてください」などと伝え一緒に対応することで,「施設のスタッフにすべて対応してもらった」,言い換えれば「私たち家族は何もしてあげられなかった」という心理状況を緩和する効果が期待できます。家族の拒否が強い場合は,スタッフが対応している場面を見てもらうだけでもよいでしょう。

③葬儀業者への連絡支援

死亡後の処置は1時間程度で終了します。死亡後の処置を看護職員などが行っている際に,相談員やケアマネジャーは,家族に遺体を自宅に引き取るのか葬儀業者の安置所で一時安置するのかを最終確認します。施設の霊安室での安置がいつまで可能かを説明し,葬儀業者への連絡や手配が済んでいるかも併せて確認します。

この時点で,家族が葬儀業者を決めていない場合があります。葬儀業者によって料金設定はさまざまですし,宗教や葬儀に対しての価値観などの問題もありますので,施設として踏み込みすぎないように注意しつつ,複数の葬儀業者を紹介し,時間に余裕があれば相見積もりを取り交わすなどの対応をしましょう。

また,葬儀費用の捻出も負担が大きい家族に対しては,料金設定が比較的安価な葬儀業者を紹介したり直葬などの提案をしたりすることは,相談員やケアマネジャーとして良心的な対応と言えるでしょう。

葬儀業者が確定した段階で家族から依頼があった場合は,葬儀業者への連絡を相談員やケアマネジャーが行うこともあります。24時間対応の葬儀業者が多くなっており,夜間・早朝でも施設まで寝台車を手配してくれます。その際,遺体は自宅に戻るのか,業者の安置所で一時安置するのかを葬儀業者に伝えることが大切です。

④霊安室の準備

老人福祉法1963年（昭和38年）法律第133号第17条第一項の規定に基づき,特別養護老人ホームの設備及び運営に関する基準（第11条3）が定められています。そこには,居室や静養室,食堂,浴室など,特別養護老人ホーム内に設置が義務付けられている設備が明記されていますが,その中に霊安室はありません。ですから,霊安室がある施設とない施設があります。

霊安室がない施設は,死亡後の処置を行った後,居室に祭壇を設置するなどの準備を行い,葬儀業者が到着するまで家族と待機してもらいます。

霊安室がある施設は,霊安室での一時安置の準備を行います。霊安室を整え,祭壇などの準備をします。家族によって,信仰する宗教や土地柄の慣習が異なるため,焼香や献花などを行ってもよいか,準備をする段階で了承を得ておく方がよいでしょう。

調理員が勤務している時間帯であれば,食事をお供えします。利用者は亡くなる

前には経口摂取が困難な状況になっている場合がほとんどです。そのため，最期の場面において他の利用者と同じ献立の食事をそれとなく準備し，「最期はなかなか召し上がれない時が多かったので…」と家族に伝え，利用者の嗜好品や生前のエピソードを話すきっかけにするとよいでしょう。

⑤お別れ会・お見送りの実施

　施設によって，お別れ会の実施やお見送りの方法はさまざまです。施設の母体である法人の理念や方針などによって，その方法はある程度決まっていることが多いようです。

　緩和ケア（ホスピス）病棟を除く医療機関は「病と闘う場」という考えから，「死」は病に敗れた結果として忌み嫌われ，周囲の患者に悟られぬように静かに霊安室から搬送口へ案内されます。しかし，施設における看取り介護の「死」は，利用者や家族の意向に沿ったものであり，その最終章である「死」を忌み嫌うべきなのかということを考えておく必要があります。

　前述したように，利用者の死の場面においては，施設として最大限に利用者や家族へ寄り添い，その尊厳を守るべきです。「最期にこんなことまでやってもらった」と感謝されるほど，家族が望んでいること以上の対応をすることが大切です。もちろん，死に対する考え方や信仰する宗教，土地柄の慣習は個々に異なるため，施設で準備するお別れ会やお見送り方法などをあらかじめ説明し了承を得ておくことが必要です。

　施設を出発した後は，スタッフはなかなか故人にお別れをする機会はありません。直接利用者に行う最後のサービスとなりますので，その時施設にいるスタッフは，他の利用者の安全を確保した上で，できる限りお見送りには参加するべきです。業務中のスタッフが大半を占めると思いますが，家族の心理状態に配慮するべく，身なりを整えてから参加することが大切です。

　また，生活を共にした利用者にとっても，スタッフと同様，故人にお別れをする最後の機会となります。故人と親しかった利用者にも声かけをし，希望があれば参加を促しましょう。他の利用者が「死」を過剰に意識することで精神的な負担を強いる可能性を指摘する声があります。もちろんそのような利用者がいることは否定できませんが，「もし自分が最期を迎えたらこのようなお別れの場を催してくれるのか」と利用者自身の最期の場面を具現化することで，その利用者の死生観に前向きな変化をもたらす可能性があるとも言えるでしょう。

　お見送りについても同様です。医療機関などと同じように霊安室から搬送口に案内することもあれば，施設の正面玄関から他の利用者も含め大勢の方々によって見送る方法もあります。いずれにせよ，利用者のお別れ会の実施やお見送りの方法に

ついては，どれが正しいということはありません。生前の利用者の意向や家族の希望を施設として実現していきましょう。

看取り介護の本質は，「利用者や家族が選択をし，それを施設が一緒に体現していく」ことです。そのような意味では，お別れ会やお見送りの方法についても故人や家族の意向に基づいた方法を形にしていけばよいのです。

遺体を家族が自家用車で運びたいという希望があった場合は，死亡診断書を携行しており，営業目的ではなければ法律違反にはなりません。ただし無理なく遺体を搬送するには，葬儀業者の寝台車のようなストレッチャーが収まるバンかワンボックスタイプの車両などが必要となりますので注意が必要です。

利用者を搬送する準備が整ったら，お見送りです。利用者を乗せた車両が出発する際は，スタッフ一同で手を合わせるなどし，車両が視界から消えるまでお辞儀をし見送ることで，利用者の死に対する尊厳をスタッフ全員で最大限に表現できるのです。

葬儀などの支援

1）葬儀などの支援における相談員・ケアマネジャーの役割

この段階で利用者は死亡退所となっていますので，退所後の手続きを速やかに行い利用の終結へとつなげていきます。

繰り返しになりますが，葬儀については，宗教や葬儀に対しての価値観，土地柄の慣習などは家族によって違うので，施設としては踏み込みすぎないように注意します。

2）葬儀などの支援の手順

①葬儀の相談・助言

家族は，利用者の死に向き合いながら，葬儀を段取りしなくてはならず，施設に泊まり込んで利用者に付き添っていた場合などは，身体的にも精神的にも疲労はピークを迎えているはずです。

そのような状況において，相談員やケアマネジャーが，さりげなく家族へ心遣いをし，効果的な支援や助言を行うのと行わないのでは，家族の印象が変わってきます。家族が高齢であったり，経済的に困窮していたり，誰にも相談できず悩んでいたりと，利用者の生前のかかわりの中で支援が必要と思われる家族には積極的に支援します。そうでない家族にも「葬儀など今後についてお困りやご不明なことであれば，分かる範囲ですがお答えしますので，いつでもお問い合わせください」

①葬儀の相談・助言
↓
②葬儀業者との調整
↓
③行政機関との調整
↓
④葬儀への参列

など，いつでも相談できる環境にあることを伝えることはとても大切です。

②葬儀業者との調整

　遺体を引き取るために葬儀業者が到着したら，まず遺体がある居室または霊安室に案内します。その際，施設で実施した死亡後の処置の内容や来所している家族の概要，死亡診断書をすでに手渡していることなどを伝えておくと話がスムーズに進みます。

　その後，家族と葬儀業者で今後の段取りなどの打ち合わせが始まります。相談員やケアマネジャーは，支援が必要と思われる家族の場合は，了承をもらった上で，打ち合わせに同席するとよいでしょう。葬儀の経験はほとんどない家族も多いので，家族の思いを代弁し一つひとつ内容を確認しながら打ち合わせを進めます。

　家族から利用者の預り金の残高などの問い合わせがあった場合は，通帳の残高を伝えます。ただ，施設で管理している預り金を葬儀費用に充当することは，全く問題がないとは言い切れません。そのため，死亡後の支払いについては家族に依頼します。それが困難で施設として代行せざるを得ない場合は，その理由や出金の根拠となる明細を記録しておくことが必要です。なぜなら，利用者の死亡と同時に相続が開始されるからです（**資料8**）。

　また，キーパーソン以外に親族がいる場合など，利用者の生前は良好な関係に思えていても，相続問題になった途端に関係が悪化するというのはよく聞く話です。時には，家族が知り得ない相続人が存在したなどの事態が発生することもあります。相続人になり得る対象は，民法第五編第2章に明記されています（**資料9**）。

　このようなことから，施設としては，後々に相続人同士のトラブルが発生しても巻き込まれないようにする必要があるのです。

　そのため，利用者の死亡後に発生する利用料の引き落としや入院費・葬儀費用などについては，主に家族に対応してもらうよう，相談員やケアマネジャーが説明し理解してもらうことが大切です。

資料8　民法第五編　相続

第1章　総則
　第882条　相続は，死亡によって
　　　　　　開始する。

資料9　民法第五編第2章　相続人

第886条　胎児は，相続については，既に生まれたものとみなす。
　　　　　2　前項の規定は，胎児が死体で生まれたときは，これを適用しない。
第887条　被相続人の子は，相続人となる。
　　　　　2　被相続人の子が，相続の開始以前に死亡したとき，又は第八百九十一条の規定に該当し，若しくは廃除によって，その相続権を失ったときは，その者の子がこれを代襲して相続人となる。但し，被相続人の直系卑属でない者は，この限りでない。
　　　　　3　前項の規定は，代襲者が，相続の開始以前に死亡し，又は第八百九十一条の規定に該当し，若しくは廃除によって，その代襲相続権を失つた場合にこれを準用する。

③行政機関との調整

❖市区町村との調整

　介護保険法第13条における，いわゆる住所地特例で入所していた利用者が死亡した場合，保険者である市区町村への報告が必要です。その場合は，介護保険住所地特例対象施設入所・退所連絡票（**資料10**）を用いて報告しましょう。

　また，介護保険被保険者証（**資料11**）についても死亡後14日以内に管轄する市区町村への返却が必要です。保険者証などは施設で保管していることが多いため，家族に返却して対応してもらうか，スタッフが返却することの了承をもらった上で管轄する市区町村への返却します。

❖生活保護受給利用者が死亡した時の福祉事務所との調整

　利用者が生活保護受給者だった場合は，死亡した時点でまず管轄福祉事務所担当者に連絡します。報告を受けた担当者は，生活保護法第18条（**資料12**）に則り遺留金の残高で葬祭扶助費を支給するかを判断します。一般的には，残高が20万円未満であれば葬祭扶助費の支給対象となり，福祉事務所が指定する葬儀業者で葬儀が執行されます。葬儀の内容もいわゆる直葬という形式で，通夜・告別式などは行いません。残高が20万円以上あれば葬祭扶助費が支給されず遺留金で賄うようにとの指示があります。遺留金の範囲内で葬儀を行うことになりますので，葬儀の内容などは，ある程度家族の判断に委ねられます。

　また，福祉事務所は行政機関ですので，土日・祝日は休みです。終末期が近い場合は，事前に管轄福祉事務所に利用者の状況を報告し，休みの間に死亡した場合の指示を仰いでおく必要があります。葬儀後の慰留金についても，管轄福祉事務所の指示を仰ぎ，処理を進めます。

④葬儀への参列

　葬儀への参列は，法令で義務化されているわけでも，契約事項に記載されているわけでもありません。ただ，看取り介護においては，他のどのサービスよりも，施設として家族が望んでいること以上の対応が大切です。

　具体的には，葬儀に参列し最後のお別れをすることも，その一つと言えます。葬儀業者との打ち合わせの際になどに，葬儀の日程や会場の確認をしておくか，日程などが確定した時点で施設に連絡をもらえるよう依頼しておくとよいでしょう。

　ただ，家族によっては親族だけの家族葬を希望する場合もあります。そのような場合は，参列の意向を伝えても逆に困惑させてしまう可能性があるので，無理強いすべきではありません。

　通夜式・告別式に参列する場合は香典を，式場が遠く参列するのが困難な場合はお

資料10　介護保険住所地特例対象施設入所・退所連絡票

介護保険　住所地特例対象施設　入所(居)・退所(居)　連絡票

提出日を記入 → 平成　　年　　月　　日

(宛先)　〇〇市区町村長

(施設名)
特別養護老人ホーム　　　　印
〇〇ホーム

退所日（死亡日）を記入

次の者が下記の施設　に 入所・入居　しましたので，連絡します。
　　　　　　　　　　を ㊀退所・退居

※太枠の中をご記入ください

入所(居)・退所(居)年月日	平成　〇〇年　〇月　〇日

介護保険被保険者の内容を記載

被保険者	被保険者番号	〇〇〇〇〇〇〇〇〇〇		
	フリガナ	〇〇　〇〇	生年月日	明・大・昭　〇年　〇月　〇日
	氏　名	〇〇　〇〇	性　別	男　・　女
	入所(居)前住所	〒〇〇〇-〇〇〇〇　東京都〇〇区〇〇町〇丁目〇番地〇号		
	退所(居)後住所 *1	〒		
	退所(居)理由	1　他の住所地特例対象施設入所(居)　　㊀2　死亡　　3　その他		

*1 死亡退所(居)の場合は記載不要

保険者名	〇〇区	保険者番号	〇〇〇〇〇〇〇

施設	名　称	特別養護老人ホーム　〇〇ホーム
	電話番号	〇〇-〇〇〇〇-〇〇〇〇
	所在地	〒〇〇〇-〇〇〇〇　東京都〇〇区〇〇町〇丁目〇番地〇号

【〇〇市区長村使用欄】

ゴム印でもよい

決裁欄	課長	係長	担当	収受

資料11　介護保険被保険者証

（一）

介護保険被保険者証	
番号	
住所	
フリガナ	
氏名	
生年月日	明治・大正・昭和　年　月　日／性別　男・女
交付年月日	平成　年　月　日
保険者番号並びに保険者の名称及び印	

（二）

要介護状態区分等	
認定年月日	平成　年　月　日
認定の有効期間	平成　年　月　日〜平成　年　月　日
居宅サービス等	区分支給限度基準額 平成　年　月　日〜平成　年　月　日 1月当たり
（うち種類支給限度基準額）	サービスの種類／種類支給限度基準額
認定審査会の意見及びサービスの種類の指定	

（三）

給付制限	内容	期間
		開始年月日　平成　年　月　日　終了年月日　平成　年　月　日
		開始年月日　平成　年　月　日　終了年月日　平成　年　月　日
		開始年月日　平成　年　月　日　終了年月日　平成　年　月　日
居宅介護支援事業者又は介護予防支援事業者及びその事業所の名称		届出年月日　平成　年　月　日
		届出年月日　平成　年　月　日
		届出年月日　平成　年　月　日
介護保険施設等	種類	入所等　年月日　平成　年　月　日
	名称	退所等　年月日　平成　年　月　日
	種類	入所等　年月日　平成　年　月　日
	名称	退所等　年月日　平成　年　月　日

> 入所日および退所日（死亡日），施設の種類・名称を記入する

資料12　生活保護法第18条（葬祭扶助）

第18条　葬祭扶助は，困窮のため最低限度の生活を維持することのできない者に対して，左に掲げる事項の範囲内において行われる。
1　検案
2　死体の運搬
3　火葬又は埋葬
4　納骨その他葬祭のために必要なもの

2項　左に掲げる場合において，その葬祭を行う者があるときは，その者に対して，前項各号の葬祭扶助を行うことができる。
1　被保護者が死亡した場合において，その者の葬祭を行う扶養義務者がないとき。
2　死者に対しその葬祭を行う扶養義務者がない場合において，その遺留した金品で，葬祭を行うに必要な費用を満たすことのできないとき。

悔やみの電報を，直葬などで葬儀を行わない場合は棺に入れる生花を用意するなど，利用者の葬儀に合わせた最期の別れを施設としての体現していくことが重要です。

また，利用者によって金額にばらつきが生じることは好ましくありませんので，施設で慶弔金取扱い規定などを整備しておきましょう。

デスカンファレンスの実施

1）看取り介護終了後の職員の苦悩

看取り介護終了後，介護職員などが自分の無力感やなす術のなさ，援助する過程で悩んだことを思い出し涙ぐむことがあります。これは，介護職員などが常に利用者や家族とかかわり，家族と近い感情を持ちながら心を込めて日々援助を実践した

結果と言えます。しかし，その憂いをそのまま蓄積し続けることはよいことではありません。そのようなスタッフほど，看取り介護がきっかけとなって燃え尽き，退職するような事態になりかねません。利用者の死と向き合う看取り介護は，どのスタッフにとっても身体的・精神的負担が大きいものなのです。

2）デスカンファレンス実施の手順

①看取り介護における家族評価の確認

家族は，利用者が最後まで自分らしく尊厳を保ち，残された時間を安らかな気持ちで生きることができるように支援するための大切なパートナーであると同時に，大切な肉親を失う当事者です。その悲嘆を受け止めつつ，慎重にタイミングを図りながら，施設での看取り介護をどのように受け止めたか，施設側の自己満足や価値観の押し付けがなかったかなどの意見を聞いておくことが非常に大切です。

①看取り介護における
　家族評価の確認
　↓
②デスカンファレンスの実施
　↓
③看取り介護の評価（振り返り）・
　議事録の整備

家族の気持ちの整理がつき始める時期，例えば遺留品などの引き渡し時や，慰霊祭に参加してもらった時などに，「看取り介護に関する振り返りシート」（**資料13**）への記入などの協力を依頼しょう。

②デスカンファレンスの実施

看取り介護は，チームケアが基本です。そのため，形式的なスタッフ体制や書式の整備だけでは実践できません。スタッフ間でさまざまな，また十分な考え方の合意や共有を形成することが必要不可欠です。

また，施設として介護の質を一定以上のレベルに保つためにも，理念の理解および具体的な方法の標準化やスタッフ教育が非常に大切です。そのため，多職種で構成されるチームのメンバーが，互いの専門性を尊重しながら，同じ目標に向かって質の高い援助を提供するための手段として，デスカンファレンスは重要な場となります。

デスカンファレンスの実施は，看取り介護終了後にその実践を振り返ることで，看取り介護を実践したことによる学びやスタッフの苦悩などが共有できます。このようにして次の援助に生かすことにより，さらなる看取り介護における質の向上やスタッフのメンタルヘルスケアに効果が期待できるのです。

③看取り介護の評価（振り返り）・議事録の整備

家族との信頼関係を確立するまでの過程において，相談員の日々の働きかけが家族の不安軽減に役割を果たしたか，ケアマネジャーが立案した看取り介護計画は利

資料13　看取り介護に関する振り返りシート（例）

看取り介護に関する振り返りシート

利用者氏名：　○○○○　様（享年　○歳）　　平成　○年　○月　○日　←記入日

回答者の続柄：□配偶者（　　　　　）　☑子（**長女**）　□孫　□その他（　　）

○○○○様の在りし日のお姿を偲び，心よりご冥福をお祈りいたします。

○○ホーム職員一同

> すべての設問について，あくまでも任意のアンケートであることを説明し，協力が得られるように働きかける

1．○○ホームの看取り介護の実施について，あなたの感想をお聞かせください。

（1）職員の対応について

☑大変満足している　□概ね満足している　□どちらとも言えない　□やや不満である　□不満である

理由を教えてください。	故人に寄り添った言葉がけをしてくださいました。 最期はほとんど話せませんでしたが，常に声かけをしていただきました。 私が不安な時に，それとなく相談に乗ってくださり，本当に心強かったです。

（2）医療・看護体制について

□大変満足している　☑概ね満足している　□どちらとも言えない　□やや不満である　□不満である

理由を教えてください。	事前の説明で，施設は病院ではないとの話をいただきました。当初は医師が常時いないということに不安を感じていましたが，入院していた時とさほど変わらない対応をしていただきました。

（3）介護サービスについて

☑大変満足している　□概ね満足している　□どちらとも言えない　□やや不満である　□不満である

理由を教えてください。	食事がほとんど食べられなくなってからは，口の中を湿らせたり，常に身体を清潔にしたりしてくださいました。本当にうれしかったです。

（4）設備・環境面について

□大変満足している　☑概ね満足している　□どちらとも言えない　□やや不満である　□不満である

理由を教えてください。	施設で最期までお願いするという話し合いをした時から，個室に移していただきました。 スタッフの皆さんが，毎日居室の掃除もしてくださいました。 私たちが遅くまで面会していたので，ソファーやベッドなども用意してくださいました。

（5）看取り介護全般について（死亡時の対応も含む）

☑大変満足している　□概ね満足している　□どちらとも言えない　□やや不満である　□不満である

理由を教えてください。	私たちが面会時にアイスクリームを食べさせることができるように調整してくださったり，最後にお化粧まで家族でさせてもらったりして，故人のために私たちなりに手伝うことができ，心残りはないです。

2．○○ホームに入所してから退所されるまでのあなたの感想をお聞かせください。

☑大変満足している　□概ね満足している　□どちらとも言えない　□やや不満である　□不満である

理由を教えてください。	入所する前は，自宅での介護が本当に大変で，私自身が身体的にも精神的にも限界でした。そのような中，多くのスタッフが専門的なかかわりをしてくださったおかげで，トイレに行くことができるようになったり，外に出かけられるようになりました。本当に感謝しております。

3．その他，ご意見がございましたらご記入ください。

このような書面をいただいたことで，スタッフの皆様一人ひとりに感謝の気持ちを伝えられたような気がします。私自身も自宅で故人を介護していて，このお仕事は本当に大変だと理解しているつもりでおります。
これからも，皆様のご多幸とご活躍をお祈り申し上げます。
本当に長い間，お世話になりました。

ご協力，ありがとうございました。　　　　　　　　　　　　　　○○ホーム　施設長　○○○○

用者や家族の思いを反映した目標になっていたか，そして看取り介護における安心感をもたらしていたか，看護職員による看取り介護に関する教育は介護職員の精神的不安を軽減するものだったかなど，支援チームの連携の結果を振り返る反省会を開催します。これは，その後の看取り介護のレベルアップにつながり，チームメンバーの大きな自信となります。

デスカンファレンスでは，チームメンバーで利用者とのエピソードや思い出話を語り合うことで，看取り介護で感じたこと，その利用者が人生の最後に教えてくれた「生きることとは何か，死ぬこととは何か」ということを利用者や家族と共に悩み苦しんで試行錯誤したことなどを自問自答することができます。その結果，自らの反省点を見いだし，次に生かすことができるのです。こうして得たものは，自らを奮い立たせる，生涯のカンフル剤ともなるかけがえのない財産です。

個人としてだけでなく，組織としても，医療との連携やサポートは十分であったか，多職種間の連携や役割分担は適切だったか，それらが問題なく遂行されたか，今後スタッフができることは何か，施設として取り組むべきことは何かなど，組織としての課題も振り返る必要があります（**表3**）。

デスカンファレンスでは，「できなかった」ことに議題が集中しがちですが，チームケアの視点から，他職種の働きかけが利用者や介護現場でどのような影響を与えたのか，家族がどのように感じていたかなど，意識的に「できたこと」を評価し，それを言葉や記録に残すことが，今後のチームワークに良い影響を与えることにつながります。

このデスカンファレンスで話し合われた内容は「デスカンファレンス議事録」として記録に残しましょう（**資料14**）。

表3　デスカンファレンスの評価内容

1．看取り介護の開始時期について	6．疼痛以外の苦痛に対する対処について
2．利用者や家族への対応について 　・説明方法 　・看取り介護開始後の精神的変化や態度	7．家族の身体的，精神的状態に対する対処について
	8．利用者や家族の抱える社会的，経済的問題に対する対処について
3．利用者・家族が医師などの説明の理解度について 　・病状 　・予後 　・ケア計画（目標）	9．利用者や家族と介護職員などの信頼関係について
	10．職員への教育，介護サービスの提供について
4．家族の協力体制について	11．一連の活動において実施した活動レビュー 　・評価すべき点 　・改善すべき点 　・次回の看取り介護に生かせる点
5．疼痛に対する対処について	

資料14 デスカンファレンス議事録（例）

作成年月日　○年　○月　○日

デスカンファレンス議事録

利用者名　　○○○○様　　　デスカンファレンス議事録作成者（担当者）氏名　○○○○

開催日　○年　○月　○日　　開催場所　○○ホーム　　○○○○

開催時間　○：○〜○：○　　開催回数　○回

> 相談員やケアマネジャーが司会を行うのが望ましいが，利用者・家族に近かった居宅担当のスタッフが行ってもよい

会議出席者	所属（職種）	氏名	所属（職種）	氏名	所属（職種）	氏名
	○○○○	○○○○	○○○○	○○○○	○○○○	○○○○
	○○○○	○○○○	○○○○	○○○○	○○○○	○○○○

検討した項目

1. ○○○○様の看取り介護時にあったエピソードの振り返り。（参加者全員でのフリートーク　5分程度）
2. ○○○○様の看取り介護における実践の振り返り。
   - 看取り介護の開始時期は適切であったか？
   - 看取り介護の家族への説明方法は適切であったか？
     また，家族の理解度はどうだったか？（医師からの病状説明も含む）
   - ○○○○様の介護サービスの提供や疼痛などに対する対処は適切であったか？
   - 家族の協力体制や職員の家族に対する身体面・精神面での支援は適切であったか？　また，家族との信頼関係を構築することはできたか？
3. ○○○○様の看取り介護における「評価すべき点」「改善すべき点」「次回の看取り介護に生かせる点」は何か？

検討内容

1. 看取り介護を導入して30日間でお亡くなりになったが，最期は本当に寝ているかのような穏やかな表情をされており，苦痛を伴わない最期を迎えられたことが良かったと思います。（○○）
   亡くなる3日前まで，経口でアイスクリームを召し上がることができ，家族もそのことにとても感謝していました。口腔ケアを行う時も口腔用綿棒をアイスクリームと間違えて，一生懸命吸い付く場面が今でも目に浮かびます。（○○）

2. - 経口からの食事摂取量がペースト食でも1日の全体量の3割を下回り，発熱が2日間続く状態になりました。医療機関での診察などの結果，誤嚥性肺炎には至っていなかったものの食欲不振による低栄養状態・脱水による発熱との診断がありました。医師からは栄養管理のために中心静脈栄養や経管栄養などの方法を提案されましたが，○○様が以前から「管を付けた状態で死ぬのは嫌だ」と話されており，家族がそのいずれも希望しなかったため，ホームの看取り介護について，配置医による病状説明および看取り介護における起こり得る症状の説明を受け，家族が了承されました。（○年○月○日）（○○）
   - 発熱が見られた際の医療機関での診察で，家族がある程度の病状説明を受けていたため，施設での配置医の説明の理解度は高かったと思われます。また，医療機関での診察時に相談員が付き添っており，施設で対応できること，対応できないことなどを事前に説明していたことで，家族は看取り介護の意向が固まったと話されていました。
   - ○○様は食事や水分にはあまり反応を示されませんでしたが，以前から甘い物を好んで召し上がっていたため，高カロリー飲料をゼリー状にし，毎食提供することにしました。毎日200ccのゼリーを1日かけて100％摂取しておりましたが，○月○日からは50％，○日からは30％を下回るようになりました。そのため家族と相談し，口腔内の保湿も兼ね，バニラ味のアイスクリームをスプーン1杯ずつ召し上がっていただくことにしました。亡くなる3日前までアイスクリームを召し上がっていました。
   - 排泄は亡くなる前日まで，1日で200cc程度の排尿と少量の排便が尿取りパッドに付着する程度ありました。
   入浴は亡くなる5日前の○月○日に発熱が見られなかったため，洗髪・洗身後に臥床式機械浴槽にて湯船に2分間入浴しました。
   褥瘡や口臭も発生することはありませんでした。上記のことから看取り介護計画の内容を実施したことにより看取り介護サービスは故人にとって適切な内容であったと考えられます。（○○）
   - 家族がキーパーソンである長女が1日おきに，長男が週末に面会にお越しくださっていました。家族（長女）から面会中にアイスクリームを食べさせたいとの希望があったため，相談員が配置医に許可を得て，○月○日に歯科医師の指導のもと，アイスクリームの提供の指導を行いました。長女は，「自分たちでも故人のためにしてあげられることがある」ととても感謝していました。
   - 看取り介護の経緯を見ても感謝される場面が多く，○月○日にご記入いただいた看取り介護における振り返りシートの記載内容からも，家族への支援は適正な内容であったと考えられます。（○○）

結論

3. 「評価すべき点」
   - 相談員が施設で対応できること，対応できないことなどを事前に説明していたことで，家族は利用者の以前からの意向に沿う選択肢を選ぶことができた。
   - ○○様は，亡くなる直前まで少量ではあったもののアイスクリームを摂取することができたため，多少なりとも水分補給・口腔内の保湿効果による口臭予防を図ることができた。（○○）
   - 家族のアイスクリームを食べさせたいという希望に対し，歯科医師による家族への指導を行うことで故人への安全にも配慮した上で家族の意向にも沿うことができた。（○○）
   - 褥瘡のハイリスク対象者にもかかわらず，良肢位でのポジショニングの確保や排泄介助の対応で，褥瘡発生を予防することができた。（○○）

   「改善すべき点」
   - 説明のタイミングが難しいが，死亡後の流れの説明を家族からの問い合わせがある前にしておく必要があったのではと感じた。（○○）

   「次回の看取り介護に生かせる点」
   - 上記「評価すべき点」については，看取り介護時期のどの利用者に対してでも共通項が多いため，今後も実施しながら随時評価を行っていく。

残された課題

看取り介護については，その開始時期の判断が大変難しい。
○○様に関しては，発熱による医療機関での診察や検査などで誤嚥性肺炎ではなく，老衰によるものであるとの確定診断があった。また，家族が故人の生前の意向について，ある程度の把握をしていたため，その意思を尊重する対応を実践することができた。しかし，○○様の対応では最善の対応であったものが，どの利用者にも当てはまるとは限らない。そのことが課題だと言える。

退所の支援

1）退所の支援の手順

①退所手続きの準備と説明

　利用者が死亡した場合の契約は，自動終了になるとしている施設が多いと思います。相談員は，退所手続きに必要な書類（**資料15**）の準備をし，葬儀の日程や家族の心労などに配慮しながら退所手続きや遺留品・遺留金の引き渡しを進めます。

①退所手続きの準備と説明
↓
②遺留品の返却
↓
③預り金の返金
↓
④家族へのグリーフケア

資料15　契約終了届（例）

○○ホーム　契約終了届

施設長　○○○○　様

下記の者が○○ホームとの契約を終了（退所）することを確認いたします。	
ご利用者氏名	○○○○　　　　生年月日　MTS ○年 ○月 ○日
退所年月日	平成　○年　○月　○日をもって， 　　　　　　　　　　　　　契約終了（退所）といたします。
退所理由	□　長期入院のため（　入院期間が3カ月以上となったため　） □　介護保険被保険者の資格喪失のため □　介護保険被保険者の資格非該当（自立・要支援1・2）のため □　他の介護保険施設入所のため ☑　死亡のため　　【看取り介護の場合は，こちらに☑を記入】 □　その他（　　　　　　　　　　　　　　　　　　　　　）
私物の返却方法	☑　○○ホーム内にて引き渡し 　　（平成　○年　○月　○日予定） □　宅配便着払い　　【家族に返却方法を説明し，選択していただく】 □　その他（　　　　　　　　　　　　　　　　　　　　　）
身元引受人住所	東京都○○区○○町○丁目○番○号
身元引受人氏名	○○○○　　　　　　　　　印
立ち会い職員	相談員　○○○○　　　　　　印

②遺留品の返却

　葬儀の際に利用者の所縁の品を棺の中に入れたいという家族の希望に応えるためにも，遺留品は速やかに返却ができるように整理しておきましょう。

　一般的には，葬儀が終了した時点で家族に連絡し，遺留品の返却方法を確認します。その際，あらかじめ遺留品を梱包させてもらうことを説明しておくとよいでしょう。家族が遺留品を引き取りに来た際は，遺留品を前に利用者の生前のエピソードを話しながら労いの言葉をかけます。そして準備しておいた「引き渡し金品内訳書」（**資料16**）を説明し，受領欄に署名・捺印をしてもらいます。その際は，後々のトラブルの回避を防ぐ意味でも複数のスタッフが立ち合った方がよいでしょう。

　家族から遺留品の引き取りを辞退すると申し出があった場合は，その申し出内容を記録します。

　その後の対応としては，処分費用を負担してもらって施設が処分する，あるいは遺留品を感染症対策時の使い捨て布などに活用するために寄贈してもらうなど，施設によって分かれると思いますが，施設としてどこまで家族の要望に応えることができるのか，事前に決めておくべきです。

③預り金の返金

　預金口座は預金者の死亡によって凍結され，相続人による遺産分割の対象となります。したがって，入所時に家族から預り金管理の代行を施設が依頼されていたとしても，施設スタッフが勝手に出金手続きなどを行うことはできません。

　施設に預り金制度がある場合は，速やかに通帳や印鑑を返却しましょう。遺留品の返却時と同様に引き渡し時には「引き渡し金品受領書」（**資料17**）を準備し，受領欄に署名・捺印をしてもらいます。この際も，複数のスタッフが立ち合った方がよいでしょう。

④家族へのグリーフケア

　看取り介護における利用者の死は，急変による死とは違います。そのため，家族は，利用者の死をある程度の心構えや覚悟ができている状態で受け止めることができるはずです。しかし，それでも家族は，利用者を失う「苦しみ」「不安」「怒り」などの悲嘆やそれを受け止めて前へ進もうとする気持ちが交錯し，不安定になりがちです。この心理状況をグリーフ（Grief）と言います。このグリーフ状態はいつかは終結するものですが，回復する時期や回復に至る過程は利用者と家族の生前のかかわりなどによって個々に違います。

　相談員やケアマネジャーは，このような状態にある家族のありのままの反応を受け止め，「心の揺らぎ」に共感していることを言葉で伝え，さりげなく寄り添い，

資料17　引き渡し金品受領書

引き渡し金品受領書

○○ホーム
施設長　　○○○○　様

退所者氏名　○○○○　様　　退所年月日　○年　○月　○日

引き渡し金品内訳書のとおり。

種　　別	品	券	内　　容	証券番号
有　価　証　券	種類			
現　　　　　金	金額			○○,○○○　円
貯金通帳（○○銀行）	口座番号 ○○○○○○○		現在高	○○,○○○　円
預金通帳（　　　）	口座番号		現在高	円
定　期　預　金　書	金融機関		証券No.	額面　　　　　　円
年金証書（国民）	種別　○○年金		記号番号　○○○○-○○○○○○	
年金証書（厚生）	種別		記号番号	
そ の 他 の 年 金	種類		記号番号	
国民健康保険被保険者証			※記号（　　　）番号（　　　）	
健　康　保　険　証			※記号（　　　）番号（　　　）	
後期高齢者医療被保険者証			※被保険者番号（　　　　　　　）	
長期高度後期高齢者医療被保険者証			※被保険者番号（　○○○○○○○○○　）	
介護保険被保険者証			※被保険者番号（　○○○○○○○○○　）	
介護保険負担限度額認定証			※被保険者番号（　　　　　　　　　）	
介護保険利用者負担軽減・免除認定証			※被保険者番号（　　　　　　　　　）	
身　体　障　害　者　手　帳			番号　　　　　　障害名　　　　　第　　　種　　　　級	
印　　　　　　　　　　鑑	個数　　○個			
	印影	○○		

> 預かっていた印鑑をすべて捺印する

上記の金品を確かに受領いたしました。
平成　○年　○月　○日
受領者住所　東京都○○区○○町○丁目○番○号
受領者氏名　○○○○　　　　　　　　印
退所者との続柄　○○

立　ち　会　い　者
| 役職 | ○○○○ | 役職 | ○○○○○ |
| 氏名 | ○○○○　印 | 氏名 | ○○○○　印 |

> 家族へ引き渡す時は、必ず複数のスタッフが立ち会い、トラブル回避に努める

資料16　引き渡し金品内訳書

引き渡し金品内訳書

利用者氏名　○○○○　様

品　名	数　量	適　　　　　　　　　用
ポロシャツ	6枚	長袖（白）2枚、長袖（グレー）2枚、半袖（紺）2枚
セーター	4枚	長袖（茶）2枚、長袖襟付き（緑）2枚
カーディガン	4枚	長袖（茶）1枚、長袖（緑）1枚、長袖（グレー）2枚
ベスト	2枚	（紺）1枚、（茶）1枚
肌着シャツ	10枚	長袖（白）3枚、長袖（ベージュ）3枚　半袖（白）3枚、半袖（ベージュ）1枚
ズボン	6枚	（紺）2枚、（茶）2枚、（グレー）1枚、（黒）1枚
ズボン下	6枚	（白）3枚、（ベージュ）3枚
パンツ	6枚	ブリーフタイプ（白）6枚
靴下	8足	（紺）4足、（白）2足、（グレー）2足
バスタオル	4枚	（白）4枚
タオル	8枚	（白）4枚、（黄）2枚、（緑）2枚
リハビリシューズ	2足	24.5cmサイズ（緑）1足、24.5cmサイズ（紺）1足
財布	1個	（黄）中身：現金1,250円、テレホンカード（未使用）1枚

> 遺留品の種類や品数、その特徴（色、形状など）を記入する

> 遺留品を確認したスタッフ以外に、もう1人のスタッフが再確認し、トラブル回避に努める

物品調査の結果、上記のとおり相違ありません。
　　　　　　　　　　　　　　　調査担当者　○○○○　　　　印
　　　　　　　　　　　　　　　立ち会い者　○○○○　　　　印

上記の金品を確かに受領いたしました。
　　　　　平成　○年　○月　○日
　　　　　受領者住所　東京都○○区○○町○丁目○番地○号
　　　　　受領者氏名　○○○○　　　　　　　印
　　　　　退所者との続柄　○○

支援していくことが大切です。施設で行うお別れ会やお見送りのほか，葬儀に参列をすることで，施設での生活においても故人が多くの人に愛されていたと家族が感じ，故人を誇れるような心理状態になったとすれば，それはまさしくグリーフケアの実践と言えるでしょう。

引用・参考文献
1）厚生労働省大臣官房統計情報部医政局：平成26年度死亡診断書（死亡検案書）記入マニュアル
2）笹原留似子：復元納棺師が教える！ 看護職・介護職が行うエンゼルケア・死化粧とグリーフケア，P.61〜67，日総研出版，2012.
3）水野敬生：看取り介護業務マニュアル，支援・生活相談員，Vol.1，No.1，P.56〜71，2009.
4）水野敬生：本人・家族の希望を叶える看取り実践とケアプラン講座，相談援助＆マネジメント，Vol.5，No.1，P.1〜4，2014.
5）三菱総合研究所ヒューマン・ケア研究グループ：特別養護老人ホームにおける看取り介護ガイドライン―特別養護老人ホームにおける施設サービスの質確保に関する検討報告書―，2007.

第5章

看取り支援業務事例

本章の事例は，実際に施設で行った看取り介護を基に，相談員やケアマネジャーの役割に焦点に当て展開しました。利用開始から終了までの一連の流れで看取り支援を学べる事例と，相談員・ケアマネジャーが行う，意思決定支援，スーパービジョン，看取り支援を紹介しています。どの事例も，家族のさまざまな思いを受け止め，気持ちの揺らぎを理解し，寄り添う支援が学べます。特に，看取り支援の事例では，経時的に家族・各職種の発言を紹介していますので，家族の真の思いが理解でき，相談員・ケアマネジャーがどのように発言し，調整・提案などの支援をしたのかが分かります。

　本章では，利用者と家族の意向が違う，家族間の意向が違う，入所時より終末期診断をされている，家族がいないなどさまざまな事例を紹介していますが，どの事例にも共通することは，終末期になり，看取り介護計画書を作成することになったからと言って，急に意向が把握できるものではないということです。相談員・ケアマネジャーが中心になって，施設サービスを利用する前からの利用者の生活歴と家族との関係を把握し，信頼関係を構築しているからこそ，家族は最後にしてあげたいことの希望を施設に伝えることができるのです。

　そして，看取り介護計画で特に注目すべきは，「痛みの緩和」「安楽・安心のための支援」と同時に，「QOL（生活の質）」を考えなければならないという点です。「人生の最後の時間をどのようにより良く過ごしていただくか」ということが必要なのです。そこには家族の協力が必要であり，家族にも最後の一瞬一瞬を悔いのないようにかかわっていただくことが必要となります。そのプロセスの中で死を受け入れる準備をしていくものです。

　看取り介護は「ケアの集大成」と言えます。ケアは「ケアが必要な状態になっても尊厳を保持しその人らしく生きること」を支援することです。私たちは施設サービスを提供しながらそれを実践しています。疾患や老衰などにより，いつかは人生が終わります。病院で人生を終えることになるかもしれません。しかし，病院では利用者，家族が歩んできた思いが関係者には伝わらないまま人生を終えることになるかもしれません。施設で看取ることは，この「思い」というかけがえのない生きた証を私たちが一生懸命理解しようとしてかかわることです。理解しようというかかわりの中で私たちは「ケアとは何か」を考えることになります。

　これらの事例から相談員・ケアマネジャーのあるべき姿を感じ取り，一人ひとりの利用者・家族の状況・意向に合わせたより良い看取り支援ができるよう願っています。

看取り支援業務（利用開始から終了まで）

事例

入所者：Aさん　80歳　男性　　要介護度：3
既往歴：脳梗塞による左上下肢麻痺，直腸がん

利用までの経緯　54歳で脳梗塞を発症し，左上下肢麻痺が残ったため，車いす生活となる。半年間の入院を経て自宅に戻り，デイサービスを利用しながら妻の介護で在宅生活をしていた。74歳の時，長年主介護者であった妻が朝起きてこないため救急搬送を依頼し

家族状況

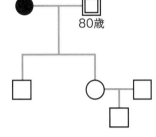

たが，急性心停止で死亡した。妻の死後は長男と同居するが，長男は夜勤の多い仕事で父親の介護は困難であった。長女も障がいのある子どもがいて父親を介護できず，デイサービスやショートステイを使って在宅生活を続けてきた。

　78歳の時，下血が続き検査したところ直腸がんと診断され，手術を受ける。術後は機能低下が著しく，車いすへの移乗，排泄など生活全般に介助が必要となり，介護者がいない自宅に戻ることは困難との判断から，特別養護老人ホームへの入所を申し込むことにした。

　その後，療養型病院に転院するが，口調が荒いので他の入院患者とトラブルを起こすことが多く，退院し，ショートステイを長期利用していた。利用中にがんが転移していることが分かり，再度入院したが勧められた手術を拒否し，長男や長女の説得にも応じなかったため，退院してショートステイを利用するようになった。しかし，ショートステイ先ではリハビリや他医療機関への受診介助が困難と言われ，特別養護老人ホームへの入所を早期に進めることになる。兄弟で施設を当たるが，直腸がんの転移の可能性が高いことや，他入所者とのトラブルがあったことから，入所できる施設は見つからなかった。長女の居住地の地域包括支援センターに相談したところ，地域包括支援センターと居宅介護支援事業所，市介護保険課担当者で広範囲の施設を当たり，ようやく施設入所できることとなった。

１）入所前面接における看取りに関する指針の説明

　市介護保険課より「ショートステイを長期利用している。直腸がんの既往があり，手術後に転移が見つかるが積極的治療を望んでいない。入院先やショートステイ先では他の患者や利用者とトラブルを起こすことが多かったため，入所先が見つからない。子どもが２人いるが，引き取って介護することは困難である」と入所相談があった。

　１カ月後，入所可能となったため，地域包括支援センターの担当者や居宅介護支援事業所の担当ケアマネジャー，ショートステイ利用先の相談員より，これまでの経過や基本情報を提供してもらい，長男，長女と共にＡさんが利用するショートステイに訪問調査を行い，Ａさん，長男，長女より話を聞く。

　直腸がんは転移している可能性が高く，毎日下血があり，その量も多くなっているため，入院していた病院より１カ月ごとに受診に来るように言われている。医師からは直腸がんであることや再発のリスクについても告知を受けている。Ａさんは妻が亡くなってから「もういつ死んでもいい，早く家内のところに行きたい」と長女が面会に来るたびに話しているという。

　長男や長女が手術を勧めても，Ａさんは「あんなやぶ医者に俺の身体は治せない」と言って主治医とも喧嘩をし，やむを得ず退院した。施設に入所して希望することは，リハビリだけでなく，父がもう一度手術を受けると考え直すようにしてもらうことと長女は話す。

　相談員が，Ａさんに特別養護老人ホームへの入所について説明すると，「こんなところ（ショートステイ先）にいるくらいなら，どこでも行ってやるよ」と入所を受け入れた。さらに自分の身体について聞くと，「54歳で脳梗塞になって車いすになり，家内に長い間迷惑をかけた。俺の介護疲れで死んだようなものだ」「娘の子どもは重度の障がいだ。娘が大変な時に俺は何もしてやれないどころか迷惑をかけている。俺みたいな奴は死んだ方がまし。自分ががんであることも知っている。あいつら（病院の医師のこと）俺が死ぬのを分かっていて手術をしようとする。だから手術はしない」と改めて手術を否定した。しかし，「リハビリをしてもう少し動けるようになりたい」「カラオケもやりたい」「現場（建築）の仕事を長くしてきたので，やっぱり外がいい。外出したい」という希望を話してくれた。

　Ａさんの入所に当たり，妻の遺影や位牌を持参し身近に置いておいたらどうかと提案したところ，それができるなら，ぜひしたいと話した。

　施設入所に当たっての長女は，「施設でリハビリをしてもう少し動けるようになったら，手術を受けるように考え直してほしい。母が亡くなり，親族は父と兄だ

けになってしまったので，父には長生きしてほしい。毎月の受診も兄と協力し，ついて行きたい」と話した。

　ショートステイ先の相談員からは，Ａさんは麻痺側の手を少しでも触ろうとすると強い口調で怒鳴るので，他の利用者とトラブルも多く，交流することは全くなかったという情報を得た。

　Ａさんと長男，長女に施設利用契約書などの説明を行った上で，入所に当たり介護サービス計画書作成について改めてＡさんと長男，長女に希望を確認すると共に，「看取りに関する指針」について説明を行った。施設でも家族と共に最期を迎えることが可能であることと，入所までに内容を確認してもらい，不明な点は入所時に尋ねてもらえばよいことを伝え，当日同意できるようであれば「看取り介護についての同意書」「看取り介護の意向確認書」に署名・捺印してもらうことを説明した。長女は「父の場合は十分可能性があるので，それ（看取り）が施設でできるなら安心だ」と話す。

　また，入所時までに受診先の医療機関に「診療情報提供書」の作成と当面の薬の処方を依頼するように長女に伝えた。

２）入所時面接における看取りに関する指針の同意

　相談員とケアマネジャーは，Ａさん，長男，長女に施設利用契約書などの書類確認と１カ月の暫定介護サービス計画について説明を行った。同時に「看取りに関する指針」について説明したところ，Ａさんは「俺は先が見えている，金がかかるから入院はしない。葬儀もしなくていい」と話し，長男と長女は「父が苦しくなくここで楽しく過ごすことができればいい」と話した。

　相談員より「看取り介護の時は家族にもできることはたくさんあります。これからＡさんとご家族と施設で一緒に考えながらやりましょう」と話す。その後「看取り介護についての同意書」「看取り介護の意向確認書」に同意してもらい，署名・捺印をもらった。

　同時に，毎月の定期受診時の方法と通院時には家族が同行することを確認し，下血や食事など身体的状態については定期的に変化があれば随時連絡すること，面会時には必ず近況確認を行うので相談員か看護師に声をかけてほしいことを伝えた。

　また，「診療情報提供書」を預かり，入所時検診を行うことを伝え，検診の状況により，施設主治医より説明がある場合は連絡することも伝えた。

　署名・捺印をもらった書類はファイリングし，その内容を関係部署に回覧して周知させた。

入所時における看取り介護についての同意までの手順

```
入所申し込み
　↓
入所前面接の実施　【相談員・ケアマネジャー】
　↓・利用者・家族の状況，意向を確認する
看取りに関する指針の説明　【相談員・ケアマネジャー】
　↓・入所までに確認して家族で相談してもらう
入所
　↓
入所時面接の実施　【相談員・ケアマネジャー】
　↓
看取りに介護についての同意　【利用者・家族】
　↓・看取り介護についての同意書に署名・捺印をもらう
　↓・看取り介護の意向確認書の内容を確認し，署名・捺印をもらう
書類のファイリング　【相談員】
　↓
関係部署に周知　【相談員】
```

3）入所時検診実施

　入所時検診の結果，リンパ節への転移が確認された。入所時から下血も続いており，貧血が進んでいることも分かった。施設主治医より長女に説明を行う（相談員，ケアマネジャー，看護師同席）。

　主治医より「造血剤の投与で様子を見るが，本人が手術を今も希望しないこともあり，今後さらに転移することが考えられるため，診察時間内であれば不明な点はいつでも説明するし，もしもの時は施設に来て診断を行うので安心するように」と説明があった。

　主治医が長女に入院・加療の希望を確認をしたところ，「治療できるならしてもらいたいが，父は私たちの言うことを聞いてくれない。面会時にはできるだけ話してみるが，無理だと思う」と話した。

4）入所1カ月後のカンファレンスの開催

　暫定介護サービス計画の見直しを含めたカンファレンスをAさん，長女，ケアマネジャー，相談員，看護師，介護職員，管理栄養士，機能訓練指導員が参加し行った。

　ケアマネジャーより，介護サービス計画原案について利用者・家族の意向は入所時と変わらないと説明があり，Aさんより「ここに来て，昼には外に出してもらえ，カラオケもやらせてもらってる。食事もうまい。気に入らない入所者は何人かいる

が，我慢できる。マッサージもリハビリもやってもらい，少しは動けるようになったし，調子もいい。娘が来た時にも外へ連れて行ってもらい，近くのコンビニでソフトクリームも食べている。今の生活のままでいい」と話があった。

長女は，「病院でもショートステイでもけんかばかりしていた父が，ここではほとんど迷惑をかけないで過ごしているので安心している。父とこんな時間を過ごせるようになるとは思わなかった。今のまま生活してもらいたい」と話した。

介護職員からは「下血も続いているが少量であり，食欲もある。少しずつ施設の生活に慣れてきていることが感じられ，家族の都合がつくなら日帰り旅行もできるのではないか」と話があったが，長女は「障がいのある子どもがいるので，家を長く空けられない。兄も夜勤が多いので難しいと思うが，父が旅行に行ける日が来るとは考えられなかったので，一度兄に話してみる」ということだった。

30分の初回カンファレンスを終了し，介護サービス計画に同意をもらった。

5）定期のカンファレンスの開催

入所し6カ月が過ぎ，食欲の低下は見られないが，少量の下血は続いている。リハビリの効果もあり，車いすへの移乗，自走，希望時トイレ介助での排泄もできるようになった。

毎月の受診も長女が同行し継続しているが，主治医より「進行していることは間違いない。リンパ節への転移もあるが，食欲も低下せず，体調も安定しているので，このまま様子を見るように」と説明がある。Aさんは，積極的な治療は望まないことを改めて主医師に伝えた。

受診後，Aさんと長女とケアマネジャー，相談員，介護職員，看護師，管理栄養士，機能訓練指導員が参加し，定期の介護サービス計画の見直しカンファレンスを開く。

Aさんより「毎月通院しているが，同じことを言われるだけ。もう行かなくてもいいのではないか。でも，病院に行けば娘とご飯食べられるのがうれしい」と話がある。また，「毎月買い物に出かける時は，ペットショップに行くのが楽しみだ。家内も俺も猫好きで，昔飼っていた猫のことを思い出す」ということだったので，新たに介護サービス計画書のニーズとして追加した。

6）看取り介護の決定と説明・同意

入所し10カ月が過ぎたころより，下血量が増え，倦怠感を訴えることが多くなり，リハビリも休みがちになった。夜勤者より「こぶし程度の塊の下血が見られることが多くなり，食事量もむらが出ている」と報告があり，管理栄養士から栄養補助食品を1日の体調を見て提供するように指示が出た。施設の医師の指示で血液検査を行ったところ，貧血が著しく進行していることが分かった。医師から相談員に

終末期の説明をしたいので家族に連絡するようにと指示が出た。

1週間後，医師が長女と長男に「直腸がんが転移し，リンパ節への転移も広範囲となっている。下血量も多く貧血状態も進行しているので，今後普通に生活することが難しくなり，食事も摂れなくなってくるだろう。余命2～3カ月ではないか」と説明があった。

長女は「父はここで楽しく過ごせているので，私たちは父の希望を尊重したい。入院せず，ここで最期を迎えられればよいと思う」と話す。

医師の説明により，長女と長男から看取り介護の意向が表明されたので，施設長，ケアマネジャー，相談員で看取り介護について改めて説明を行う。入所時の「看取りに関する指針」を再度説明し，「看取り介護についての依頼書」で同意を得た。さらに，「看取り介護確認事項」に基づいて施設の看取り介護の方法・手順，苦痛・疼痛時の対応，緊急時の連絡方法の確認，家族のできること，個室・静養室が利用できること，家族も泊まれることなどを説明すると共に，看取り介護加算についても説明を行った。

また，不安定期であるため，施設からの連絡が頻回になることを説明し，面会する機会を増やしてほしいと依頼した。その後，残された時間の過ごし方について話し合った。

7）看取り介護計画作成のための意向確認

看取り介護計画の作成に当たり，家族の意向を確認した。初回意向として，今まで施設で生活してきたことを続けてほしいこと，できるだけ苦痛なく過ごしてほしいことを確認した。ケアマネジャーより「看取り介護は，施設スタッフだけで行うものではない。家族も一緒にできることを探して実践し，残された時間をどう過ごすか一緒に考えてほしい」という話があり，食事介助や入浴介助，排泄介助を説明した。食事量が低下してきた時には，Ａさんの好きなものを用意してもらっても構わないことを伝える。そして「面会時も体調が良ければ体を起こして，外の空気や自然を感じられるようにしてほしい」と説明すると，長女は「してあげられることがまだたくさんあるのなら，できるだけ面会に来てあげたい」と話した。

8）他の親族確認

相談員が看取り介護について，伝えておかなければならない親戚の有無を長女に確認したところ，長女は，「母方も父方も親戚付き合いはしていない。夫の両親には電話で話してあり，私たち夫婦に任せたと言っている」と話した。

ケアマネジャーは，来週面会時までに「看取り介護計画原案」を作成すること，その時に看取り介護のサービス担当者会議を開催すること，今後のことで尋ねたい

ことがあればいつでも連絡して構わないことを伝えた。

9）初回の看取り介護のサービス担当者会議

　長女，施設長，相談員，ケアマネジャー，介護職員，主任介護職員，看護師，管理栄養士，機能訓練指導員が出席して初回のサービス担当者会議を開催した。

　看護師からは，現在の下血状態，バイタルサインの状況などの説明と共に，表情に活気がなくなり，口数も減っていることが報告された。管理栄養士からは，食事摂取量にむらがあり，摂取量も低下していること，本人の調子を見て栄養補助食品を提供していることが報告された。

　担当介護職員は，食事の摂取量は5割程度だが，栄養補助食品は残さずに摂っていること，以前は口癖のように「ばかやろう，触るんじゃねぇ」と言っていたが，最近は「手間かけるな」と言ってくれるようになったことが話された。

　機能訓練指導員からは「1カ月前は本人持参のCDで演歌を聞きながら起立・歩行訓練をしていたが，最近は誘っても『行かない』と言うので居室でマッサージをしている。マッサージ中は，本人の好きな歌手の曲を流している。少しずつ身体が固くなってきており，体位変換にも介助が必要になった」と話があった。

　これらの話を聞いた後，長女は「父は54歳の時の脳梗塞になり，それが原因で死亡（交通）事故を起こしてから性格が変わり，あまり話をせず，周囲の人に当たることも多くなった。以前の父は，母の身体も私たち子どものことも心配し，家事もするような人だった。母が父の介護を始めた時，私たちは高校生で，入院費や生活費のため，毎日朝早くから仕事に行き，帰ってからは父の介護をしていた。生活は苦しく，家も売ってしまった，父はそんな生活になったのも自分のせいだと思い，早く死にたいとずっと言っていた。2回目の手術を希望しなかったのはそのためだと思う。しかし，入所後は元気なころの父がもう一度感じられるようになり，面会に来るのが楽しかった」と話した。

　これらの話があった後，ケアマネジャーより「看取り介護計画」に基づいて食事，排泄，入浴，居住環境などの提供方法の説明があった。Aさんを静養室に移すと共に家族も気兼ねなく一緒に過ごせるようにし，家族としてできること・やってほしいことを説明した。

　看取り介護計画書の内容として，機械浴時の洗身介助，食事介助，四肢のマッサージ，体調を見て外気浴をすること，食事摂取量の低下に合わせて好きなものを持ってくることを位置付けたところ，長女より「夫にも協力してもらい，できるだけ時間をつくってここに来る」と話があった。

　さらに，「母が忙しいので，父はずっと私が作ったお弁当を持って仕事に行って

いた。そのころの父との会話を思い出すので，昼食はお弁当を持ってきて父に食べさせたい」と提案があり，新たに看取り介護計画に追加するものとした（**資料1**）。

最後に，相談員から医師が診察にくる日の午後であれば，いつでも説明を受けられることを説明し，終了した。

サービス担当者会議の後は，相談員より亡くなった時のことを説明した。長女からは，「母が亡くなった時は家族葬だったので，今回も家族だけで行いたい」と話があった。相談員は，Aさんの住所が施設にあることから，保険などの手続きや死亡届について説明した。

看取り介護開始に至るまでの手順

終末期であること宣言　【医師】
↓
看取り介護についての説明　【相談員・ケアマネジャー】
・「看取りに関する指針」「看取り介護についての依頼書」を説明
・「看取り介護確認事項」に基づき施設における看取り介護の内容を説明
↓
看取り介護についての同意　【利用者・家族】
・「看取り介護についての依頼書」「看取り介護確認事項」に
　署名・捺印をもらう
↓
看取り介護実施決定
↓
看取りについての意向確認　【相談員・ケアマネジャー・家族】
・看取り介護計画書作成のための家族の意向を確認
↓
サービス担当者会議の開催
【長女，施設長，相談員，ケアマネジャー，居室担当介護職員，主任介護職員，看護師，管理栄養士，機能訓練指導員】
・各職種から本人の状況について報告
・看取り介護計画原案の説明
・家族からの提案を看取り介護に反映し，同意を得る
↓
亡くなった場合の説明　【相談員】
↓
看取り介護開始
・看取り介護計画に基づく介護が開始される

10) 看取り介護計画基づく看取り介護開始

看取り介護計画に基づいて，看取り介護を開始した。長女は火・金曜日の昼前に施設に来てもらい，相談員から食事量，排泄などの記録を見せながら説明を受け，担当介護職員，看護師からは状態の説明を受けることとした。火曜日は施設の食事

資料1　Aさんの看取り介護計画

A様　看取り介護計画書（初回）　　　**看取り介護計画書（1）**　　　作成日：平成〇年〇月〇日

利用者氏名：A様　　　生年月日：昭和〇年〇月〇日　　　作成者：〇〇〇〇（計画作成担当ケアマネジャー）
要介護認定：3　　　有効期間：平成〇年〇月〇日～平成〇年〇月〇日

看取り介護に対する意向	長女，長男：できるだけ今まで施設で生活してきたことを続けてほしい。できるだけ苦痛なく過ごしてほしい。
総合的な援助の方針	体調を見ながら外気浴や入浴を継続し，食事も毎日の状態を見ながら工夫して提供します。また，食事や入浴などは長女様と一緒に行い，一緒に過ごせる時間をつくりましょう。

ご利用者またはご家族の承諾
住所：〒〇〇〇-〇〇　〇〇市〇〇町　　　氏名：〇〇〇〇　印　　　続柄：長女　　　承諾日：〇年〇月〇日

A様　看取り介護計画書（初回）　　　**看取り介護計画書（2）**　　　作成日：平成〇年〇月〇日

生活全般の解決すべき課題（ニーズ）	サービス内容 ケア内容	担当者
調子の良い時は外へ連れて行ってほしい。	・昼食後，体調を確認しリクライニング車いすで施設周辺を散歩する。 ・長女（〇〇様）面会時は依頼する。 ・できるだけ花や木々が見られる施設周辺の公園などに行き，季節を感じられるように配慮する。	介護職員，相談員 長女 介護職員，相談員，長女
食欲が低下しているため，施設では食べやすい食品を提供し，長女（〇〇様）は本人の好きなものを持参してもらい，できるだけ摂取できるようにする。（「父の好きなおかずで弁当を作り，食べさせてあげたい」）	・食事は体調を本人に確認し，起きて食べたいか，ベッド上か確認する。 ・食事は施設が提供する時間だけでなく，体調によっては時間を変えて提供する。 ・複数の栄養補助食品を用意し，食べやすいものを本人に確認する。 ・食思が低下しているため，適宜食べたいものがないか確認する。メニューによっては食べたくないものもあるため，希望がある場合は栄養課や相談員に連絡し，できるだけ用意する。 ・火曜，金曜日の昼食は，長女（〇〇様）が面会に来て介助する。 ・金曜日の昼食は，長女（〇〇様）が持参する弁当を居室で食べる。 ・食べやすい食材の調理の仕方を随時管理栄養士から長女（〇〇様）に説明する。 ・摂取量の報告を毎日引き継ぎ時に行う。 ・家族に摂取量などの状態を説明する。	介護職員 介護職員 管理栄養士 介護職員 長女 長女 管理栄養士 介護職員 相談員
家族と共に一緒に安心して過ごせる居室にする。（ケアスタッフのいる近くの居室で安心して過ごせるようにする。）	・状態を見て家族と相談し，静養室に移動する。 ・移動後は頻回に訪問し，スキンシップを図り，痛みや苦痛がないかを確認する。 ・苦痛時にはナースコールがすぐに押せるような位置であるかを確認する。 ・居室温度，湿度，換気に注意し，過ごしやすいようにする。 ・家族も休みやすいようにソファーベッド，毛布，タオルケットなどを準備する。	相談員 介護職員，看護師 介護職員 介護職員，看護師 主任介護職員
体調を見ながらできるだけ入浴できるようにし，長女（〇〇様）も週に1度は父の入浴介助をする。	・入浴する予定がある時は，朝バイタルサインの測定をする。 ・入浴直前に最終体調確認をする。 ・金曜日の機械浴は，長女にも介助を行うので，浴用介助エプロンを用意する。 ・入浴後は長女が保湿クリーム塗布と四肢マッサージを行う。	看護師 看護師 介護職員 長女
体調によりリハビリに参加できないことが多いため，居室で演歌を聞きながらマッサージをしてほしい。	・火・土曜日の午前にマッサージと関節可動域訓練を行う。 ・好きな歌手の曲を流しながら行う。	機能訓練指導員 機能訓練指導員
自発的体位変換が困難となっているので，褥瘡を発生させないようにする。	・エアマットを使用しているので，マットの硬さが適正な状態かメモリの確認と共にマットを触り確認する。 ・体位変換を介助した時は，背中から下肢に手を入れ，背抜きをする。 ・麻痺側（左上肢）を圧迫しないようにする。	介護職員，看護師 介護職員，看護師 介護職員，看護師

を，金曜日は長女が持参の弁当を昼食とした。食後に少し休んだ後，外気浴に出かけ，臥床介助後四肢のマッサージ，機械浴での洗身介助などを介護職員や看護師と共に行うようにした。長女が持参した弁当は，咀嚼・嚥下しやすい形態に変える必要があったので，管理栄養士より長女に食材の加工の仕方を説明した。

看護師と管理栄養士は，最期まで褥瘡はつくらず，きれいな身体を保てるようにすることを長女に伝えた。

毎週金曜日の診察時に医師が随時状態を説明し，看護記録とケース記録に説明を行った旨を記入した。

毎週日曜日はAさんを囲み，長男，長女の夫と子どもも来て，5人で一緒に施設内で食事をした。長女からは「父は話すことも少なくなったが，毎週楽しみにしている。いつかはこの時間がなくなってしまうことが残念でならない。ここに通っているうちに父が後どのくらい生きられるか分かるようになった気がする。ケアマネジャーに『一緒にやりましょう』と言われた意味を最近理解しつつある。父と一緒に残された日々を大切に過ごしたいと思う」と話があった。

11）Aさんの状態変化

Aさんは食事摂取量の減少と共に，尿量も減少してきた。覚醒している時間も短くなってきたため，看護師から「そろそろ家族を呼び，滞在も検討した方がよい」と報告を受け，相談員は看取り介護の最終段階が近くになってきたことを長女に連絡した。長女は兄に連絡し，2人でできるだけ施設に泊まり，滞在することとした。

相談員は，静養室に家族が泊まれるように，簡易ベッドやソファーなどの準備を指示した。

医師より排尿量などから後2日程度が想定されると説明があったため，再度急変時および死亡時は施設からの連絡により対応すること，夜間は夜勤者から看護師にオンコールで連絡が行き，医師に連絡できるようになっているので安心するようにと説明した。

長男は仕事を休むことができたため，終日滞在するものとし，長女は子どもを施設に送ってから毎日来ることとした。

相談員は，再度急変時の連絡方法を確認し，施設に泊まる場合の食事の提供などについて説明した。

長男，長女がそろっている時にケアマネジャーより午後に入浴してもらったらどうかと提案したところ，看護師もAさんの状態を確認し，「短い時間なら可能」と判断したので，長男，長女の洗身介助により入浴を行った。長男は初めてひげ剃り介助も行った。長男，長女は入浴後に皮膚の乾燥しているところにクリームを塗り，

マッサージも丁寧に行った。

　長女は施設に泊まる兄の夕食用に弁当を作ってきていた。父が愛用したアルミ製の大きい弁当箱であった。長女が2カ月間毎週金曜日はこの弁当箱で弁当を持ってきたことを話すと，兄も高校時代は妹の作った弁当持って行っていたことを思い出し，2人で遅くまで父母のことを語っていた。

12）臨終時の支援

　翌朝，長男の反応が乏しいとの報告でバイタルサインを測定したところ，血圧が低下し徐脈となっていることが確認されたため，看護師に連絡し，医師にも連絡をした。

　長男は，長女に連絡し，すぐに施設に向かうように連絡した。夜勤者より相談員に連絡が入る。長女も間に合い，Ａさんに寄り添った。出勤した看護師がバイタルサインを測定し，再度医師に連絡した。その後，長女がＡさんの反応の反応が乏しいことに気づき，看護師が再度バイタルサインを測定したところ測定不能で，呼名反応もなかったため，医師に連絡した。医師が到着し，死亡を確認した。

　医師から家族に説明が行われた後，長男，長女がＡさんと過ごす時間を少し設けた。その後，看護師，介護職員，長男，長女に協力してもらいながらエンゼルケアを行った。

　長男が葬儀業者に連絡し，迎えの車を待つ間，長女は施設スタッフに葬儀に来てほしいと話した。さらに「この2カ月ずっと施設スタッフと一緒に父の最後の時を過ごすことができた。母は急に亡くなり，何もしてやれなかったが，父とは長い時間をかけ，スタッフの皆さんと一緒に考え，話すことができた。ここが父と私たちをつなぐ場所だったので，父が亡くなりここから離れると思うと寂しい気がする」と話した。

　相談員は，改めて今後の手続きと身の回り品の引き渡しについて後日連絡すると説明し，遺影に使用できる写真があるかもしれないと30枚程の写真を用意した。長女は「父の最近の写真は全くないので助かる」と話した。

13）葬儀参列

　数日後，通夜が行われ，参列した。遺影はＡさんが買い物に行った先のペットショップで猫を抱いているものであった。長女からは「不謹慎と思われるかと迷ったが，父らしくていいと言ってくれたので笑っている写真にした。皆さんが葬儀に来てくれ，父も喜んでくれると思う」と話があった。

14）デスカンファレンス

　Ａさんが亡くなった1週間後，施設長，相談員，ケアマネジャー，担当介護職員，主任介護職員，看護師，管理栄養士，機能訓練指導員が参加してデスカンファレンスを開催した。

テーマは，①看取り介護が適切であったか，②精神的支援ができていたか，③家族へのケアが適切であったか，④自分たちができたこと・できなかったことは何かの4つである。

　看護師からは，「今回は疼痛がほとんどなく，褥瘡もなく過ごすことができたことは評価できると思う」と発言があった。介護職員からは本人の精神的支援について「入所当初はしばらく介護抵抗や暴言が続いたが，次第に減った。入所時よりもう少し理解して接するべきであっと思う」と話があった。また，「今回家族が協力的で良かったが，家族がいない場合は我々だけで精神的支援を行うのは難しいと思う」などの意見や「家族が泊まる期間が長くなってもいいように，寝具や生活用品などをもう少し充実すべきではないか」「医師の死亡診断後にエンゼルケアを行うタイミングは，家族に任せ，声をかけてもらう方がよいのではないか」などの反省もあった。

　全体的には，家族と共に食事や入浴，外気浴など行い，家族の気持ちを理解できたと思う」「家族と一緒にケアすると，今まで本人とどのような関係で，どのように過ごし方をしてきたのかを聞く機会が多く，施設スタッフが持っているイメージが大きく変わり，声かけも変わってた。今後はもっと家族と共にかかわる看取り介護の方法を模索していきたい」という意見にまとまり，カンファレンスを終了した。

```
看取り介護実践
   ⬇ ・家族，各職員と調整する
状態変化
   ⬇
家族への説明　【相談員】
   ⬇ ・家族へ死期が近いことを説明する
   ⬇ ・家族が宿泊できるよう調整する
危篤
   ⬇
バイタルサインの測定不能　【看護師】
   ⬇
医師へ連絡　【看護師】
   ⬇
死亡診断　【医師】
   ⬇
エンゼルケア　【家族，看護師，介護職員】
   ⬇
死亡退所についての説明　【相談員】
   ⬇ ・退所手続きと遺留品の引き渡し手続きをする
退所
```

相談員・ケアマネジャーの看取り支援業務

意思決定支援

事例1　身元引受人の意向が決まらない

入所者：Bさん　97歳　女性　要介護度：5
既往歴：アルツハイマー型認知症，脳梗塞後遺症，大動脈弁閉鎖不全症

看取り支援の業務
■家族への意向確認　■家族への意思決定支援
■カンファレンス開催による意向確認

利用までの経緯　有料老人ホームでの生活中に状態が悪化し，医師から余命宣告を受けた後，状態が回復。特別養護老人ホームへの入所に当たり，家族の意向を確認したが，それぞれ異なった意向であったため，家族を集め，施設内でカンファレンスを開催した。

家族状況

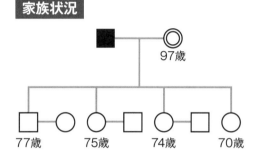

1）家族への意向確認

　Bさんは，有料老人ホームを経て特別養護老人ホームに入所することとなった。入所時の年齢は97歳。身元引受人は長男で，その他の親族として長女，二女，三女がいる。有料老人ホームでは一時期「あと数日の命」とまで言われたが，回復して元気に生活していた。特別養護老人ホームに入所する際，長男に終末期の意向を確認したところ，「延命は望まないが，看取り介護も踏ん切りがつかない」と迷いがあるようだった。また，他の兄弟は将来的には看取り介護を希望しているものの，思い悩む長男に対して半ばあきらめている状況であり，兄弟間の関係も決して良好とは言えなかった。

　Bさんは特別養護老人ホームに入所してからも食事をしっかり摂取するなど元気な生活を続けていたが，半年経過するころから食事摂取量が低下しはじめた。年齢的にも高齢であり，配置医からも「加齢によるもの（機能低下）」と診断されたため，再度長男に終末期の意向を確認した。しかし，入所当時と同じく迷いがあり，結論がすぐに出せる状況でなかった。そこで，長男だけでなく，長女，二女，三女にも来所してもらい，カンファレンスを行うことにした。

2）家族への意思決定支援

　施設からは相談員，ケアマネジャー，介護職員，看護職員，機能訓練指導員，管理栄養士が出席し，専門職の視点から見たBさんの状態と施設での看取り介護について説明した。

　次に，その場で家族同士で話をする時間を設け，Bさんの状態やこれから先のこと（不安），それぞれの兄弟間の思いを引き出し，参加者全員で共有した。

　カンファレンスを経て，長男より「このままここ（施設）で看取り介護をお願いしたい。母親もそれを望んでいると思う。今回，このように家族みんなで話をする機会を設けてもらったことに感謝する」という言葉があった。

3）カンファレンス開催による意向確認

　家族関係が良好でないと思われる場合，いざ看取り介護を開始しようとしても，受け止め方がさまざまでいつまで経っても意向が固まらず，最初の一歩がなかなか踏み出せないことがあるのは当然である。しかし，利用者の状態は刻一刻と変化し，何らかの手立てを施さないと手遅れになってしまうことも考えられる。

　早急に今後の方向性を定めたい場合は，必要に応じて親族全員が参加するカンファレンスを開催することも有効な手段の一つである。

事例2　契約者が成年後見人

入所者：Cさん　79歳　男性　　要介護度：5
既往歴：ウェルニッケ脳症，高血圧症，完全右脚ブロック，
　　　　アルツハイマー型認知症

看取り支援の業務　■成年後見人との連携・調整　■親族との連絡・調整
■親族への意思決定支援

利用までの経緯　アルコール多量飲酒が原因で，離婚。成年後見人による財産管理のもと，有料老人ホームを経て特別養護老人ホームに入所することになった。終末期を迎えるに当たり，音信不通だった家族に意向確認を行った。

家族状況

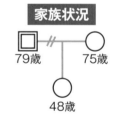

1）成年後見人との連携・調整

　Cさんは妻と娘と3人暮らしであったが，若いころからのアルコールの多量飲酒が原因で，59歳の時に離婚。元妻と娘とは音信不通の状態となっていた。その後，認知症を発症したため成年後見人に財産管理を依頼し，有料老人ホームを経て特別養護老人ホームに入所となった。入所時の年齢は79歳。特別養護老人ホーム入所

時の契約者は成年後見人であり，元妻と娘からは「会いたくない」「かかわりたくない」との意向が聞かれていた。

2）親族への連絡・調整

　Cさんは入所当初，スタッフと一緒に将棋を指したり，音楽に合わせて踊ったりするなど，施設生活を楽しんでいた。しかし，入所して5年が経過すると，高熱を繰り返すようになり，食事摂取量も低下してきた。Cさんに医療機関への受診を確認しても，「行きたくない（治療を望まない）」と繰り返すため，そのまま施設での生活を続けていた。

　Cさんは認知症であるため，親族でもなく身元引受人でもない代理人として成年後見人に終末期の意向確認について意見を求めることとなったが，成年後見人は基本的に入院や手術する場合も含め，延命治療など本人自身の意向に基づくことが必要な行為に関しては判断することができない（医療同意が認められない）。

　そこで成年後見人と相談した結果，音信不通であった元妻と娘に連絡を取り，意向を確認することになった。初めに，相談員と介護リーダー，成年後見人で元妻と娘の自宅を訪問し，現在のCさんの状態と入所している施設について説明した。

　2人から「Cさんの様子を見たい」との意向が聞かれたため，特別養護老人ホームに来所してもらい，改めてCさんの状態を説明することとなった。

　元妻も娘もそれぞれ家庭があり，久しぶりのCさんとの再会に「どのように接したらよいのか分からない」という戸惑いを感じていたが，Cさんは再会を喜び，涙を流す姿が見られた。

3）親族への意思確認支援

　親族代表として娘から改めて終末期の意向を確認することができ，看取り介護を開始することになった。その後，元妻と娘はBさんに定期的に会いに来るようになり，2人に見守られながらBさんは最期を迎えた。

　この事例のように，近年では成年後見人が契約者となっている場合がある。成年後見人は医療同意が認められないため，本人または家族の同意が必要である。相談員は，成年後見人と連携しながら，音信不通または疎遠になっている親族らに連絡し，調整していくことが求められる。

事例3 死を受容できない家族

入所者：Dさん　94歳　女性　要介護度：5
既往歴：パーキンソン症候群，高血圧症，うつ病，変形性膝関節症

看取り支援の業務
■家族への意思決定支援　　■お別れ会への参加を促す
■家族の心情への寄り添い

利用までの経緯　公営住宅に一人暮らしをしていたが，加齢に伴って変形性膝関節症などの疾患が見られるようになり，在宅生活を継続するのが困難となった。介護老人保健施設を経て特別養護老人ホームに入所し，看取り介護を開始したが，家族の思いは揺れている。

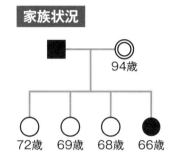

家族状況

1）家族への意思決定支援

　Dさんが特別養護老人ホームに入所して3年が経過した。年齢は94歳。食事摂取量が低下しはじめ，配置医から看取り介護の提案があった。キーパーソンである長女と相談したところ，長女は二女，三女と相談し，悩んだ結果，看取り介護を選択した。相談員は，Dさんが若いころに着ていた思い出の服など亡くなった時に着用してもらうための衣類を持参してもらうよう提案したが，長女は衣類を持参しなかった。持ってきてもらわなければいけないものではないが，長女の様子が気になって改めて話を聞くと，「準備してしまうと，それだけ早く死ぬのではないかと思って踏ん切りがつかない」という返答であった。看取り介護を始めたものの，まだ亡くなることを受容しきれていない状況であることが分かった。

2）お別れ会への参加を促す

　数日後，施設内で別の利用者が看取り介護のもと亡くなった。偶然，Dさんの長女も面会に来ていたため，亡くなった利用者の家族に了承を得て，居室で開催されるお別れ会に参加してもらった。

　そこで長女は，それまで想像していたお別れとは全く違う雰囲気を感じた（後日，長女談）。その後，長女はすぐにDさんがダンスの発表会にて着用した思い出の服を持ってきた。

　Dさんの看取り介護を終えた時，長女より「あの時，お別れ会に参加できて本当に良かった。死ぬということは暗いことではないと分かった」と話があった。長女の表情に悲壮感はなく，満足感と共に，自ら選択して「母親を看取った」という充実感あふれた誇らしげであった。

3）家族の心情への寄り添い

家族は看取り介護を行う過程で，悩むことも多い。その時々で家族の心情を受け止め寄り添うことで，家族の苦悩を軽減することができる。その結果，家族にとっても後悔のない，充実した看取り介護を行えるのだろう。

■スーパービジョン

事例4 意思表示はできるが，本心をうまく語れない人の意向確認

入所者：Eさん　84歳　女性　要介護度：4
既往歴：髄膜腫，腰部脊柱管狭窄症，認知症

看取り支援の業務
■利用者への意向確認　■利用者の思いの共有
■本人への支援を通したスーパービジョン

利用までの経緯　姉妹は5人ほどいるようだが，所在が分かるのは2人のみ。いずれも高齢であり，それぞれの生活があるために疎遠だったが，本人の貯金額が高額であったことから，妹の子である甥が申し立てて成年後見人を選任。金銭管理は成年後見人が行っていた。

家族状況

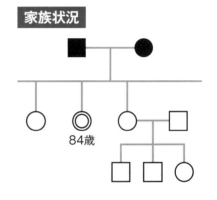

1）終末期までの経緯

Eさんは，ある日，持病の脳腫瘍が悪化して，断続的に頭痛を訴える，呂律が回らなくなる，熱が出るなどの症状が出はじめた。10年以上前に脳腫瘍が見つかり，一度は手術を決めたが，直前になって病院を逃げ出したという過去のエピソードがある。悪性腫瘍ではないため，増悪しない限りは日常生活に支障がないものだったが，入所9年目を迎えたころから症状が出はじめた。身元保証人になる親族がいないため，成年後見人を選任した経緯もあり，相談員は身の回りの世話も含めてかかわっていた。

症状が出はじめたころ，脳神経外科で定期的な検査も始めたが，Eさんの意思と主治医の判断により，あくまで経過観察の検査受診とし手術は前提としなかった。この状態に対し，脳神経外科の主治医も施設の配置医も終末期であると判断し，疼痛コントロールを目的とした医療行為が受けられる療養型病院に転院するか，可能

な範囲で苦痛を緩和しながら施設で看取り介護を受けるか，その選択肢を迫られることになった。Eさんには認知症があるが，極めて軽度であり自分の意思を言葉で伝えられる状態であった。

2）利用者への意向確認

　相談員はEさんの症状が出はじめた初期の段階から，施設の看護師や配置医と相談の上，居室に訪問して意向確認を重ねていった。Eさんとは入所以来9年以上のかかわりがあるため，臆病な性格であること，気持ちと言葉が裏腹で本心を言葉で表現するのが苦手であることなどを把握していた。そのような理由から，Eさんには「終末期はどこでどのように過ごしたいのか」と聞くのではなく，頻繁に訪問してその時の心理状態に合わせて言葉を選んで会話をし，それを記録に残した。訪問を重ねて見えてきたEさんの真意は「痛みはあるが，我慢できる程度なのでここにいたい」というものであった。

3）利用者の思いの共有

　相談員は，介護職員をはじめとする多職種のスタッフとEさんの意向を共有し，声のかけ方や介護の方法を話し合い，統一した態度で接することでEさんの精神的な安定を図った。

　しかし，遠方の親族の意向や成年後見人の判断など，Eさんを取り巻く環境や生活背景が複雑だったことが招いた結果，Eさんの意向に反して，急性期の病院を経て療養型病院に転院することが決まってしまった。今となっては，臆病で痛みに弱いEさんにとって最良の選択だったのかもしれないとも考えるが，本人の意向を叶えることができなかったことには悔いが残る。相談員だけではなく，意向を共有していた各職種も同じ気持ちで，入院中の病院を訪問するスタッフも複数いた。

4）本人への支援を通したスーパービジョン

　本事例は，結果的に本人の意向を汲んで看取り介護をすることができなかった事例である。本人の把握できないところで起きている親族や成年後見人の判断も，Eさんが選んで歩んできた自由奔放な人生についてきた結果と言え，最後の最後に崩れない壁が立ちはだかった。しかし，スタッフは「Eさんを施設で最期まで看たい」「Eさんの意向を叶えたい」という思いを共有したのは事実である。

　相談員が状況を先読みしてEさんとの面談回数を増やし，その情報を基に他職種に対してスーパービジョンを行うことで，Eさんにかかわるすべてのスタッフが同じ気持ちで接することができた。Eさんの思いを叶えられなかったという後悔は残るが，その過程では看取り介護を前提に，気持ちに沿ったチームケアができた事例である。

事例5 気持ちの揺らぐ家族への支援

入所者：Fさん　86歳　女性　要介護度：4
既往歴：アルツハイマー型認知症，高血圧症，直腸脱

看取り支援の業務
■家族への意思決定支援　■介護職へのスーパービジョン
■家族の心情への寄り添い　■家族の支援を通したスーパービジョン

利用までの経緯　夫が10年ほど前に他界し，そのころから認知症の症状が徐々に出現する。長男が離婚して同居するようになったのもこの時期であり，在宅サービスを使いながら何とか生活を共にしてきた。しかし，長男の仕事が忙しくなってきたため施設入所に至った。

家族状況

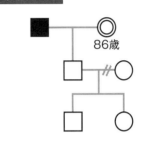

1）看取り介護までの経緯

　Fさんは，入所当初からアルツハイマー型認知症を患い，日常生活上の動作すべてに介助が必要だったが，つじつまが合わないながらもスタッフとの会話には元気に応答するような明るい性格であった。

　入所2年が経過したころ，食事や水分の摂取量が低下し，誤嚥の徴候が出てきた。眠っている時間も長くなり，明るい笑い声を聞くことも少なくなった。食事の介助には十分に注意を払っていたが，ある日の高熱をきっかけに入院し，誤嚥性肺炎と診断された。その後，Fさんは2週間の治療を経て，病院での療養食を開始したが，誤嚥を繰り返し，経口摂取は困難という医師の判断を受けた。

2）家族への意思決定支援

　病院から家族との面談に立ち会うことを依頼された相談員は，看取り介護を前提に退院するという選択肢を持って面談に参加した。Fさんの身元保証人である長男は，独身で兄弟もなく，一人ですべてを判断しなければいけない状況であった。

　面談では，胃ろう，経鼻経管栄養，中心静脈点滴など，経口摂取以外の栄養管理の選択肢が医師から提案されたが，長男は意思表示ができたころのFさんの「管にはつないでくれるな」という意向を尊重して，自然な死を選択した。また，単身であることから自宅での看取りは難しく，施設で看取り介護を受けることに同意した。相談員は，退院までに必要な書類を長男に説明し，同意を得た。

3）介護職員へのスーパービジョン

　退院直前まで点滴をしていたFさんは，意識は比較的しっかりし，問いかけに対してうなずくような仕草が見られた。相談員は，Fさんの意向を尊重したとは言え，

苦渋の決断をして気持ちが揺らぐ長男の様子を全スタッフに伝えて共有した。特に介護職員には，まだ意識があり問いかけに反応が見られるFさんに対してできることの提案を求めた。介護職員は，長男に依頼してFさんがかわいがっていた犬の写真をもらい，Fさんの視線の先に飾って話しかけたり，訪問できない時はFさんの好きな音楽をかけたりして，居室で過ごすことが多いFさんが寂しい思いをしないようにと働きかけた。

4) 家族の心情への寄り添い

　相談員は，ほぼ毎日面会に来ていた長男の精神的な安定を図るため，会話する回数を意識的に増やした。しかし，「点滴を外したら，長くても1週間程度しか頑張れないだろう」という医師の話があったにもかかわらず，10日以上頑張っているFさんへの付き添いに疲労感が見られるようになった。同時に，「本人の意向を尊重して決断した自分の選択は正しかったのだろうか」という気持ちの揺らぎが大きくなってきた。周囲に相談できる親族がいないため，相談員は気持ちを受け止めることに徹して話を聞くことを続けた。自分の選択が正しかったのかどうか答えを出すことはできなくても，誰かに迷いを打ち明けることで長男の気持ちの整理をされているようだった。

　2週間が経過し，Fさんは息を引き取った。長男は憔悴しきっていたが，Fさんの最期に立ち会い，「ここで看取れてよかった。いい顔をしている」と話した。予想を超えた長い期間をFさんと一緒に過ごしたことで，さまざまな感情と葛藤した長男であったが，無事に見送ることができ安堵していた。また，介護職員に対し，「母の好きなことをたくさんしていただいた。感謝している」と話した。

5) 家族の支援を通したスーパービジョン

　長男は相談する相手が近くにいなかったが，それでも母親の意向を尊重して看取り介護を決断した。相談員は，その過程で長男の揺れる気持ちに寄り添い，家族の精神的な支援を中心的に行った。さらに，介護職員が利用者の意向や好みを汲み，進んで心地良い環境を整えていけるようスーパービジョンを行った。予想以上の長期間の看取り介護に，長男も職員もつらさを感じることもあったが，本人の意向を尊重した最期を迎えてもらうために，家族を含めたすべての人が一丸となって看取ることができた。

■ 看取り支援

事例6 若年で末期がんの単身者への看取り支援

入所者：Gさん　63歳　男性　　要介護度：4
既往歴：大腸がん

| 看取り支援の業務 | ■ショートステイ利用支援　■入所支援
■本人への意向確認　　　　■親戚への連絡・調整
■関係者との連絡・調整　　■葬儀支援 |

利用までの経緯　公営住宅に単身で暮らしていた。60歳まで飲食店で働き，退職後はパチンコ，競馬をする毎日であった。預貯金はほとんどなく，実家に何度か援助を求めたことから絶縁状態となり，戻ることを拒絶されていた。

家族状況

65歳

公営住宅に移り住んでからは，自治会長の働きかけで自治会活動に協力するようになり，友人もできた。

62歳の時に大腸がんが見つかり，放射線治療を開始した。受診時は自治会長がいつも車で送迎してくれていた。

その後，肺と脳に転移が見つかり，医師が本人に告知したところ，「もう治療はしなくていい」との希望があり，保存療法とした。この時，要支援1の認定を受ける。

告知後1カ月が経過したころから言葉が出なくなることが見られるようになり，脳転移の影響であることが分かった。しかし，1カ月もするとまた言葉が出るようになっていた。

また，外出や食事などのケアが必要なことから，予防給付で訪問介護を週2回利用するようになり，地域包括支援センターがかかわるようになった。

Gさんは独居のため，自治会長を中心とした地域の住民が定期的に見守り・声かけを目的に訪問していたが，ある時Gさんがベッドから落ち，床で失禁状態で動けなくなっていた。腰が痛くて3日動けない状態だったと言う。自治会長から地域包括支援センターと予防給付の計画を委託した居宅介護支援事業所のケアマネジャー（以下，居宅ケアマネジャー）に連絡があった。

そこで，地域包括支援センターの担当者と居宅ケアマネジャーで協議した。本人からショートステイを利用できないか打診がある。医師からは「本人が治療を希望しないので，坐薬と下剤を処方することしかできない」と言われている。自宅で単身で生活することはできない状態のため，まずはショートステイを利用し，今後の対策を検討するものとした。

医師には往診医に紹介状を書いてもらい，ショートステイ利用開始となる。

1）ショートステイ利用開始

　Gさんは，がんが肺，脳のほか脊椎にも転移している恐れがあったが，医師からは親族がいないため詳しく説明してもらえない状態にある。今後，さらにがんが進行し，痛みが増悪する可能性が高い。余命の程度も不明な状態で，ショートステイを利用する期間も不明であった。また，Gさんが亡くなった後の身元引き受けについても検討しなければならず，とりあえず区分変更申請を出してショートステイを長く利用できるようにし，その間に対応策を検討することとした。

2）サービス担当者会議の開催

　ショートステイ利用開始時に在宅療養支援診療所医師，市高齢介護担当者，地域包括支援センター担当者，居宅ケアマネジャー，自治会長，相談員，施設のケアマネジャー（以下，施設ケアマネジャー）が参加するサービス担当者会議を開催した。各担当者からは以下のような話があった。

医師：診療情報提供には詳しくは書いていないが，大腸がんが肺と脳に転移しいるほか，脊椎などにも転移している可能性が高い。予後は不明であるが，放射線治療をしても転移は進む。治療というより，疼痛緩和の段階に入っている。この時点でも余命はそれほど長くはなく，自宅に戻っての生活には無理があり，施設に私が往診して，疼痛を緩和しながら生活することが望ましいのではないか。今の段階で入院してもやることは同じ。

地域包括支援センター担当者：預金残高が20万円しかなく，複数のローンを組んでおり，預金から引き落とされている。年金を受給しているが，月額7万円程度であり，現在の段階ではすぐに生活保護を受けるのは難しいだろう。もしもの時に備え，親族を捜す必要がある。

市高齢介護課担当者：Gさんが亡くなった場合は，生活保護受給者でもないので対応方法がない。しかし，今の状態で在宅での生活は無理である。

居宅ケアマネジャー：末期がんのため，区分変更申請の認定は早く下りるだろう。腰の痛みで動けないため，在宅での生活は無理だが，ショートステイ利用も限界がある，疼痛緩和が必要なため老健施設では受け入れられないだろうし，ショートステイ利用契約もできない。

施設ケアマネジャー：今の状態で使える社会資源は特別養護老人ホームである。入所すれば住所を移動し，施設であらゆる支援が可能になる。亡くなった場合も施設が葬祭支援を行うことができる。

自治会長：毎年私のところにGさんの親戚からメロンが届く。お礼の電話を毎年入れているので，連絡を取ってみたらどうか。

相談員：どの程度のかかわりを持ってくれるかは不明だが，費用などの負担はかけないので，特別養護老人ホーム入所の契約のみ依頼してみたらどうか。市が連絡をすれば，親戚も受け入れやすいのではないか。

＊　＊　＊

　これらの意見を踏まえ，ショートステイから特別養護老人ホームへの入所に移行するものとし，本人への説明は自治会長から行ってもらうものとした。自治会長は，公営住宅に入居したGさんに働きかけて自治会活動にも参加させたこともあり，信頼されている。通院も一人では難しいので自治会長がいつも同行していた。Gさんも「いざという時は頼む」と以前から自治会長に話していたため，理解を得やすいと考えた。

　会議終了後，自治会長からGさんに特別養護老人ホームへの入所について説明した。Gさんは，「老人ホームに入るのは嫌だが，ずっと世話になってる自治会長がそうしろというなら」と消極的ながら了承した。

　医師が「痛みは往診で調整する，毎週金曜日に往診するので，通院する必要はない」と説明すると，Gさんは「来てくれるのなら楽でいい」と話し，さらに自治会長に死んだら火葬して，骨を海に捨ててほしいこと，入所後もこれまでどおり，公営住宅の友人と会いに来てほしいことを伝えた。

3）特別養護老人ホームへの入所

　市高齢介護担当者が，すぐにGさんの親戚に連絡を取ったところ，入所を契約する条件として，遺骨の引き取りはしないことが提示された。

　数日後，Gさんの親戚（兄の息子）が施設に来て契約し，看取り介護にも同意を得た。そして，「子どものころはよく遊んでもらい，いいおじさんだったが，今日は，父から本人には会うなと言われた。遺骨は絶対引き取らないが，亡くなったら自分の携帯電話に連絡してほしい」と話した。

4）看取り介護のサービス担当者会議の開催

　Gさんの入所後，自治会長，施設長，相談員，施設ケアマネジャー，看護師，介護主任，管理栄養士，機能訓練指導員が参加し，看取り介護のカンファレンスを開催した。看取り介護計画原案には，本人の希望である自治会長・友人の面会・差し入れ，疼痛緩和などを入れることについて検討した。また，Gさんの借金，葬儀についても検討した。各担当者から以下の発言があった。

〈看取り介護計画〉

自治会長：友人とGさんの家でいつも酒を飲んでいたのだが，酒の差し入れはできるのか。また，Gさんは温泉が好きで，よく出かけては，おみやげに温泉の元（入浴剤）を買ってきてくれた。施設でも，入浴剤を入れた風呂に入らせてほしい。

相談員：飲酒については医師に確認してみる。入浴についても望みどおりにして施設での生活に楽しみが増えるようにしたい。

看護師：今後痛みが強くなってくるので，ベッド上で過ごすことが多くなる。随時医師に連絡し，緩和に努めたい。24時間体制になっているので本人も安心だと思う。

〈借金〉

自治会長：Gさんは24カ月払いの契約をしたカードローンがあり，まだ10回ぐらいしか返済していないはず。

相談員：返済は年金があるのでそのまま続けていくが，もしもの時は葬祭費を優先に考え，信販会社に処理方法を確認する。

〈葬儀〉

施設ケアマネジャー：海に散骨するには費用がかかり，預金では賄えない。近くのお寺であれば，葬儀が可能。

自治会長：もしもの時は自治会から香典が出るので，それも葬儀費用に当ててほしい。Gさんの依頼で自分が預貯金の出し入れをやっていたので，施設への支払いといざという時に用意については，自分からGさんに話しておく。

　　　　　　　　　　　　　　　＊　＊　＊

　カンファレンスでは，看取り介護計画に友人の酒の差し入れと自治会長の継続的面会と差し入れを取り入れ，もしもの時は自治会長と友人に連絡することとした。借金については，相談員が対応し，葬儀も実施することになった（**資料2**）。

5）看取り介護実践の開始

〈安定期〉

　施設に入所して10日ほどは便秘になり，食事も摂れない状態であったが，摘便したこともあり，車いすに座って食事ができるようになった。排泄はナースコールで尿器介助で行う状態にあり，バイタルサインも安定している。2週間が経過すると，腰の痛みも緩和された。

　しかし，車いすへの移乗介助や入浴時の更衣介助時に「痛い。もう少しゆっくりやれ」など強い口調で言うことが続いた。

　自治会長は週2回は面会に訪れ，和菓子などを差し入れた。友人も日本酒を差し入れ，夕食前に日本酒1合を提供するものとした。お酒を飲めるようになってからは食欲も出て，毎食全量食べるようになった。

　身体は思うように動かないものの，毎日お酒が飲める楽しみがあることから，少しずつケアに対し大きな声を出すこともなくなってきた。また，入浴日には自宅から持ってきた温泉の元（入浴剤）を入れて入浴するようになると，全国の温泉を

資料2 Gさんの看取り介護計画書

G様　看取り介護計画書（初回）　　**看取り介護計画書（１）**　　作成日：平成○年○月○日

利用者氏名：G様　　生年月日：昭和○年○月○日　　作成者：○○○○（計画作成担当ケアマネジャー）
要介護認定：4　　有効期間：平成○年○月○日〜平成○年○月○日

| 看取り介護に対する意向 | 本人：施設に入っても，自治会長や知人にはできるだけ来てほしい。 |

| 総合的な援助の方針 | |

ご利用者またはご家族の承諾
住所：〒　　　　　　　氏名：　　　　　　　印　続柄：　　　承諾日：　　年　月　日

G様　看取り介護計画書（初回）　　**看取り介護計画書（２）**　　作成日：平成○年○月○日

生活全般の解決すべき課題（ニーズ）	サービス内容 ケア内容	担当者
施設に入っても自治会長や友人にはできるだけ来てほしい。	・自治会長や友人による面会。 ・自治会長から菓子や果物を本人の希望により差し入れる。 ・友人からお酒を差し入れる。 ・お酒は夕食前に提供する。	自治会長，知人 自治会長 知人 介護職員
腰の痛み強いため，痛みを緩和しできるだけ起きて過ごしたい。	・往診医が診察する。 ・看護師より痛みの状態を往診時に報告する。 ・坐薬を朝6時，14時に挿入する。痛みに応じて夜間も挿入し，安眠できるようにする。 ・痛みの状態により，食事は居室か食堂にする。 ・呼吸が苦しい時は，本人に確認しベッドをギャッチアップする。 ・夜間疼痛時や状態変化時は往診医に連絡する。	往診医 看護師 介護職員，看護師 介護職員 介護職員，看護師 介護職員
大腸がんにより便秘しやすいため，浣腸や摘便を行い，排便間隔を調整する。	・排便状態を毎日報告する。 ・排便間隔に応じて浣腸または摘便を行う。 ・腹部を温める，マッサージする，ポータブルトイレで座位をとるなど，自然排便を促す。	介護職員 看護師 介護職員，看護師
食事摂取量が少なくことがあるので，食べたいものを確認して，できるだけ提供する。（本人：栄養剤はまずいから食べたくない）	・食欲がない時や摂取量が少ない時は，自治会長が持ってきた和菓子や果物を提供する。 ・そばなどの出前を希望する場合は，昼食か夕食時に提供できるように注文する。 ・飲むタイプの栄養剤をいくつか試飲してもらい，好みのものを選んでもらう。	介護職員 相談員 管理栄養士
入浴剤を入れた湯につかりたい。	・自宅にある入浴剤を持ってきてもらう。 ・機械浴の日は最後に入浴し，入浴剤を入れる。 ・お風呂好きなので，体調に応じてできるだけ入浴できるようにする。	自治会長 介護職員 看護師，介護職員

　巡った話や趣味がカメラであったことも語り，入浴後は「最高だった」「今日の酒は一段とうまいぞ」と言うなど，スタッフとの関係も徐々に良くなっていった。

　がん末期のため，要介護認定が早く出され，要介護4の認定を受ける。Gさんからこの時，自宅処分の依頼を受け，パソコンの運び出しを依頼された。インターネットで馬券を買うと言う。

　相談員は，自治会長に自宅の処分を依頼すると，自治会役員で家財道具をごみ収集の日に少しずつ出し，費用がかからないようにしてくれることになった。処分は1カ月ぐらいかけて行った。

自治会長は依頼したその日にパソコンを持参し，Gさんに「死んだらお金が必要だから，全部使わないように」と言うと，Gさんは「分かってる」と返答し，死に対しストレートに話してもそれを理解した上で，笑顔で冗談を返せる状態にあった。
　腰痛は坐薬でコントロールされ，毎週金曜日の往診時医師に「後どのくらい持つのか教えてほしい」と話すと，医師は「このくらい元気なら，そんなこと心配しなくてもいい」と説明があった。

〈不安定期〉
　入所2カ月が過ぎると，起き上がるのがつらいという訴えが続き，ベッド上で一日過ごし，朝食や昼食も摂らないことが多くなっていた。自治会長は食事量の低下を心配し，和菓子や果物を差し入れ，食べさせるなどしてくれた。Gさんは自治会長への感謝の気持ちを話す。
　次第に好きなお酒も飲めない日が多くなっていった。食事摂取量の低下と共に呼吸苦を訴えたり，酸素飽和度が90％以下になることが多くなっていった。
　排泄も，昼夜おむつ使用となり，体位変換も全介助となった。食事量が低下しているため，栄養補助剤を提供するが，まずくて飲めないと拒否する。かかとが赤く皮膚剥離するようになり，褥瘡予防のため，かかとに保護パッドを使用して除圧に努めた。

6）臨終時の支援
　入所3カ月が経過すると，Gさんは目を閉じて過ごすことが多く，問いかけに時折目を開ける程度であった。血圧も徐々に下がり，尿量も少なく1日400cc程度のことが多くなっていたため，静養室に居室を移す。あとどれくらい入浴できるか分からないので，体温は37℃台であったが，Gさんのお気に入りの「湯布院の温泉の元」を入れ入浴する。言葉はなかったが，穏やかな表情であった。その後，食事が全く摂れない日が続き，水分も少量ずつ提供し1日で500cc程度の時も多くなっていた。
　医師から，少しずつ意識が遠くなり，自然に亡くなるように疼痛緩和をすること，今のうちに親族を呼んでおいた方がよいことの話があったため，相談員が自治会長，友人，兄の息子に連絡した。兄の息子は「父に知られないようにして行くので，亡くなったら連絡してほしい」と返答があった。
　自治会長と友人は施設に来て，看取るまで施設にいてくれることになった。自治会長は元看護師であったため，聴診器，血圧計，酸素飽和度測定器を居室に置いてほしいとの希望があった。
　20時30分，自治会長から，「下顎呼吸となり，血圧が40まで下がり，酸素飽和度も50％を切った」と報告があったため，介護職員が看護師に連絡したところ往診医に連絡するように指示があった。

往診医より「呼吸停止，バイタルサイン測定不能となったらすぐに行く」と連絡がある。22時30分，自治会長よりバイタルサイン測定不能，心音も確認できないとナースコールがあったため，医師に連絡する。医師が到着後，死亡が確認された。

エンゼルケアは自治会長，友人，夜勤介護職員が行った。友人はお酒をガーゼに含ませ，口元に当てた。自治会長はGさんのお気に入りだったスーツとネクタイを棺に入れてくれるようにと介護職員に渡した。

翌日，相談員は葬儀について，残高の範囲で葬儀ができるように近くのNPO法人に依頼し，Gさんの葬儀から納骨まで，自治会長，友人，兄の息子，施設スタッフによって行われた。

事例7　家族の意向を最大限にくんだ看取り支援

入所者：Hさん　75歳　男性　　要介護度：4　　既往歴：前立腺がん

看取り支援の業務
- ■入所時からの看取り支援
- ■家族への意向確認
- ■家族の意向尊重と精神的支援
- ■関係者との連絡・調整

利用までの経緯　Hさんはブラジルで60歳まで漁業の仕事に携わり，自宅では使用人を何人も雇用する裕福な生活をしてきた。60歳の時に夫婦で帰国したHさんは，体調不良を訴えることが多く仕事ができなかったため，妻が70歳まで就労したが，生活は苦しく，公営住宅で生活をすることがやっとであった。

家族状況

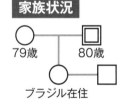

74歳の時，前立腺がんと診断され，本人にも告知された。外来での放射線治療と往診を利用しながら生活してきたが，がんの進行に伴って歩行困難となった。要介護4の認定を受け，食事以外の生活は全介助で妻の介護負担も大きくなっていた。エレベータのない公営住宅では通所サービスも利用できないため，自宅療養していた。

75歳の時，意識障害となり救急搬送されるが，脱水と低血糖が見られたため搬送先では入院できず，往診医の紹介で療養型病院に入院する。血糖値コントロールのためインスリン注射，前立腺がんによる排尿障害のためバルンカテーテル使用となった。この時前立腺がんの進行により終末期と診断されたが，本人には終末期であることの告知はされなかった。

入院とリハビリの結果，歩行器での歩行が可能なレベルまで回復したが，入院費が毎月25万円以上と高額で，妻は今後の生活のために貯めておいた預金から支払ってきたが，残金も2カ月分となった。終末期といってもいつまで入院するか分からない状態であるため，精神的に追い込まれ，薬物を多量に服用して自殺しようとしたところ往診医に発見され，未遂に終わる。往診医から施設への入所を提案され，特別養護老人ホームへの入所となった。

1）入所時の支援

　療養型病院から特別養護老人ホームへの入所となるが，入所時点で終末期と診断されている。入院先の病院からは，前立腺がんが精嚢，膀胱，骨盤に転移し，疼痛緩和を継続する必要があり，終末期ケアの状態であるといった情報が提供されていた。

　入所時に往診医が来所し，情報提供書と服薬内容を確認し，妻にムンテラを行う。往診医からは，痛みの緩和を継続し施設で生活できるようにすること，看護師から痛みの状態の連絡を受け，水薬と錠剤で調整すること，余命3カ月ぐらいであること，往診時に面会に来れば説明することが妻に伝えられた。妻の「糖尿病なので食事制限がある。入院中は食事がまずいと言ってあまり食べないので，私が作って食べさせていたが，いつも注意されていた。あと少ししか生きられないので，好きなものを食べさせてやりたい」という言葉に往診医は，「栄養が不足すると低血糖や褥瘡の恐れがあるため，適切なカロリーを摂ることが必要。施設と相談して調整すればよい。糖尿病については看護師の負担軽減も考え，インスリンではなく，服薬に変更してみる」と説明あった。

2）看取り介護意向確認のカンファレンスの開催

　往診医のムンテラ後，妻，施設長，相談員，ケアマネジャー，看護師，管理栄養士にて看取り介護についての同意と方針を確認するカンファレンスを開催した。

　妻からは「この施設は家から近いので，自分の通院日以外は毎日来たい。娘はブラジルにいるので自分しかいない」と話があった。

　その後，相談員から施設での看取り介護は施設職員だけではなく家族も一緒に行うものであることを伝え，「看取りに関する指針」の説明を行った。妻からは看取り介護の同意を得た。

　ケアマネジャーからは，「看取り介護計画作成についての説明と共に食事介助，外気浴，時に入浴や清拭，マッサージなどケアにかかわる部分をスタッフと一緒に行うこともできるし，家族がここに泊まることもできる。最期の瞬間に立ち会うこともできる」と説明した。

　妻は「お風呂やおむつ替えは大変だが，食事介助や車いすで散歩に連れて行くことならできる。できることはやってやりたい」との返答を得た。

　次に食事について，管理栄養士から説明があったが，妻は納得いかない表情をしていたため，ケアマネジャーが介入した。

管理栄養士：ケアマネジャーの病院訪問調査では，食事摂取量が5〜6割程度と聞いている。糖尿病の既往があるため1,400kcal/日は必要なので，低血糖が心配な状態である。Hさんは病院の食事についてどのように話しているのか。

妻：夫は「お粥は病人が食べるものだ。味はぼやけているし，変な臭いがする」と言っていた。漁師だったので，船の上で食事することがほとんどで，ブラジルの生活が長かったので，日本の食事は口に合わないのだろう。好物は，クジラの肉の煮物やイカの塩辛，サメの煮付け。夫の好きなものを食べさせてはいけないのか。

管理栄養士：まずは，施設で提供する食事で様子を見ることにしてはどうか。

ケアマネジャー：妻としてできるだけのことをしてやりたいという気持ちから食事を作って食べさせたいと考えているのだろうか。

妻：あと少ししか生きられないと聞いて，自分は何もできないと思ったが，夫がクジラやサメを食べたいのなら，看護師に注意されても自分にできることをしようと思った。

ケアマネジャー：施設での生活になるが，妻としてできることや妻としての思いを看取り介護計画にできるだけ入れて考えてみる。

　Hさんの食事に妻は納得いかない様子であったが，ケアマネジャーが介入することによって，妻も安心した。そして妻は，整形外科に毎週通う以外は，面会に来ることになった。また，ひげ剃り，整髪などはしてやりたいと希望があり，計画に入れることとした。

　次週の往診の後，医師を交えて作成した看取り介護のサービス担当者会議を開催する旨を伝え，カンファレンスを終了した。

3）看取り介護のサービス担当者会議

　1週間後妻，往診医，施設長，相談員，ケアマネジャー，看護師，介護主任，管理栄養士，機能訓練指導員が参加し，看取り介護のサービス担当者会議を行った。各担当者から以下のような話があり，最後にケアマネジャーが看取り介護計画について説明した。

医師：退院後は施設の看護師が貼り薬を張ることで疼痛緩和ができている。糖尿病も飲み薬で安定しているので，このまま様子を見る。

管理栄養士：食事は，離床して食堂で摂っている。摂取量は7〜8割程度。Hさんから妻が作ってきたものを食べたいと話があった。

主任介護職員：時々腰の痛みがあるが，なるべく起きていたいと希望するので，食事以外もテレビを観たり，新聞を観たりして過ごしている。痩せてきたせいか服のサイズが体に合っていないので，家族に調整してもらいたい。施設で対応することもできる。

看護師：貼り薬で痛みが緩和されている。尿については量・性状とも良い状態で，血圧や熱も問題ない。

最後にケアマネジャーから，妻の意向を汲んだ看取り介護計画の説明があった（**資料3**）。すると妻は「病院では医師や看護師任せで，分からないことが多かったが，ここは毎日体の状態を教えてくれ，時間に関係なく面会ができるので，いろいろやってやりたくなった」と発言があった。

　その後，妻から看取り介護計画に同意を得た。

4）看取り介護実践

　Hさんは，朝食は腰の痛みがあるため，居室で食事をするが，昼食と夕食は車いすで食堂に行き自分で食べていた。しかし，入所2カ月が経過すると，Hさんの食事量が減少してきた。欠食することも増えてきたので，そのような時は妻の面会を待ち，惣菜や和菓子などを食べてもらった。

　また，入所時より1カ月程度は車いすも自走でき，腰の痛みがなければリハビリにも参加し，参加できない時は居室でマッサージを受けていた。妻は自身の通院日以外は毎日面会に来て，T字かみそりでひげを剃ったり，日当たりの良い場所で2人で会話を楽しんだりしている。

　妻から「最近は食事量が少なくなっているが，何かこのまま長く生きてくれそうなくらい，穏やかに過ごしている。今のうちにブラジルにいる娘に会わせておこうと思って連絡したところ，今月に1週間程度滞在してくれることになった」と話があった。Hさんは「60歳の時に帰国したので，娘と再会するのは15年ぶりぐらいだ。もう会えないと思っていたので，また会えると思うとうれしい」と話す。

　娘が来日することが分かり，2週間は元気に過ごしていたが，その後起きていることもつらくなり，ベッドで過ごすことが多くなり，モルヒネを使う頻度が多くなっていた。

　その後娘の面会があり，15年ぶりの再会を果たし，Hさんは大変喜んだ。このころになると食事はベッド上であったが，久しぶりに起き上がり車いすで過ごした。

　ケアマネジャーから，娘にも看取り介護計画を説明した。娘より「ここなら母が最期まで父に寄り添えるのでよかったと思う。一度ブラジルに帰るが，来月もう一度来て，父の最期に立ち会いたいと思う」と語り，日本にいる間は毎日親子で面会に来て，朝から夜まで一緒に過ごした。

　娘の帰国後は，ほとんどベッド上の生活となり，食事量も2～3割程度で，嫌いなお粥も受け入れ，ゼリー状の栄養補助剤を毎食摂取するようになる。

　エアマットを使って除圧するが，かかとが赤く褥瘡になりかけているので保護・除圧するが，仙骨部や背中も赤くなりはじめ，褥瘡の一歩手前まできている。

　話す言葉も少なくなり，妻が話しかけても目を閉じて聞いていることが多くなって

資料3　Hさんの看取り介護計画書

H様　看取り介護計画書（初回）　　　**看取り介護計画書（1）**　　　作成日：平成○年○月○日

利用者氏名：H様　　生年月日：昭和○年○月○日　　作成者：○○○○（計画作成担当ケアマネジャー）
要介護認定：5　　有効期間：平成○年○月○日～平成○年○月○日

看取り介護に対する意向	ご家族：できるだけ面会に行き，作ったものを食べさせたり，ひげ剃りなどできることをしてあげたい。

総合的な援助の方針
腰の痛みを緩和し，できるだけ起きて生活できるようにし，食事も妻の作った惣菜など，食べたいと思えるようなものを工夫して提供します。また，ひげ剃りや，日光浴など妻としてできることをしてもらいながら，穏やかに過ごせるようにしましょう。

ご利用者またはご家族の承諾
住所：〒○○○-○○　○○市○○町　　氏名：○○○○　印　　続柄：妻　　承諾日：○年○月○日

H様　看取り介護計画書（初回）　　　**看取り介護計画書（2）**　　　作成日：平成○年○月○日

生活全般の解決すべき課題（ニーズ）	サービス内容	
	ケア内容	担当者
腰の痛みを軽減し，できるだけ起きて過ごせるようにする。	・水薬，錠剤を医師の指示された量を指定された時間に服用介助する。 ・腰の痛みの状態を往診医に報告し，水薬，錠剤量を調整する。 ・痛みの状態を聞き，できるだけ車いすで食事に行く。 ・痛みが強い時は居室で食事をする。 ・リハビリ室のプログラムは体調に応じて変える。体調が悪い時はマッサージのみでもよいので起きて行くように誘う。 ・妻の面会時は，施設内外で日光浴できるように，離床介助する。	看護師，介護職員 看護師 介護職員，妻 介護職員 機能訓練指導員 介護職員，妻
食事の摂取量が低下しているため，食べたいものを食べる。 （妻が作ったものを食べたい。）	・主食：常食，副菜：刻み食，1,400kcal ・摂取量が7～8割程度のため，毎食栄養補助食品を提供する。 ・妻の作ってきた惣菜を預かり，適宜提供する。妻の面会時は妻から提供する。 ・朝は痛みや体調不良で起きられないことが多いため，痛みや体調を確認し，居室で配膳する。 ・本人と妻に食思や嗜好，提供形態などを常に確認し，提供方法や量を検討する。	栄養課 栄養課 介護職員，妻 介護職員 栄養課，介護職員，妻
面会時は，ひげ剃りや日光浴などを行い，一緒にいる時間にできることをしてあげる。	・面会時は，妻がひげ剃りをするので，湯，シェービング保温カップ，タオルなどを居室に準備しておく。 ・妻の面会時は，できるだけ起きて過ごせるように，離床介助の声かけをする。 ・体調により入浴できない時は，足浴と清拭をする。妻の面会時は，依頼する。 ・四肢のマッサージをし，保湿クリームを塗布する。	介護職員，妻 介護職員 介護職員，妻 妻
糖尿病の既往がありインスリン皮下注射から服薬に変更しているため，安定した血糖値で生活できるようにする。	・毎週血糖値を測定する。 ・動悸，震えなどが見られる時は低血糖の可能性があるため，居室の引き出しにある角砂糖を口に含ませ，看護師に連絡する。 ・欠食する場合は，糖尿病薬を服用せず，看護師に戻す。	看護師 介護職員 介護職員
痛みや身体の不調をすぐ聞き取れる居室環境にし，安心して過ごせるようにする。	・○○室の入り口右側のベッド位置とし，介護職員室から表情を確認できるようにする。 ・ナースコールによる訴えがある時だけでなく，表情や動きを見て随時声かけする。 ・安楽な体位となるように，本人に確認しながらクッションの位置を変える。	介護職員，看護師 介護職員，看護師 介護職員，看護師

いた。しかし，入浴の時や妻がひげ剃り後に温タオルを当てた時は「気持ちいい」と笑顔を見せたり，ナースコールで「身体が痛いので身体を少し動かしてくれ」と訴えたりすることはできていた。

体調を見て日当たりの良い場所でリクライニング車いすに座り，30分程度日光浴することも週に2回程度と少なくなってきた。肩呼吸も見られ，収縮期血圧が80mmHg台のこともあり，酸素飽和度も90％を下回ることも出てきた。

往診医からは「痛みの状態によって薬の量が増えるので，半覚醒状態で痛みが感じられない状態になる時がくる」と妻に説明があった。

5）臨終時の支援

入所し3カ月半が経過し，食事も毎日欠食することが多くなった。昼の覚醒状態により栄養補助剤と水分を提供する。妻も午前と午後と2回面会に来ることが多くなった。ハルンパックの尿量も1日400mL程度のことが多くなり，濃縮尿である。

静養室に移し，家族が宿泊できる準備をし，妻にもいつでも泊まってよいことを伝えた。

血圧は80／40mmHgと低いことが多く，熱も37.5℃前後のことが多くなっていた。バイタルサインの測定を1日7回とし，朝・夕・引き継ぎ時に報告を行い，全部署で共有すると共に，妻には面会時に必ずスタッフに確認をするよう伝えた。

褥瘡予防を注意深く行っているが，かかとや背中は赤くなって一部皮膚剥離が見られる状態のままであった。看護師は妻に皮膚保護パッド交換時に皮膚の状態を確認することと看護師と協力して毎日清拭することを伝えた。

娘が，再度帰国した。娘は1週間しか日本に滞在できないため，1週間以内に亡くなることがあれば立ち会えるが，それ以降は母に任せるしかない。それでも，滞在中は施設に泊まり，一緒に過ごしてくれることとなり，相談員は施設内の調整を図った。

娘が付き添って2日目の夜中から排尿がなくなり，血圧が低下した。肩呼吸が多くなったため，往診医に連絡する。往診医より「夜間でも連絡をもらえれば来る」と家族，看護師に説明があった。

亡くなったら着せたい甚平を買いに行きたいという娘を母は止めたが，娘はすぐに戻ってくるから大丈夫と出かけた。しかし，娘の外出中にバイタルサインが測定不能となり，往診医に来てもらうことになった。往診医によって死亡が診断され，娘はそれに間に合わず，妻と施設スタッフに看取られ亡くなった。娘が戻ってからしばらく家族で過ごしてもらい，家族と共にエンゼルケアを行い，長女の用意した甚平を旅立ちの衣装とし，施設スタッフに見送られ，出棺した。

事例8	**生活保護を受給している単身者の看取り支援**

入所者：Iさん　82歳　男性　　要介護度：3
既往歴：肺がん

看取り支援の業務	■**市生活保護担当者との調整**　　■**施設スタッフとの調整** ■**葬儀支援**

利用までの経緯　Iさんは生活保護を受けながらアパートで単身生活をしていた。妻とは50歳の時に離婚し子どももなく，親族もいない。要支援1で週1回デイサービスを利用し，自分で近所のスーパーへ買い物に行き生活をしていたが，買

家族状況

80歳

い物の帰りに転倒し，右大腿部頸部骨折となり手術を受ける。リハビリを行って退院したが，屋外歩行は危険な状態であった。また，入院により意欲が低下し，買い物も行かなくなったため，区分変更を申請し，要介護1となった。

　その後はデイサービス，訪問介護，配食サービスを利用し，毎月1週間程度ショートステイを利用する生活をしていた。しかし，訪問介護員が訪問すると，配食の弁当が手つかずで残っていたり，デイサービスを休んだりすることが多くなってきた。さらに，寝て過ごしたり，失禁しても衣類を交換せずにいたりすることも多くなり，低栄養や脱水が危惧された。そこで，緊急ショートステイを利用し，再度区分変更を申請した。

　2週間のショートステイ利用後，自宅に戻った。その10日後，発熱のため受診すると，肺炎と診断され入院する。入院によりさらに意欲の低下が著しくなり，排泄もおむつ使用となる。入院中に要介護3の認定を受ける。状態は安定したが，認知症と思われる理解力の低下もあり，療養型病院に転院する。

　3カ月の入院中に歩行もできなくなり，着替えなども介助が必要な状態となったため，今後単身で生活することは困難と判断し，市の生活保護担当者が入所を申し込んだ。入所に当たり，本人の判断力が低下していることから契約困難のため，市長申し立てによる成年後見制度の利用を進める必要があるが，適切なサービス利用を優先する必要があると，特別養護老人ホームへの入所となった。

1）肺がん末期の診断

　入所後3カ月が過ぎ，Iさんはリハビリの効果もあり，車いす生活ながら移乗・移動も自立した生活であり，トイレ誘導で排泄もできる状態となった。しかし，食事を1日1度も摂らないということが週に2～3回あり，居室で過ごすことも多くなっていた。

　看護師から認知症による意欲低下かもしれないと話が出るほど，会話が少なくなっていった。また，発熱することが多かったため，受診したところ，肺がんと診

断される。すでに肝臓や副腎にも転移し末期状態であること，余命2〜3カ月であることの説明を受ける。医師からは，「肝転移しているが，腹水の貯留もなく，症状は発熱，倦怠感，食欲不振である。今後は，浮腫，血痰，呼吸苦が出る可能性もある。施設に戻って生活するか，療養型病院に入院するかは施設の判断に任せる」とムンテラを受けた。

相談員は，生活保護担当者に報告し，施設で看取り介護を行うか療養型病院に入院するかを検討する旨を伝えた。生活保護担当者から，生活保護受給者は施設に籍があれば，亡くなった際に葬祭委託を受けて葬儀を実施できると説明を受けたため，籍はそのままとすることにした。また，生活保護担当者には，連絡すべき親族がいるのかお墓があるのかといった調査を依頼した。

後日，生活保護担当者より「71歳の時から生活保護を受けており，当時の調査記録を見ても連絡先となる親族がいないと記録されている」と説明があった。さらに，「戸籍などを調査したが，両親は亡くなり，姉がいたが単身で15年前に亡くなっている。中学卒業後は大工見習いであったが，日雇いのとび職となって全国を転々とし，70歳まで現役で仕事をしていた。足場から落下し，脊椎を痛めて仕事を辞め，以後は生活保護を受給して生活している。また，お墓は不明なため，亡くなったら施設に葬祭委託を行い，共同墓地に埋葬するものとしたい。成年後見制度については，利用申請をしても決定が出るまでに亡くなってしまう可能性があるため，申請は取りやめるものとした」と連絡を受ける。

2）看取り介護のカンファレンス

関係者で，施設で看取り介護を行うか，療養型病院に入院するかを協議した。施設配置医に報告すると，「家族がいないのであれば，施設で看取ってもよいのではないか。今後の症状に応じ，連絡があれば，疼痛緩和などを行う」ということだったので，施設で看取ることを決定した。

看取り介護の開始に当たり，診断名が肺癌末期で肝臓，副腎転移しているため，今後起き得る症状の確認と親族いないため，看取り介護の同意が得られない。そのため，施設長，相談員，介護支援専門員，介護主任，看護師，管理栄養士にてカンファレンスを開催する。

ケアマネジャーより「家族がいないので，看取り介護に関する同意や看取り介護計画の同意もない。ショートステイでは本人の思いを考え，苦痛・痛みの緩和をし，寄り添うことを中心にケアしてきた。Iさんは意欲が低下し，理解力も低下しているが，これまでIさんにかかわって知っていることをできるだけしてあげるようにしたい」と説明があり，看取り介護を開始した（**資料4**）。

資料4　Iさんの看取り介護計画書

I様　看取り介護計画書（初回）　　**看取り介護計画書（1）**　　作成日：平成○年○月○日

利用者氏名：I様　　生年月日：昭和○年○月○日　　作成者：○○○○（計画作成担当ケアマネジャー）
要介護認定：3　　有効期間：平成○年○月○日～平成○年○月○日

看取り介護に対する意向	ご家族：

総合的な援助の方針	

ご利用者またはご家族の承諾
住所：〒　　　　　　氏名：　　　　　印　　続柄：　　　承諾日：　年　月　日

I様　看取り介護計画書（初回）　　**看取り介護計画書（2）**　　作成日：平成○年○月○日

生活全般の解決すべき課題（ニーズ）	サービス内容 ケア内容	担当者
肺がんによる呼吸苦，浮腫，咳，倦怠感などの症状が出る可能性があるため，苦痛・疼痛の緩和を行う。	・呼吸が苦しい時は，ベッドを30度にギャッチアップする。 ・呼吸苦が強い時は，酸素2L/分流入する。 ・疼痛時は主治医に連絡し，疼痛緩和薬を処方してもらう。 ・6，9，12，15，17，20時にバイタルサインを測定する。 ・夜間に呼吸苦，咳，疼痛は出た時は，オンコールで看護師に連絡する。 ・症状に応じて，主治医に往診を依頼する。	介護職員，看護師 看護師，介護職員 看護師 介護職員，看護師 介護職員 看護師
四肢に浮腫があるため，利尿剤の服用と共に臥床時には下肢を挙上すると共にマッサージを行う。	・マッサージをする。 ・尿量を測定する。 ・臥床時は下肢を挙上する。 ・体位変換を介助する時は，四肢をマッサージする。 ・体調により足浴をする。	機能訓練指導員 介護職員 介護職員，看護師 介護職員 介護職員
食事摂取量が低下しているため，本人の好む栄養補助剤を数種類変えて提供する。毎食量は少なめにし，間食で体調の様子を見ながら提供する。	・ゼリー状の甘い栄養補助剤を数種類用意する。 ・食事は体調や覚醒状態を見て提供する。 ・あんパンを購入しておき，希望時に提供する。 ・毎食量を朝・夕の引き継ぎ時に報告する。	栄養課 栄養課，介護職員 介護職員，相談員 介護職員
言葉で訴えることはあまりなくても，手で合図したり表情で気持ちを訴えたりすることはできるので，頻回に訪室し，本人の理解して対応する。	・居室は廊下側で，様子を確認しやすいようにする。 ・廊下を通過する時は必ず声かけ，反応や訴えを確認する。 ・排泄介助，巡回，バイタルサインの測定だけでなく，開始・終了時などに訪室して体位や表情を確認する。頻回に状態把握を行い，寄り添う。	相談員 介護職員，看護師 介護職員，看護師，相談員
居室で過ごすことが多くなっても，ひげ剃りや整髪・整容など毎日気持ち良く過ごせるようにする。	・毎朝，ひげ剃り，整髪，整容を行う。 ・機械浴のある日は入浴時にひげ剃りをする。 ・本人の好みを確認しながら更衣介助をする。 ・毎日汗や汚れなどを確認し，こまめに衣類交換する。	介護職員 介護職員 介護職員 介護職員

3）状態の変化

　看取り介護を開始して1カ月が過ぎたころ，Iさんは食事摂取量も少なく，全介助となっていた。37～38℃程度の発熱が続いており，起きていることがつらいため，ベッド上で過ごすことが多くなっていた。時折呼吸が苦しそうなことがあり，自発的体位変換も困難であるため，エアマット使用して体位変換を行った。また，

四肢と顔面には浮腫が少し見られるようになった。利尿剤を服用しているためか，毎日1,000cc程度の排尿がある。話しかけると笑顔を見せてくれたり，廊下からIさんに手を振ると右手を少し上げ，分かったと合図をしてくれたりする。食事摂取量が少ないので，午前と午後の水分提供時に高カロリーゼリーを提供した。3食とも食べない日は，自宅に必ず置いてあったカップうどんを夕食時に提供すると，半分ぐらいは食べることができた。

　Iさんには家族がいないので，相談員，ケアマネジャー，介護職員，看護師は，出勤するとすぐにIさんの部屋を訪れ，仕事を終えて帰る時も必ずIさんに声をかけていた。

　女性介護職員が夜寂しくないようにと大きな熊のぬいぐるみをIさんのベッド横に置き，Iさんに「私が帰ってもここに置いておくから大丈夫だからね」と話しかけると，Iさんは大きくうなずいて，涙ぐむ表情を見せた。いつの間にかそのぬいぐるみにはIさんのお気に入りの帽子がかぶせられ，マフラーや手袋，靴下も着けられていた。

　Iさんの部屋はいつも誰かが声をかけ，多くのスタッフが業務の合間に姿を見せる光景が日常となっていた。

　また，体調を見て，リクライニング車いすで外気浴に出かけた。その時は近所の畑にある植物や花をもらってきては，居室の空き瓶に水を入れて飾った。

　若い女性介護職員の中には，「Iさんみたいなおじいちゃんだったら，私のおじいちゃんでもいい」と言うものがいるほど，Iさんは多くのスタッフに愛されていた。

　このころになると，栄養・水分摂取のむらが多くなり，かかとや臀部の皮膚に発赤が見られた。時に1cmほど皮膚剥離するなど，褥瘡の初期状態が見られることもあった。保護パッドを使用したり，体位変換や保清に注意したりして，悪化しないように最新の注意を払ってケアを行った。看護師は「亡くなるまで，褥瘡は作らない，それが私たちの役割」と介護職員に何度も話した。その甲斐があり，介護職員よりおむつ交換時や入浴時には皮膚の状態が詳細に観察され，報告された。皮膚剥離が少しでも進むと，介護職員は看護師にすぐ連絡し，処置を依頼した。

　時折痰がらみが見られるようになった。看護師が吸痰することもあり，スタッフの中には看取る前に痰がらみがひどくなり，施設で看取ることができずに医療機関に委ねなければならないのではないかと心配する声も聞かれた。

　スタッフは「看取り介護はケアの延長線上にある」と指導されているため，自分たちがかかわった利用者は最期までかかわりたいという意識がある。そのため，できるなら入院しないでほしいという気持ちが強くあった。

その後主治医より痰を切りやすくする薬が処方され，痰吸引の回数は激減した。しかし，利尿剤を服用しているにもかかわらず，排尿間隔が長くなったり，翌朝まで排尿がなかったりすることが見られるようになったため，医師の指示によりバルンカテーテルを挿入した。

4）臨終時の支援

　看取り介護開始から1カ月弱が経過し，Iさんの食事摂取量は2〜3割となった。全く摂れない日には，ゼリー状の栄養補助食品の味を変えて提供した。尿量も日によっては200〜300ccと少ないこともあった。ベッド上で目を閉じて過ごしていることが多くなり，肩呼吸で少し苦しそうな様子も見られた。酸素飽和度が80〜85％のことも多くなり，酸素を持続的に使用することも多くなっていたため静養室に移し，看取りの準備に入った。

　バイタルサインの測定回数も1日6回となり，主治医の往診日には毎回診察してもらった。

　できるだけ安楽な体位を保持できるように大きめのクッションを3つ使用し，スキンシップを図りながら体位変換を行う日が続いた。

　入所当時58kgだった体重は53kgまで減少しているが，全身の浮腫が進行した状態にあった。介護職員はいつその日が来てもいいように毎日朝，ひげ剃りや整髪などの整容を行い，週1回の入浴や清拭で清潔を保持した。かかとや背中の褥瘡は悪化せず，良い状態を保っている。

　看取り介護開始から45日が経過した日，朝から夕方まで尿量が少なく，酸素飽和度も60〜70％と低い状態にあった。血圧も90／40mmHgと徐々に下がりはじめていたので，夕方，主治医に往診を依頼する。医師より「今晩から明日かも」という話があったため，夜勤者は夜間・早朝の連絡体制を確認し，エンゼルケアの際Iさんに着てもらう新しい寝間着を準備した。

　早朝の巡回時，呼吸がなく，バイタルサインも測定不能で呼名反応もなかったため，看護師に連絡する。看護師より，主治医が診療所に来たら連絡し，診断をしてもらい，その後エンゼルケアを一緒に行うと指示があった。

　その後，来所した医師によって死亡が確認され，死亡診断書を作成するとの話があった。

　介護職員と看護師でエンゼルケアを行い，相談員は生活保護担当者に連絡を入れ，死亡報告と葬祭委託について相談する。

　葬儀はNPO法人を運営する団体に依頼し，埋葬までやってもらえるよう依頼した。

　翌日の葬儀には施設長，相談員，介護主任，公休で希望する介護職員が参列した。

出棺する前には介護職員が棺に生花とＩさんが吸っていた同じ銘柄のたばこ，熊のぬいぐるみを入れた。火葬場に向かう時，介護職員がＩさんの遺影を大切に抱える姿に，住職より「身寄りがないということだったが，施設で大変良い縁に出会い，大切にされ，人生を終わることができたと思う」との言葉をもらった。遺骨は後日共同墓地へ埋葬された。

事例9　家族の意見が食い違う利用者の看取り支援

入所者：Ｊさん　80歳　女性　要介護度：3　既往歴：肺がん

看取り支援の業務
- ■家族への意向確認　　■再入所支援
- ■家族同士の意見調整のカンファレンス開催
- ■看取り時の調整

利用までの経緯　Ｊさんは公営住宅で単身生活をしていた。夫はＪさんが70歳の時に死別。73歳ごろから物忘れが始まり，要介護1と認定され，デイサービス利用して生活してきた。Ｊさんはパチンコが好きで依存症となり，消費者金融より数千万円の借金をしていた。長女は大学まで進学したが，長男はこの事実を知って進学を断念し，高校を卒業して就職した後も夜間にアルバイトして借金の返済を続けた。長女は親の作った借金に自分に関係ないと返済には協力しなかった。長男は返済を覚悟するが母親を恨んでいた。

家族状況

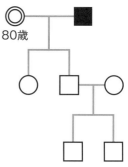

80歳

　長男は30歳の時看護師の妻と結婚。しかし，親の借金のことは黙っていた。妻は毎日夜遅く帰ってくる夫に疑問を持ったが，長男は仕事が忙しいと言うのみであった。結婚して5年を経過したころ，妻がこの事実を知り，「夫婦で返そう」と妻は夜勤回数を増やし，夜勤明けには他の診療所でパートとして働き，借金を返済した。

　Ｊさんが75歳の時，認知症が進行し一日団地の外で過ごしたり，他の家の郵便物を取ってしまうなど近所から苦情が出た。食事も作れない状態であり，要介護3と認定された。長男は朝，夕とＪさんの自宅に行き，食事を作った。長男は借金返済で妻に迷惑をかけ，夜勤で疲れているのにこれ以上自分の親のことで迷惑をかけられないと思い黙っていたが，1年足らずで妻に知れてしまう。

　その後，Ｊさんは毎週ショートステイを利用するようになり，79歳で特別養護老人ホームへの入所となった。

1）肺がん末期の診断から入院へ

　入所後1年半が経過し，Jさんは認知症ではあるが，他の利用者と一緒に楽しく毎日過ごしていた。もともと明るい性格であり，ショートステイを利用していたころから，他の利用者と一緒に活動することが多く，朝のラジオ体操も必ず参加していた。

　長男の妻は，夫が今まで頑張ってきたことに妻として何かできないかと考え，入所後も公休の日にはたびたび，義母を近くの日帰り温泉に連れて行く生活をしていた。

　施設の定期健康診断でJさんに肺がんが見つかり，近くの病院で再検査を行った結果，すでに末期状態であると診断された。認知症のため自覚症状はなかったが，食事を残したり，食事で遊んだり，昼間に寝て過ごしたりすることが見られるようになった。

　病院でムンテラを行い，長男夫婦は，余命3カ月程度と説明を受ける。長男の妻は経験上，今後食事が摂れなくなり，呼吸苦などの症状が出て施設で看取り介護を行うことは介護職員や看護師の負担となることを知っていた。義母をここまで元気に楽しく過ごさせてくれた施設に迷惑をかけられないと，自分の知っている病院に入院させ，看取りたいと話した。長男も同様の意向である。

　ムンテラ1カ月後，市内病院の入院が決まった。このころは食事摂取のむらも多く，食事介助をしても半分程度しか摂取できなくなっていた。倦怠感からか寝て過ごすことが多くなり，排泄もすでに失禁していることが多くなったため，夜間はおむつを使用し昼はポータブルトイレ介助で行っていた。歩行はふらつきが多いため，車いす使用となっていた。

2）家族からの相談支援

　Jさんが入院して3週間が経過したある日，長男の妻から連絡が入った。

　「現在入院している病院では，十分なケアをしてもらえず，日に日に義母の表情が険しくなるのが分かる。我がままだと分かっているが，もう一度施設に戻れないか」という相談であった。

　相談員は，家族の思いを受け止め，いつ戻ってきても構わないことを伝えた。長男の妻はその日の仕事帰りに病院に寄り，退院の相談をすることになった。夕方再度長男の妻より電話があり，『当院ではあのような患者は迷惑なので早い方がよい』と言われ，腹が立ったので明日にでも退院させる」とのことだった。

　翌日，3週間ぶりにJさんが施設に戻る。認知症ながらスタッフの顔は覚えており，満面の笑顔を見せた。退院時，ケアマネジャーは長男の妻に「今後の看取り介護を開始するに当たり，看取り介護計画を一緒に話し合いましょう」と説明し，了解を得た。

3）看取り介護のサービス担当者会議の開催

　長男夫婦，施設長，ケアマネジャー，相談員，介護主任，管理栄養士，機能訓練指導員が参加し，サービス担当者介護を開催した。

　再入所後4日が過ぎ，長男は毎日夕食時に来所して介助し，長男の妻は夜勤明けと公休の時に昼食の介助に来る生活が始まっていた。長男夫婦は退院わずか4日のうちに母の表情が元に戻ってきたことで，施設に帰ってきてよかったと安堵した様子だった。

　サービス担当者会議では，各担当者から以下のような流れで討議がされた。

長男の妻：病院に夕方，食事介助に行き，義母の様子を聞いても，満足に説明を受けたことはなく，看護師長の愚痴ばかりだった。ここでは，毎日，食事や排泄など昼間の状態を説明してくれるし，食事も待っていてくれる。こんなに違うものかと感じた。

介護主任：昼はおむつ交換時にポータブルトイレに座ってもらっている。その時にほとんど排便があるので，便失禁はない。施設なので，便失禁があっても問題はない。食事介助は，1時間以上かけてゆっくり介助する必要があるので，朝は時間をずらし，職員体制が整ってからゆっくりやらせてもらっている。

看護師：微熱が続いているが，血圧も酸素飽和度も問題となるレベルではない。水分・食事量が低下してきた時に点滴をどうするか。今のところ浮腫は見られないので，点滴を実施することは可能である。

長男の妻：義母の状態を考えると点滴時の抑制はやむを得ないと思う。同意書を書くので点滴をしてほしい。

ケアマネジャー：今の状態であれば，スタッフが付き添えば抑制の必要はない。

長男の妻：施設がそこまで義母のことを考えてくれるなら，できるだけ自分たちが来て点滴をしている間，見守りをする。

長男：母のことを恨んでいたが，自分を一番理解してくれる妻とめぐり会うことができた。だから，背負うのも人生と思い，母が生きている間，できるだけのことをしてやりたい。

＊　＊　＊

　これらの発言を受け，看取り介護計画では，家族のできる食事介助，点滴時の見守りを入れることとなった。ケアマネジャーは，甘いものが好きなJさんに家族が買ってきたものを提供することや，日曜日は長男夫婦，孫も連れてきて過ごすことを提案し，計画に入れることとした（**資料5**）。

資料5　Jさんの看取り介護計画書

J様　看取り介護計画書（初回）

看取り介護計画書（1）

作成日：平成○年○月○日

利用者氏名：J様　　生年月日：昭和○年○月○日　　作成者：○○○○（計画作成担当ケアマネジャー）
要介護認定：3　　有効期間：平成○年○月○日～平成○年○月○日

看取り介護に対する意向	ご家族：毎日施設に来て，食事介助などできることをしてやりたい。

総合的な援助の方針	苦痛を軽減しながらできるだけ居室で過ごせるようにし，食事介助などを家族にしていただきながら，一緒にケアしましょう。

ご利用者またはご家族の承諾
住所：〒○○○-○○　○○市○○町　　氏名：○○○○　印　　続柄：長男　　承諾日：○年○月○日

J様　看取り介護計画書（初回）

看取り介護計画書（2）

作成日：平成○年○月○日

生活全般の解決すべき課題（ニーズ）	サービス内容	
	ケア内容	担当者
（長男夫婦の希望）静養室ではなく，できるだけ一緒に過ごした人がいる居室で過ごさせてやりたい。	・家族が居室で付き添いやすいように，いすを居室に常備しておく。 ・静養室に移す時は，家族に相談してから判断する。 ・ご家族が遅くまで滞在するため，職員通用口から出入りできるようにする。 ・状態を見ながら同じフロアの利用者と過ごせる時間をつくる。	介護職員 相談員 相談員 介護職員
（長男の希望）毎日来所して食事介助を行いたい。	・夕食は18時に長男が来てから介助する。 ・食事は長男が来る時間を見てレンジで温める。 ・日曜日の昼と夕は，長男か長男の妻が来て介助するため，温冷配膳車に保管する。 ・栄養補助食品を複数用意し，食思により変えて提供する。 ・長男の妻が持ってきた栄養補助飲料を冷蔵庫に保管し，長男が来たら渡す。 ・家族に本人の好きなものを随時持ってきてもらい，提供する。	長男 介護職員 介護職員 栄養課 介護職員，長男の妻 長男夫婦
食事摂取量が低下した時は点滴をしてほしい。（職員の負担にならないように，付き添える時は付き添いたい。）	・食事摂取量や水分量を観察し，医師に報告して指示を仰ぐ。 ・点滴実施時は家族に連絡する。 ・医務室で点滴を行い，常時見守りをする。 ・看護師が見守りをできない時は，相談員かケアマネジャーが付き添う。 ・家族が付き添える時は時間を調整し，付き添ってもらう。	看護師 相談員 看護師 相談員，ケアマネジャー 長男夫婦
浮腫や呼吸苦などの苦痛を軽減する。	・呼吸などの全身状態を見て離床時間を調整する。 ・臥床時は，ベッドを30度程度ギャッチアップする。 ・6，9，11，14，17，20，22時にバイタルサインを測定する。 ・食事やバイタルサインの状態を家族面会時に報告する。 ・クッションを使用して安楽な体位とする。	介護職員，看護師 介護職員，看護師 介護職員，看護師 相談員，看護師 介護職員，家族
日曜日は家族で来て一緒に過ごしたい。	・多目的ホールで家族と過ごせるようにいすを用意しておく。 ・調子の良い時は，外気浴を依頼する。	介護職員 家族

4）看取り介護のカンファレンス

　前回のサービス担当者会議の際に看取り介護の意向確認や，看取り介護計画原案について長男夫婦に説明を行っているため，長男夫婦，施設長，相談員，ケアマネジャー，看護師，介護主任，機能訓指導員が出席し，カンファレンスを開催した。

　カンファレンスでは，再度サービス内容などを説明し，確認したところ，長男の妻からJさんは食事は食べないが，甘いドリンクタイプの栄養剤は好んで飲むので，自分が勤めている病院の栄養補助剤を自費で購入し，提供してもよいかと提案があった。管理栄養士は，「今は本人が好むものであれば少しでも摂取できる方がよい」と説明があったため，用意してもらうことにした。

5）突然，長女が面会に現れ「入院させてほしい」

　再入所後，3週間が経過し，Jさんは食事を車いすに座って食べているが，摂取量は3～4割であり，食事以外の時はベッド上で過ごすことが多くなっていた。

　ある日，Jさんに面会したいという女性が来た。相談員も見かけたことがなかったため，確認すると長女だという。詳しくは語らなかったが，長女も医療従事者であるとのことだった。「弟から肺がんの末期と聞いた。様子を教えてほしい」とのことで，相談員が経過を説明した。すると長女は，Jさんに面会する前に腹立たしそうな表情で話しはじめた。

　「施設で看取るといっても，施設は病院ではないのだから何もできない。医師もいない。その病院の対応が悪いのなら，なぜ他の病院を探さないのか」。

　相談員が姉弟で，話し合うことを提案すると納得し，Jさんに面会した。しかし，Jさんは長女が誰なのか分からなかった。長女は「私が分からないの」とJさんに強く語りかけるが，Jさんは困った表情をするだけであった。

　相談員は，長女の面会のことを長男に連絡したところ，「私が姉に説明するので，立ち会ってほしい」と依頼されたため，日時を調整してもらうことにした。

6）長女を含めたカンファレンスの開催

　数日後，長女と長男夫婦が施設で話し合うためのカンファレンスを開催した。長男は，長女に施設での看取り介護を決めた思いを話した。「入院させた病院で抑制され点滴され，食事だって時間をかけ介助してもらえない，ここなら私たち夫婦が毎日きて食事も介助できるし，点滴もスタッフが抑制しないでやってくれるし，私たち夫婦も付き添いができる。今さらどこの病院へ行ってもやることは決まっている。この施設は母のことを理解しているし，何より母がここのスタッフを信頼している。母の借金を返し，母が認知症になってからずっと通ってきた自分の気持ちを少しは分かってほしい」と姉にぶつけるように言った。

姉は「あなたたちが決めたのなら，そうすればいい。後は亡くなってから，連絡して」と言い，帰ろうとしたが，長男は姉にもできるだけここに来てほしいと話した。すると，姉は「ずっと自分を犠牲にしてきた弟に今さら私がとやかく言う立場ではない。食事介助ぐらいはできるから，日曜日に来ることにする」と言って帰って行った。

　長男は「葬儀の時に姉弟でぎこちなく過ごすのは嫌だから，久しぶりに姉と話せてよかった」と話した。長男の妻は，終始涙を流しながら話し合いを黙って聞いていた。

　その後，相談員は，長女に施設での看取り介護の内容を説明し，同意を得た。

　この日を境に，週末は姉弟で面会来て食事介助や外気浴に連れて行く姿や，長女と長男家族が多目的ホールで過ごす姿が見られるようになった。

7）臨終時の支援

　長女を含めたカンファレンスから1カ月ほどが過ぎ，Jさんは食事もほとんど摂れなくなっていた。長男は毎日18時には来所して，20時ごろまで食事を少しずつ声かけしながら介助していた。妻も自宅の家事を済ませると夫を帰らせ，その後22時ごろまでJさんのベッドのそばで過ごすのが日課となった。

　Jさんは，認知症の影響か痛みや苦痛を訴えることはないが，時折肩呼吸で苦しそうにするしぐさが見られた。

　その後，看取り介護のカンファレンスで静養室への移動を提案したが，長男夫婦からは「母はこのフロアの人と一緒に過ごしたからこそ穏やかに過ごせたのだからできればぎりぎりまでこの部屋（多床室）で過ごさせてほしい」と希望したため，多床室利用を続けるものとした。

　食事時間が長くなり，車いすでの離床もつらくなってきたため，食事はベッドをギャッチアップして行うものとした。そして食事以外の時間はリクライニング車いすで過ごし，負担を軽減するものとした。

　排尿量や水分摂取量の低下が著しくなり，肩呼吸も多くなった。血圧も徐々に低い日が多くなり，酸素飽和度は70％以下になることが多くなったため，相談員は，再度長男夫婦に静養室への移動し，家族と共に過ごす準備を始めたい旨を提案した。長男夫婦から姉も一緒に呼びたいと希望があったため，3人で泊まれるように準備を開始した。

　長男と長女は仕事の休みをとって泊まってもらい，長男の妻は夜から付き添いを行うものとした。また，長男の妻の希望で，聴診器，血圧計，酸素飽和度測定器を静養室に置くことにした。

　2日目の早朝，長男の妻から「今血圧測定ができなくなり，呼吸が止まった」と

連絡あり，夜勤介護職員が看護師に連絡した。看護師からは，医師には朝連絡するので家族にはその旨を伝えるようにということだったので，長男にそのことを伝えると「自分たちで最期を看取ったので，死亡時刻なんてどうでもいい」と話した。

朝になり，医師が来て，死亡が確認され，説明があった。その後，長女と長男夫婦の3人でJさんにエンゼルケアを行った。

相談員が出勤した時には，すでに長男が葬祭業者に連絡し，迎えの手配を済ませていた。「昨日の夜，多分今夜だと思った。姉と子どものころの話を寝ずに話した」「弟とこんなに話したのは初めて。母が目の前で亡くなるのが分かってるのに，久しぶりに家族が一緒になったと思った。改めてここで看取って良かった」と姉弟が話す。

長男は「世間では葬儀をしないとおかしいと思われるのでやるが，私たちはすでに施設の皆さんと一緒に看取ったので，ここで終わりでいいと思っている。だから通夜と葬式は形だけのこと」と話す。

その後，Jさんは施設のスタッフに見送られ，長男宅へ引き取られた。

第6章

看取り教育の
進め方

生活の場である施設で看取りをするために，組織としてどのような教育体制を整えていくことが望ましいでしょうか。生命を救うことが役割である医療機関では，延命行為をすることなく寿命に任せる，いわゆる自然死を遂げることは前提にありません。しかし，生活の場である施設では，利用者と家族が看取り介護の仕組みを理解して同意をすれば，利用者の寿命に任せて，変わりゆく状態に最期まで安楽に過ごすための介護を提供することで，穏やかな終末を迎えることができます。

　地域包括ケアシステムが整備されれば，住み慣れた自宅で最期を迎えることができる可能性は高くなりますが，単身世帯や核家族の増加により，介護のマンパワーが不足していることに変わりはありません。自宅で最期まで家族に支えられて生活をすることが難しい事情は，この先もずっと続くでしょう。こうした社会背景があり，施設という安定的に介護を受けられる場所での看取り介護が，利用者や家族にとって安心で心強いものだと考えます。

　私たちはただ場所を提供して，介護を提供し続ければよいというわけではありません。看取り介護とは，日本を支えて歩んできた方の長い人生を締めくくる，大変尊い場面に立ち会うことを意味します。施設スタッフは相応の覚悟を持って利用者と向き合い，介護のプロとして最期までしっかりと見届ける気概が必要です。それを個人の努力のみによって身につけることは負担が大きく難しいため，やはり施設が組織として看取りに向き合うための教育に着手しなければなりません。

　ここでは，施設における看取り教育の方法を紹介すると共に，相談員やケアマネジャーが果たす役割を解説します。

看取り教育の進め方のポイント

1）方向性を示す

　施設における看取り教育の根幹は，「看取りに関する指針」です。看取り介護加算の算定要件ですから指針の策定は大前提ですが，ここで伝えたいことは，看取り教育における指針の重要性です。

　高齢者の死に対する考え方，生活の場である施設で看取り介護をすることの意味，最期まで個の人生観を尊重する介護の大切さなどの倫理的な側面を，施設の理念，風土，体制などの運営方針や所在する土地の地域性を踏まえて説いた「看取りに関する指針」を明示し，組織全体で看取り介護に取り組むことを全スタッフが意識できる存在でなければなりません。

　紆余曲折があったであろう濃厚な人生の最後に携わることが，いかに光栄である

かという尊敬の念を意識する一方で，死は誰にでも訪れるごく自然の事象であり，恐れるのではなく，受け止めて送り出すものだという恐怖心を払拭することも意識しなければなりません。

死に直面するスタッフが感じる心身の不安や負担も考慮した指針を策定し，かかわった個人ではなく組織全体で利用者の死を受け止めて見送る姿勢を示すことが求められます。また，看取り介護の経験を重ねることで生じる数々の問題や課題に対して，修正と改善を繰り返し，終末期という繊細な時期に介入する終着点のない介護を，責任を持ってスタッフを率いていく覚悟を示していかなければなりません。

2）医師・医療機関との関係性を構築する

看取るということは，医師が死亡診断をするということです。施設はあくまで生活の場であり，医療機関ではありませんので，配置医は常勤・非常勤にかかわらず施設で治療は行いません。病院であれば，医師がその責任のもとに可能な限りの医療行為を施して命を救う努力をし，医療の力が及ばなかった命を看取ります。しかし，施設での看取り介護は寿命に任せて自然な経過を見守り，その過程で生じる苦痛を取り除くことで，安楽で穏やかな最期を迎えられるように配置医がかかわります。つまり，生活の場であって積極的な医療行為をしない施設での看取り介護の主体は，あくまで施設であり，その責任は配置医ではなく，施設が負うところが大きいということです。配置医はあくまで施設の責任のもとに行われる看取り介護を支える位置付けであり，施設との協力体制や信頼関係のもと，看取り介護を担う一員です。このことを，医療職である看護師をはじめ，施設のスタッフが理解することが大切で，そのように教育をする必要があります。

もちろん，配置医を頼ってはいけないということではありません。利用者やその家族との関係性についても施設が責任を持ち，配置医がその責任のもとに利用者の変化に適切な判断と処置ができ，家族の信頼を得て，看取り介護に携われるように介入することが必要だということです。生死の最終判断をするのは確かに配置医ですが，だからと言ってそこに至るまでのすべてを任せるのではなく，配置医に頼られる，持ちつ持たれつの関係を築くことが，看取り介護における施設の役割であり，必要な心構えです。

3）書類の整備と共有
必要書類の情報共有

看取り介護に用いる書類はすべて，慎重に取り扱う必要があります。その人の最期にかかわる場面で使用するものであるため，内容が繊細であるということも理由の一つですが，看取り介護にかかわるすべての人がその内容を理解・納得するため

に，特に利用者や家族が「こんなはずではなかった」という後悔の念を抱くような事態を避けるために，整えておく必要があります。

　利用者や家族の意思を反映し，かつ現状を共有するために用いる看取り介護計画は，多職種が協働で立案します。各職種が主になり内容を検討しますが，利用者とその家族の思いを反映できているか，多職種がかかわることでさらにその人らしい過ごし方ができないかなど，利用者を取り巻く環境全体を把握して介護計画を作成するのは，相談員やケアマネジャーの役割です。利用者の生活へのこだわりや意思が反映された最期でなければ，いくら多くの関係者が看取り介護に携わったところで，本人が納得しないでしょう。介護職員や看護師が配慮する安全や安楽の視点だけではなく，「その人らしい」という視点が看取り介護計画に反映されているかを確認できるように，また，その視点を他職種にも持ってもらうため教育が必要なのです。

　看取り介護計画の他にも，看取りに関する指針，看取り介護についての同意書，記録用紙など，必要書類はすべての職種がその内容や用途を共有し，把握して利用者とかかわることが前提です。看取り介護計画と同様に，どれも利用者や家族が施設での看取り介護を選んだことを納得し，安心して死と向き合うために必要なものであること，またチームとして共通理解のもとに看取り介護に臨むために必要なものであることを，すべてのスタッフが意識していなければなりません。これも，教育としてスタッフに伝えて共有する事柄です。

看取り介護の意向確認に用いる書類
❖定期的な意向確認の重要性

　看取り介護に用いる書類のほとんどは，開始直前ないしは開始と同時に使用することになりますが，最も重要な書類は，実は入所直後から用います。それは「看取り介護の意向確認書」（P.34参照）です。その内容は，終末期やその前段階の急変時にどこまでの医療行為や延命治療を望むか，状態回復の見込みがないと判断された場合に終末期をどこで迎えたいか，口から食事を摂れなくなった場合はそれ以外の栄養管理の方法（胃ろう・腸ろう，経鼻経管栄養，中心静脈点滴など）を選択するのかなどをできるだけ詳細に確認するものです。施設で生活している利用者は皆，さまざまな既往歴があり現疾患を持った要介護状態の高齢者であり，いつ急変しても不思議ではない状態です。利用者本人はもちろんのこと，本人が判断できない状況に陥った時にそれを委ねられる家族は，急に訪れる死の予兆を目の前にすると冷静な判断ができなくなります。長く尊い人生の最後に決断を迫られる場面では，旅立つ側も見送る側も後悔が少ない判断ができることが望ましいと考えます。

そのような理由から看取り介護の意向確認書は，入所と同時にその必要性を説明し，回答してもらいます。

終末期においては，「本当に何もしなくていいのか」「せめて点滴だけでもするべきか」「本人の意向を尊重して寿命に任せるべきか」「自宅に戻してやりたいが自分の生活もある」「こんな大事なことを判断しなければならないのは気が重い」など，家族の気持ちが揺れます。親や配偶者の死を目前にして気持ちが揺れることは大前提です。そのような場面がめぐってきた時に初めて死を考えることは，急すぎて冷静な判断ができません。それ故に後悔の念が大きくなってしまうことにつながるのです。少しでも冷静に，穏やかに，後悔することが少なく終末期に向き合えるよう支援するには，平常時から死について考える機会を提供すること，悩みながら回答する過程に寄り添うこと，その思いをすべての職種で共有していく仕組みが必要です。

意図を説明しても，「今は元気なのに，どうしてこんなつらい質問に答える必要があるのか」と，回答そのものを苦痛に感じる家族もいます。そのような状況でも，感情を受け止めて共感し，あくまでも利用者と家族の将来のために必要な機会であることを，体験談や事例を交えて伝えるなどの工夫をしながら，繰り返し説明をして寄り添う姿勢が相談員やケアマネジャーには求められます。人によっては，回答に苦痛を伴うことを理解した上で，利用者や家族の心情に介入していくことが必要です。

看取り介護の意向確認書は，入所時やカンファレンスの開催時など定期的に回答する機会を設けます。利用者の状態によって回答の内容が左右される様子や全く気持ちが揺れずに覚悟が決まっている様子を見て取ることができます。回答に現れる感情の起伏も読み取っていくことが必要です。

◆ **意向確認書の共有の重要性**

利用者や家族の終末期に対する意向を知っておくことは，施設スタッフにとっても心の準備になります。救急搬送をする場面で，どのような意向であるのかを救急隊や病院に説明できなければ，利用者や家族が求めていない範囲の高度医療が施され，延命措置が行われてしまうかもしれません。

これは経験談です。入所2日目の朝に呼吸状態が急に悪化した利用者の搬送先が決まらず，家族が到着するまで救急車が30分以上待機する事態が起こってしまいました。これは，高度医療が可能な第三次救急への搬送を希望するか否かを確認していなかったため，救急隊が搬送する病院を選択できなかったからです。幸い家族はすぐに駆け付けることができましたが，入所直後の急な出来事だったこともあり冷静さを失って判断ができず，来所してからも決定までに時間を要しました。結果，家族は第三次救急への搬送を希望せず，利用者は近隣病院の第二次救急へ搬送されましたが，病院

に到着して半日も経たないうちに利用者は亡くなりました。家族はこれも運命と受け止めていましたが，突然の死に対する動揺や無念さは計り知れないものでした。

　この経験から学ぶことは，入所直後でも急変し搬送する可能性があること，そのような場面で家族が駆け付けられなければ施設スタッフが救急隊や病院に意向を伝えなければならないこと，いつでも急変に備えて利用者と家族の意向を把握しておく必要があること，看取り介護の意向確認書では終末期の場面を想定した内容だけではなく，終末期につながる急変時の対応も詳細に決めておく必要があることなどです。このような経験を通して，看取り介護の意向確認書の内容を掘り下げること，定期的に更新する仕組みを整えることを看取り介護の一環として行ってきました。施設スタッフは定期的に更新される看取り介護の意向確認書に目を通すこと，救急車に同乗する時は看取り介護の意向確認書を改めて確認することが習慣になりました。このような行動が，スタッフの安心感となり，急な場面でも冷静な対処ができる精神的な安定につながっていきます。

　体制が整ってきた今となっては，どんなに元気な利用者でも，急変や終末期と隣り合わせであることを意識できるような仕組みと教育が当然のように備わってきましたが，さまざまな経験を省みながら看取り介護の体制に肉付けをしてきたことが分かります。看取り介護に終着点はありません。同じ人生に二度も寄り添う機会はないこと，利用者や家族の後悔が自分たちの後悔になることを日常的に意識する手段が看取り介護の意向確認書です。内容は，施設の方針や体制によって異なりますが，看取り介護に欠かせない書類の一つであることは間違いありません。

4）専門性を生かした教育

　施設における看取り介護で教育が最も必要なのは，言うまでもなく介護職員です。医師，看護師，管理栄養士（栄養士），機能訓練指導員，事務職員，相談員，ケアマネジャーなど，多職種が連携して最期の時を迎える利用者とその家族を支援するのは当然のことですが，その時の訪れや，そこに至るまでの変化を敏感に察知して周囲に発信する役割を担うのは，利用者の日常に最も近い存在である介護職員だからです。

　また，看取り教育に必要不可欠な職種は看護師です。医療職としての専門教育を受け，臨床現場での経験を重ねている看護師は，他職種よりも人の死を尊くも身近にとらえています。他職種に対して，「人が生を受けた以上，いつかは必ず死が訪れる。恐怖心を抱くものではない」という自然の摂理を説いて死生観を教育する一端を担います。施設でその人らしさを尊重した終末期を迎えてもらうためには，終末期を日常生活の延長線上にあるごく自然な事象であるととらえ，いつ訪れるとも分からない最期の場面を常に意識してかかわる心構えが必要だということを，看護

師の協力を得ながら他職種に訴えかけていきます。

　夜勤看護師を配置している施設もありますが，夜間は看護師のオンコール体制を採用し，介護職員が利用者の状態変化を観察・把握して看護師と連携を図っている施設の方が圧倒的に多いと思います。看護師の臨床経験や医療的な知識，死生観を，介護職員を中心とした他職種と共有する仕組みを整えることが，医療職が不在になる夜間に勤務している介護職員にとっては励みや自信になります。看取りにおいて，看護師の専門性を生かした教育体制は必然なのです。

5）委員会の設置

　多職種を取りまとめて組織として施設における看取り介護を推進するには，中心的に運営し発展させていく委員会を設置することが望ましいと考えます。委員会の設置は義務ではありません。あくまでも施設における看取り介護を運営するための一つの手法です。具体的な役割や活動内容についてはP.176で触れますが，さまざまな専門職が集まる施設では，看取り介護に対する視点や姿勢も，職種の専門性によって差異があります。

　例えば，人の生死にかかわる医療行為を生業とし，医療に携わるための倫理と技術や知識を持ち合わせている医師や看護師は，他職種よりも死を尊くも身近にとらえています。一方介護職員は，介護によって安心して穏やかに過ごすことができるように生活を支援することが生業であり，生活を支える技術や知識は学んでいますが，特に若年層は死に向き合うことに恐怖を覚えることさえあります。施設は，知識が不足しているために死に対して消極的なイメージを抱きがちな介護職員を，看取り教育の中心に据えて看取り介護実践の体制を整えていくことが肝要です。

　専門性を互いに「尊重する」「生かす」「補う」「まとめる」仕組みを整え，さらにその仕組みを施設全体に発信して，看取り介護の体制を発展させていくことが委員会の役割です。

相談員・ケアマネジャーの役割

1）他職種に対してのスーパービジョン

　相談員やケアマネジャーには，看取り介護に携わる他職種の専門性を生かし，利用者と家族が安心して穏やかな最期を迎えられる体制をコーディネートする役割があります。この役割を果たすためには，経験年数にかかわらずスーパービジョンの知識と技術が必要です。施設における看取り介護では，介護職員と看護師が利用者とかかわる時間が長いのは当然ですが，医師，管理栄養士（栄養士），機能訓練指

導員，事務職員など，多職種が連携して利用者と家族にかかわっています。相談員やケアマネジャーは，他職種の専門性を理解し，十分に発揮させるためのスーパーバイザーでなければなりません。

ここでは看取り介護における他職種との関係性の一例を，スーパービジョンの機能を用いてかかわる視点から考えます。

介護職員

❖ **死生観を育む支援**

利用者にとって最も身近な存在です。利用者の日々の様子や心情を把握していることから，終末期においてもささいな変化を見逃さず，他職種に発信する役割を持っています。また，医療職からの指示やケアが変更した場合には，それを利用者の生活に反映させ，日ごとに低下していく状態変化に合わせた快適な生活環境を整えていきます。面会に訪れる家族との接点も多いですから，医療的な事柄を除く日々の様子を説明することも求められます。

若年の介護職員には，死生観の教育が必要です。核家族化という社会背景から祖父母との同居を経験していない人も多く，高齢者の死を自分たちの日常からとても遠いものととらえがちで，死に対して恐怖心を持っていることもあります。医療職として専門教育を受けている看護師の協力を得ながら，「人が生を受けた以上，いつかは必ず死が訪れる。恐怖心を抱くものではない」という自然の摂理と，「長い人生の最後の場所として施設を選ばれた方に対して，その人らしさを尊重した最期にするにはどのように向き合えばよいのか」といった，終末期を日常生活の延長線上にあるものととらえて特別視せず，日頃からのかかわりこそを大切にする姿勢と，紆余曲折があったであろう長い道のりを歩んできた高齢者の死を尊ぶ姿勢を伝えていきます。

研修や理論の伝達だけで死生観を養っていくのは難しいものです。看取り介護の経験を重ねて，尊い命の最期に寄り添う経験とその経験の振り返りを繰り返すことで自分なりの死生観が育まれていきます。それでも身近な人の死を経験していない介護職員の中には，なかなか死を受け入れることができない人もいます。相談員やケアマネジャーは，そのような介護職員の感情を受け止め，看取り介護を経験するたびに介護職員が感じた不安や負担に介入し，「死が誰にでも訪れる必然のものであるならば，どのような最期を迎えさせてあげたいか」を丁寧に問いかけ，自らが「今まで一緒に過ごしてきた利用者との最期にどのように向き合いたいのか」を考えられるように働きかけます。

これを繰り返すことで，死に対する恐怖心や負の固定概念がほぐれ，自ずと「今まで一緒に過ごしてきた利用者と最期までお付き合いできることは尊く貴重な経験

であり，ここで看取らせていただくことは自分たちの使命ではないか。寄り添えるのならば後悔のないように送りたい」という自分なりの死生観を抱けるようになります。看取り介護を経験したら，その都度利用者に対する介護職員の思いを引き出しながらかかわり続けることで，「やらなければいけない」という受動的な姿勢から，「やってあげたい。自分たちにしかできない」という能動的な姿勢に変わり，それを自分の言葉で語れるようになっていきます。

この死生観の教育を通して，ゆっくりと時間をかけて死を受け止めて送り出す感性が身につき，人としての成長も経験していきます。相談員やケアマネジャーはこの過程にじっくりと付き合っていく姿勢が求められます。

❖ 終末期における医療知識の支援

基礎知識として終末期における心身の変化の特徴を習得すること，その特徴やその他のささいな変化を見逃さず，すぐに看護師へ報告し共有することを意識づけさせることも，相談員やケアマネジャーには必要です。基礎知識は，内部研修会などの機会や日々の看取り介護の中で身につけられますが，気づきを報告するという習慣は，定時の申し送りの場面で質疑を繰り返すことや看護師から介護職員に質問を投げかけてもらうことなど，日常業務の中で習得できるように意図的にかかわります。

これにも看護師の協力が必要ですので，協力体制を構築し，任せきりにしないように看護師と情報共有することが重要です。医療的な指導は看護師に任せても，十分に理解ができているのかどうかの確認は，相談員やケアマネジャーが介入することで介護職員の理解度を把握できますし，それが看護師の負担軽減にもつながります。

❖ 家族とのかかわり方の支援

家族とのかかわりについては，「どこまで話をしてよいのか分からない」「あまり面会に来ていなかった人には話しにくい」など，介護職員としてどこまでどのような言い方で伝えればよいのかを迷うことがあります。また亡くなった後に「どのように声をかければよいのか分からない」「どのようにあいさつをするべきなのか」と，逝去直後の場面や後日居室を改めるため訪問があった場合のあいさつや会話に難しさを感じる介護職員も多いようです。

これには，言葉使いの練習も含めて，さまざまな場面を想定し家族の立場に身を置いたロールプレイ（疑似体験）の実践が効果的です。また，介護職員にとっては，日常的に家族から相談を受けることが多い相談員やケアマネジャーが，家族との会話の内容や気持ちの揺らぎを伝え，それを共有することも安心材料になります。

看護師の協力を得ながらの死生観や医療的な知識の教育支援と，家族とのコミュニケーション技術の教育支援により，介護職員としての知識・技術の向上が期待できます。

看護師

　介護職員から報告を受けた利用者の状態変化を医療的な視点から観察し，状態によっては処置を施し，必要に応じて配置医に判断を仰ぐことが役割です。配置医が常駐していない施設の看護師は，医療的な視点による観察や判断から配置医に正確な情報提供を行い，適切な指示をもらう必要があるので，看取り介護においては重責を担っています。また，医療的な事柄を家族が理解しやすい伝え方で説明し，それに対して家族が抱く悩みや不安を受け止め，見た目に現れる変化が臨終に向かう人にとって必然の事象であることを伝え，家族がありのままを受け入れられるように導くという役割も担います。逝去後のエンゼルケア（死後処置）も看護師が行います。

　また，看護師は介護職員に対する死生観や医療的な知識の教育を担います。前述したとおり，介護職員の看取り介護に対する不安や負担に対し，死のとらえ方を説くこと，意図的に質問の投げかけること，研修会で講師を務めることなどで，死生観や医療的な知識を身につけるための協力をしてもらいます。ただし，前述のように常勤の配置医がない施設において看護師が担う役割は重責であるため，介護職員の教育に対してはあくまで「協力」であると位置付け，全面的に任せるものではありません。相談員やケアマネジャーはそれを念頭に置いておく必要があります。

　さらに看護師は，看護師同士での情報共有や相談により配置医への報告を適切に行うことができますが，終末期においては，医療的な側面からの判断だけではなく，利用者・家族の意向，家族の気持ちの揺らぎなどを汲んだ報告が求められるようになってきます。相談員やケアマネジャーは，利用者や家族の立場から看護師に情報を提供し，看護師がそれを踏まえて家族の心情に添った状態変化の説明することができる，また配置医に指示を仰ぐことができるように支援します。これは，配置医への正確な情報提供を求められる看護師の精神的な負担の軽減にもつながります。

配置医・協力医療機関

❖配置医

　定期的な診察と看護師からの情報提供により，終末期の利用者の状態に応じて，適切な医療判断をします。例えば，利用者と家族に対するインフォームドコンセント（終末期で心身共に回復の見込みがないと判断された場合の説明同意），痰吸引の指示，服薬中止の判断，看取り介護中止の判断，死亡診断などです。配置医が常勤でない場合，看護師からの電話での報告で状態を把握し，指示を出さなければならないこともあります。もちろん，必要によっては駆け付けますが，その判断も大変難しいものです。

　配置医との連絡調整窓口が看護師だけというのは望ましくありません。看取り介

護をコーディネートする相談員やケアマネジャーが，日常的に配置医とのコミュニケーションを図り，信頼関係を築いていくことによって，施設が組織として看取り介護に取り組んでいる姿勢を配置医に伝えることができ，看取り介護における他職種への死生観教育に協力が得られます。また，配置医にとって死亡診断をするということは，職務として当然のようにとらえられがちですが，施設での看取り介護においては，常に近くで経過を見ている入院患者を死亡診断するのとは違います。24時間待機の状態で，昼夜を問わず駆け付ける体制にあるのです。そういった配置医の心身の負担も考慮した体制整備やコミュニケーションが必要です。

❖協力医療機関

配置医はあくまで健康管理を主とするかかわりであることから，利用者の発病や持病の悪化においては，治療を目的とした協力医療機関への受診や入院が必要になります。日常的にお互いの役割の範囲や立場を理解した上でのコミュニケーションを図り，信頼関係を築いておくことが大切です。

終末期においては，看取り介護が開始されている状態であっても，持病の悪化により耐えかねる苦痛が生じる，肺炎が悪化して異常に吸引回数が多くなり苦痛が増す，排尿障害が生じて高熱が続くなど，医療処置を施さないと利用者の負担になると判断される場合は，病院に搬送することがあります。協力医療機関とは，看取り介護中における医療処置の範囲についての約束事を明確にしておくことで，搬送されても必要最低限の対症療法で，本人や家族が希望しない延命行為は避けることができます。

もっとも，家族には，協力医療機関で対応する対症療法の範囲をあらかじめ説明して同意を得ておく必要があります。協力医療機関との間で取り交わし，家族に説明しておくべき約束事としては，疼痛緩和に対するモルヒネなどの鎮痛剤の投与，肺炎に対する抗生剤の投与，高熱に対する抗生剤や解熱剤の投与などがあります。ただし，最終的な判断は病院医師に委ねられることが前提であり，それも家族に伝えて理解を得ておかなければなりません。

管理栄養士（栄養士）

利用者に最期まで食べる楽しみを提供します。そのため，利用者の好物を嚥下の状態を考慮した形状で調理や味付けを工夫するなどして提供します。家族によっては，「とにかく好きな物を食べさせたい」という気持ちが強く，利用者が好むものを持参する場合もありますが，嚥下の状態によっては提供が難しいものもあります。誤嚥による肺炎を発症させてしまっては，利用者に苦痛を与えることにもなりかねません。看護師との連携で，家族に危険性を説明すると共に，代わりに提供できるものの提案や持参した食べ物に手を加えて提供する工夫をします。経口摂取が極め

て困難である場合，だし汁やフルーツシロップなど，利用者の好みに合わせた液体を脱脂綿に含ませて唇を湿らせ，風味や香りだけでも味わってもらうこともできます。視覚や味覚に訴えられなくても，聴覚や臭覚から楽しみを提供することもできます。

逆に，面会が少なく疎遠になりがちな家族には，好みの食べ物を持参するように提案することで，利用者との距離を縮めるきっかけを作ることができます。終末期における家族の意向や家族の特性，揺らぐ気持ちなどを伝えて，管理栄養士（栄養士）から家族に提案してもらいます。

利用者との関係性は日常的に築いていますが，家族と直接かかわることが少ない管理栄養士・栄養士にとって，終末期に至ってから家族とコミュニケーションが増えることに対して，ハードルの高さを感じることも多いようです。必要に応じて管理栄養士・栄養士と家族との信頼関係の構築を促す場面の設定や介入が必要です。

機能訓練指導員

体力・筋力をはじめとした全身の機能低下が著しい終末期には，時間の経過と共に離床の機会が減り，外からの刺激が少なくなるため，少しでも安楽に過ごし，それまでの生活スタイルを継続することが課題です。機能訓練指導員は，どこでどのような姿勢で食事をすれば安全で安楽か，どの程度の時間であれば表皮剝離や褥瘡を形成せずに負担なく離床できるかなどを，利用者の生活習慣を考慮しながら，適切な福祉用具を用いて提案します。状態変化の速度が早い終末期においては，一度決めた姿勢や時間配分が数日で適応しなくなることもあります。介護職員や看護師からの情報収集により，迅速な対応が求められます。

機能訓練指導員も管理栄養士（栄養士）と同様に，利用者との関係性は日常的に築いていますが，家族と直接かかわる場面は少ないので，必要に応じて機能訓練指導員と家族との信頼関係の構築を促す場面の設定や介入をします。

事務職員

他の専門職と比較すると，看取り介護へのかかわりは少ないと思われがちですが，事務職員との情報共有は家族との信頼関係を築くために欠かすことができません。家族からの電話に初めに応答するのは事務職員です。面会に訪れた時に窓口で最初に会話を交わすのも事務職員です。看取り介護がどのような経過をたどっているか，家族はどのような心境になっているのかを共有し，それに対してどのような言葉をかけるのが望ましいかを伝えておくことで，家族に施設全体で状況が共有されているという安心感を抱いてもらうことができます。また，臨終後に家族や葬儀業社が訪問する際も，どこにどのようなタイミングで案内するのかを共有しておくと，より迅速で丁寧な対応ができます。

＊　＊　＊

　相談員やケアマネジャーは，日常的にあらゆる職種と情報の共有を図り，それぞれの専門性を発揮し，主体的に利用者とかかわれるように支援します。相手との関係性によって，気づきや学びを促す教育的な視点からかかわることもあれば，不安や悩みなどを共有してその立場を支えるような支持的な視点からかかわることもあります。

　また，相談員やケアマネジャー自身が管理職の立場にあれば，看取り介護に必要な環境や体制の整備に着手し，組織そのものを動かすような管理的な視点で力を発揮することもできます。そのかかわりはすべてスーパービジョンの機能を用いて行います。

　相手が自分よりも目上であろうと，相手の立場を尊重しながらかかわり，ケアカンファレンスや面談など，場面や状況に応じてスーパービジョンの機能を使い分けることができれば，他職種との信頼関係を築くことができ，利用者の意志を尊重した最期を迎えるために，チーム一丸となって看取り介護に臨むことができます。

２）利用者・家族への支援を通したスーパービジョン

　利用者や家族への直接的な支援も相談員やケアマネジャーの役割です。終末期に至るまでの経過は人ぞれぞれですので，支援の仕方も多様です。それ故に，何が正解なのかは明確にできませんが，大切なのは利用者や家族の気持ちに常に寄り添っていることです。また，そこで受け止めた本音を他職種に発信することで，他職種が利用者の本音と向き合い，それぞれの立場で何ができるかを考えるきっかけとなり，成長をも促します。

　また，利用者にとって，施設スタッフは頼れる存在であっても身内ではありません。重度の介護状態にあって自分の意思を上手に伝えられない利用者にとって，大切に育てた子どもたちや長年連れ添った配偶者は，心のよりどころであり代弁者です。その家族を看取り介護を担う一員として迎え入れるには，家族が看取り介護を支える立場であると同時に，大切な人を失おうとしている当事者であることを前提に，利用者と家族の関係性や家族の心理状態を敏感に察しながら，その心理状態に合わせて介入していく相談員やケアマネジャーの積極的な姿勢が重要です。また，その姿勢を他職種に見せて，皆で支える団結力を生み出すことも，スタッフの成長を促すことにつながるのではないでしょうか。

　第5章の事例4（P.133）・5（P.135）では，利用者や家族に対する支援の方法とその支援を通した他職種へのスーパービジョンを紹介しています。いずれも相談員やケアマネジャーが利用者や家族の懐に入り込み，うまく語れない本音や気持ちの揺らぎを受け止め，他職種に発信し共有することでチームとしての看取り介護に向かうことができた事例です。また，看取り介護が開始される前後において，単純

に情報を発信するだけではなく，どの職種にどのように動いてほしいかを具体的に提案・相談しています。

相談員やケアマネジャーは，利用者の生活背景や家族との関係など，すべての取り巻く環境を把握して他職種に協力を求めていく過程で，その成長を見据えてスーパービジョンの機能を用いてかかわっていくことが求められるのです。

施設内教育の進め方

1）看取り教育訓練プログラム

看取り教育は，基礎・実践・応用と，段階的に実施します。当然のことですが，基礎を理解していなければ実践はできません。実践がなければ応用は期待できません。ここでは，看取り教育訓練の段階的プログラムの一例を紹介します。

看取り教育訓練プログラム例

段階	プログラム	内容
基礎	看取りに関する指針の理解	施設が組織として利用者の終末期にどのように向き合い，どのような看取り介護を提供することを目標としているのかを謳った指針を学び，理解する。
	死生観教育	「人が生を受けた以上，いつかは必ず死が訪れる。恐怖心を抱くものではない」という自然の摂理と，最期を迎える場所として施設を選んだ利用者に対して，その人らしさを尊重した人生の最後の時間を提供するためにどのように向き合うべきかを学ぶ。終末期を日常生活の延長線上にあるものととらえて特別視せず，日頃からのかかわりこそを大切する姿勢と，紆余曲折があったであろう長い道のりを歩んできた高齢者の死を尊ぶ姿勢を身につける。 身近な人の死に携わったことのない若年層には，自身が死に対して漠然と抱いている恐怖心のような負の固定概念を自覚させるところから始め，看取り介護の経験に対して振り返りを重ねることで，自分なりの死生観を養う。 ただし，死生観は，看取り介護の経験からその感性が磨かれるという特徴があるため，教育としては完結しないものとしてとらえる。
	記録の重要性	終末期という繊細な時期の記録は，心身共に不安定な利用者の状態を漏れなく多職種と共有するため，また面会時の状態説明や介護計画に反映して家族に状態を共有するために重要なものであることを学ぶ。 終末期に限らず，記録は状態把握と情報共有の手段として欠かせないものであるが，終末期は安定期よりも医療的な行為が増える，ささいな変化でも迅速かつ柔軟な対応が求められる，家族の面会が増えて説明の機会が増えるなど，安定期よりも家族や多職種との連携が密になってくる。状態が不安定な利用者対して，統一された意識でかかわる上で漏れのない詳細な記録が求められることを理解する。

実践	開始から終了までの経過	配置医または協力医療機関の医師が「回復の見込みがない」と判断し，家族にインフォームドコンセント（説明同意）がされて看取り介護を開始する時から，デスカンファレンスによる振り返りで看取り介護が終了するまでの経過を理解する。それに沿って利用者や家族に行われる連絡や面談の順序と，その場面で各専門職が行う具体的な行動を学ぶ。	
	専門性の理解と職種間連携	各職種の専門性と看取り介護場面での具体的な役割，その役割を果たすために多職種での連携が重要であることを学ぶ。看取り介護の経験を積み重ねることで，各々がチームと一員として専門性を発揮することの責任感と同時に，専門性を頼って他職種に協力を求める柔軟性を身につける。 終末期という繊細な時期であるからこそ，利用者の変化に対してより柔軟で迅速に対処することが求められ，かかわるスタッフの緊張感や不安感も高まるため，看取り介護を通して職種間の信頼関係や団結力を学ぶ。	
	死亡時の行動マニュアル	看護師が不在である夜間に，利用者の呼吸や心肺の停止が確認された場合に，夜勤の介護職員が対処しなければならないことと，その時の具体的な行動を学ぶ。 看護師に連絡する，医師の到着までの時間を家族に説明する，エンゼルケアの準備をするなどを順序立てて説明した行動マニュアルの作成は必須であるため，それに基づいて理解を深める。	
	書類の作成と管理	看取り介護にかかわるすべての書類とその管理方法や管理部署を学ぶ。看取り介護計画の書式と作成方法を学び，多職種協働での作成が前提であること，各職種がどのようなことを重視して計画を立案するか，状態の変化が激しい終末期は介護計画を短い期間で評価し，利用者の状態に合わせて計画を更新する必要があることを理解する。	
	デスカンファレンスの重要性	臨終を迎えて施設から見送った時点で看取り介護を終了とするのではなく，利用者を偲び，感じた不安や後悔，充実感などの秘めた思いをかかわったスタッフ同士が語り合うデスカンファレンスまでが看取り介護であることを学ぶ。 デスカンファレンスが利用者への供養になると同時に，利用者の死から学んだ気づきを共有して死生観を養うことが専門職として，また人としての成長になることを理解する。	
応用	エンゼルケアの意味と手技※	臨終後に看護師が行うエンゼルケアの意味と手技を学ぶ。エンゼルケアは，亡くなった利用者に思いを寄せて温もりの残る身体を浄める行為であり，家族やスタッフが一緒に過ごした時間を偲びながら心の整理をする貴重な機会であることを理解する。	
	看取り介護における日常的なアセスメントの重要性※	利用者はいつ終末期が訪れても不思議ではない高齢者であり，突然にその時が訪れても，その人らしい最期が迎えられるよう支援できる心構えが必要であることを理解する。その上で終末期を日常生活の延長線上にあるものととらえて特別視せず，日頃からのかかわりを大切する姿勢で，アセスメントをする大切さを学ぶ。	
	終末期における心身の変化と観察のポイント※	終末期における高齢者の心身の変化（血圧の変動，食事・水分の摂取量低下，幻視・幻聴，排尿量の減少，下顎呼吸，舌根沈下，チアノーゼなど）と，その変化に対する観察のポイントを学ぶ。また，特徴的な変化を逸した経過で臨終に至ることがあり，特徴的な変化と観察のポイントを押さえていても終末期の変化は個々で異なり，誰一人として同じ経過をたどることはないという事実を理解する。	

	終末期における家族とのかかわり方※	親や配偶者の終末期を告げられた家族は，看取り介護を選択した後にも，日々刻々と変化する状態を目の当たりにすると，寿命に任せた自然な最期を選択したこと，自宅で看取ることができないことへの申し訳なさ，意思確認ができない本人に代わって自分が選択したことへの気負いなどから，気持ちの揺らぎが激しくなることを理解する。 そのような状態の家族に対して，看護師が医療的な立場から冷静に状態の変化を報告し，介護職員が利用者の「笑った」「目を開けた」「うなずいた」などの非言語的に表現される感情，発する言葉や語りで言語的に表現される心情を報告して共有することが，家族の励みや支えになることを理解する。さらに，その報告には言葉や表現を選び，繊細な心情に適した失礼のない姿勢が求められることを学ぶ。
	臨終後のあいさつと姿勢※	臨終後に家族と交わす会話での留意点とあいさつの仕方，施設から故人を送り出す際のあいさつの仕方，葬儀に参列する際の服装やマナーと，その際に用いる具体的な言葉や表現，場に適した会話の内容を学ぶ。 家族と共に故人との思い出を回想しながら，故人に感謝の気持ちを表現することも旅立つ利用者に対するあいさつとなることを理解する。

※印のプログラムについては，P.180の資料で具体的な研修事例を紹介します。

2）看取り介護委員会の活動

　ここでは，前述の看取り教育訓練プログラムを効率的に機能させる仕組みの一つとして，また，看取り介護の運営主体として看取り介護委員会を設置することを前提とし，その委員会を看取り介護を施設内に浸透させる教育の中心として，施設での看取り教育を考えます。

　委員会の設置はあくまで看取り介護を運営するための手法の一つであって，義務ではありません。しかし，施設で看取り介護を行う場合，制度改正や世情，利用者や家族のニーズ，人員配置や運営方針などの変化によって，体制の見直しや修正が必要になります。看取り介護の体制を安定的に運営・管理し発展させていくためには，看取り介護を中心となって推進する組織として，委員会を発足させることが望ましいと考えます。

　P.166でも述べましたが，看取り介護で最も教育が必要な職種は介護職員です。相談員やケアマネジャーは委員会という集団に対してスーパービジョンの機能を発揮します。委員会を総括する責任者は委員長である施設長ですが，介護職員をはじめとする多職種が主体的に委員会を運営にかかわり，施設内の看取り教育の中心として活動できるように働きかけます。その点も踏まえた委員会の在り方を，活動事例を交えて解説します。

看取り介護委員会の概要
❖目的

　利用者一人ひとりにふさわしい最期が迎えられるように，組織における看取り介護の中心として活動します。また，看取ることを最終目的とせず，看取り介護を終

えた振り返りから教訓を重ねて，さらに利用者や家族が安心できる看取り介護の体制の構築を目指します。

❖ **役割**

多職種がチームとして協働で看取り介護に取り組むために，お互いの専門性に対して理解を深め，その専門性を尊重し合う看取り介護の体制を整えます。また，看取り介護の安定的な運営と更なる発展を目的に，スタッフを対象とした内部研修会を企画・開催し，施設全体の看取り介護におけるサービスの質の向上を図ります。さらに，外部研修会への参加により知識・技術の獲得を目指します。

家族に対しては，家族説明会などを企画・開催し，終末期に必要な選択をしていくための知識を伝達や，看取り介護の現状報告や事例の共有などにより，協力体制の強化を図ります。

❖ **構成メンバー**

施設長，介護職員，看護師，機能訓練指導員，管理栄養士（栄養士），相談員，ケアマネジャーなどが主な構成メンバーですが，事務職員も加わることが望ましいと考えます。

委員長の役割：看取り介護の総括管理者であり，諸問題を解決する総括責任者である施設長が委員長を務めます。施設で行われる看取り介護のすべてを把握して管理をしていく立場であるため，施設の代表である施設長が看取り介護の管理者として，指針で目標とする看取り介護に各職種を率いていきます。また，看取り介護の経験の積み重ねによって生じる諸問題や課題に対して，職種間の連携によって解決策を導き出せるように方向性を示し，その解決に全責任を負います。

相談員・ケアマネジャーの役割：運営の中心は委員長ですが，円滑な運営のために委員長と各職種から成る委員会メンバーのコミュニケーションの橋渡しを行い，メンバーの専門性について相互理解を深めるために潤滑油の機能を果たすのが相談員でありケアマネジャーです。あくまでも管理者・責任者は委員長であることを念頭に，他のメンバーも主体的にかかわり活発な意見交換がされるように，全体を把握して客観的にかかわる姿勢が求められます。

委員会メンバーの役割：各職種において，部署が抱える課題，他職種との連携における課題，家族との協力体制における課題など，看取り介護の実践を通して発生した課題を持ち寄り，その解決に向けてそれぞれの専門的な立場から議論します。特に利用者にとって最も身近な存在である介護職員は，一例一例経過の異なる看取り介護の経験を重ねるたびに，喪失感や悲壮感と同時に「もっと○○してあげたかった」「○○ができていたらもっと喜んでもらえたのではないか」とい

う後悔から生まれてくる前向きな思いを抱きます。デスカンファレンスなどで挙がったその「生の声」を委員会メンバーである介護職員が持ち寄り，委員会として介護職員の気持ちに応える新たな仕組み作りを検討したり，それを定着させるための内部研修会の企画を提案・検討したりします。

　看取り介護の経験が浅い時期は，「本当に寄り添えていたのか」「何かもっとできたのではないか」という後悔の思いだけが多いものですが，委員会の中で施設長や看護師などの他職種が介護職員の思いを受け止め，「どのように寄り添いたかったのか」「もう一度チャンスがあるとしたら，何をしてあげたいか」というように後悔を次の機会に生かす姿勢に転換して介護職員にフィードバックします。これを繰り返すことにより，後悔を抱いて終わる看取り介護ではなく，後悔から成長を目指す前向きな姿勢を定着させることができます。

看取り介護委員会の活動

❖事業計画，事業報告の作成

　年度末を目途に，年間の活動を振り返る事業報告書とそれに基づいた次年度の事業計画書を作成します。家族説明会など大勢を対象に開催する企画については，時間に余裕を持って開催の告知をする必要があるため，年度の中盤以降を開催時期に設定します。

❖定期・臨時開催と議事録の作成

　月に1度のペースで定期的に開催します。内部研修会や家族説明会が迫っている時期には，打ち合わせやリハーサルのために臨時開催をすることがあります。定期開催はもちろん臨時開催であっても，議事内容を記録に残して管理します。

❖書類の管理

　看取りに関する指針，意向確認書，看取り介護についての同意書，看取り介護計画，スタッフ向けの内部資料，家族向けの資料など，看取り介護に関する書類を管理します。作成・更新の作業を行いますが，それを正式な書類として採用するか否かの決定は委員長である施設長が行います。

❖情報の共有・把握

　施設内で看取り介護の対象となっている利用者の経過，看取り介護の対象となる可能性がある利用者の現状，看取り介護を終えて見送った利用者に対するデスカンファレンスの内容を共有します。

❖事例の考察

　看取り介護を終えた事例に対して，一連の過程をデスカンファレンスの内容も踏まえて考察します。職種間の連携，家族とのコミュニケーション，書類の取り扱い

など，その過程で生じた課題に対して解決策を講じます。課題の大小もありますが，主に体制の見直しや書類の修正に関する事柄を取り扱い，スタッフの個別指導など，その都度の対処が必要なものは該当する部署の管理職に一任して報告を受ける形を取ります。指導の上で同じようなことが繰り返される，または体制の見直しによって改善の見込みがあると判断されるものは，委員会内で対応方法を検討します。

❖ 内部研修会の開催

事例の考察で抽出された課題を中心に，主に介護職員を対象とした内部研修会を企画・開催します。

看取り介護の導入当初は，看取りに関する指針や死生観教育などのテーマから始まり，実践的なテーマである多職種との協力体制や，看取り介護に必要な知識や技術などに移行していきます。さらに経験を重ねていくと，看取り介護の過程で感じる不安や迷いに対する対処方法，家族とのかかわり方の留意点など，実践から得た経験を基にした応用編に移行し，介護職員の要望が反映されたものになっていきます。

資料（P.180～181）は，看取り教育訓練プログラムの応用段階に相当する内部研修会の内容を，経緯と経過と共にまとめたものです。

❖ アンケートの実施

看取り介護にかかわった家族を対象に，アンケートを実施します。退所直後にアンケートを依頼することもできますが，無記名が前提である場合は，直後に依頼すると人物が特定しやすいという理由から答えにくくなります。年に1度程度まとめて実施することで，気持ちが整理された状態で負担がなく答えてもらえるのと同時に，回収率も上がります。

アンケート結果は，集計・分析の上，看取り介護の体制や書類の見直し，内部研修会の資料などとして活用します。

無記名でアンケートを実施しても，記名の上，手紙まで添えて返信してもらえることもあります。アンケートの内容はもちろんのこと，感謝やお礼が述べられた手紙はスタッフの励みになります。こうした手紙は，内部研修会などで差出人を伏せてスタッフが閲覧する機会をつくると，スタッフにとって励みや自信，さらなる質の向上に向けた活力につながります。

❖ 家族説明会

利用者を看取ることになる家族は，いざその時を迎えた時に動揺してしまい，必要な選択が冷静にできないこともあります。また，施設で終末期を迎えることが想像できず，漠然とした不安だけを抱いてしまい，看取り介護を選択することに抵抗を感じる家族もいます。

資料　応用段階で行った内部研修会の例

研修テーマ●エンゼルケアの意味と手技

　介護職員の心の整理と利用者への感謝の意味を込めて，施設で看取り介護を開始して以来，介護職員が看護師の行うエンゼルケアの補助を行っています。看取り介護を開始した当初は，「亡くなった人の身体に触ってよいのか」「どのような気持ちで清拭をすればよいのか分からない」と，混乱する介護職員がいました。そこで，看護師からエンゼルケアの意味と手技を講義形式で解説し，亡くなった利用者に思いを寄せて，温もりの残る身体を浄めることが，一緒に過ごした時間を偲びながら心の整理をする貴重な機会であることを伝えました。

　研修の結果，利用者に語りかけながら清拭をする，思い出を振り返り涙しながら化粧をするなど，エンゼルケアを通して利用者への感謝の気持ちや別れを悲しむ気持ちを素直に表現し，心の整理する様子が見られるようになりました。

　今では，「しっかりとお別れがしたい」と，率先してエンゼルケアの補助を申し出る介護職員が増えています。

研修テーマ●看取り介護における日常的なアセスメントの重要性

　施設での看取り介護を開始して2年が経過したころ，介護職員から「自分の行っている看取り介護に自信がない」「利用者の意向や好みを汲んだ看取り介護ができているのか不安」という声が挙がったことをきっかけに行った研修です。研修内容の充実を図るために，介護職員を対象にアンケートを行い，看取り介護に対する介護職員の本音を調査しました。その集計の結果，「やるべきことはやっているつもりだが，利用者の意向を汲んだ介護ができているという自信はない」という回答が大半を占めました。

　そこで，介護職員が「利用者はいつ終末期が訪れるか分からないのだから，突然にその時が訪れても，その人らしい最期が迎えられるよう支援できる介護職員としての心構えが必要である」という意識を持ち，終末期を日常生活の延長線上にあるものととらえて特別視するのではなく，日頃のアセスメントを大切にしていれば，終末期を冷静に受け止めて必要な介護が提供できること，その体験が自信につながることを知ってもらおうと，具体的な対策を検討しました。その結果，終末期の意向を記入する欄を設けた新しいアセスメントシート（P.74〜75参照）を考案し，その意図と使用方法を解説するために研修を行いました。個人ワークとグループワークの2段構えにして，実際にシートに記入する研修の構成にすることで理解が深まることを期待しました。

　研修の結果，1カ月に1度定期的に更新されるアセスメントシートへの記入量が全体的に増え，終末期の意向を趣味趣向やこだわりから探り，記入することが習慣化されていきました。内容については検討の余地がありますが，終末期をその人らしく過ごしてもらうことを常に意識する仕組みを定着させることができました。また，介護職員の行動への影響として，反物売りで生計を立てていた着物が大好きな利用者の居室に，目を開けた時に折り紙で作った色とりどりの着物が見えるように装飾をする，人と接することが大好きで寂しがり屋の利用者の居室に，家族との思い出の写真やスタッフと撮ったイベントの写真をコメントを添えて装飾するなどの工夫が見られるようになりました。どれも，介護職員のアセスメントから自発的に出てきた行動で，利用者からも家族からも大変喜ばれました。

研修テーマ●終末期における心身の変化と観察のポイント

　看護師が不在の夜間に勤務する介護職員から挙がった「今までの看取り介護の経験からその都度看護師に確認してきたが，改めて終末期に現れる変化と，それに対してどのようなことに注意して観察をすればよいのかを知りたい」という要望に応えた研修です。看護師を講師として講義形式で研修を進めましたが，呼吸を楽にするための肩枕の実演などを交えて，介護される側の感覚を少しでも実感できるように工夫をしました。また，特徴的な変化を逸して臨終に至った実体験に基づく事例も紹介し，特徴的な変化と観察のポイントを押さえていても，終末期の変化は個々で異なり，誰一人として同じ経過をたどることはないということを伝えました。

　看取りにまつわる不思議な体験談も紹介しました。

　臨終を目前に死期を悟ったかのように「足袋は三文半。着物はたんすの２段目」と，自分で用意していた装束の準備を家族に求めた利用者，亡くなる前日に急に立ち上がって「皆さん，ありがとうございました」とあいさつをし，その日の夜中に急逝した利用者，何度も呼吸が止まりそうになったのに家族が全員そろうのを待って亡くなった利用者など，想像が及ばないところで利用者の意思によって起きているであろう神秘的な出来事を共有しました。

　研修の結果，利用者のささいな変化を迅速に看護師に報告する，看護師が不在となる夜間は複数の介護職員で状態の変化を共有して慎重に経過を観察する，利用者が発する言葉を大事にして家族に伝えるなど，小さな気づきを見逃さず共有しようとする姿勢が介護職員に見られるようになりました。

研修テーマ●終末期における家族とかかわり方・臨終後のあいさつと姿勢

　「先日，亡くなった直後に訪れた家族に対して，どのように声をかければよいのか分からなかった。エンゼルケアの最中も，待機していた家族に話しかけられたが，うまく答えられず申し訳なかった」という介護職員の訴えを受けて行った研修です。

　家族とのかかわり方については，利用者の状態変化によって気持ちが揺れる終末期全般において共通する課題ですが，特に，臨終が近い切迫した場面や臨終後に家族が悲しみにくれている場面で声をかける機会は限られています。若年の介護職員でも，先輩スタッフや看護師，相談員やケアマネジャーと一緒にそのような場面に立ち会った経験があれば，どのようなあいさつや会話をしているかを見て学んでいますが，他職種が不在の夜間に介護職員のみで対応しなければならない場面が最初の機会であれば，あいさつの仕方が分からないことに加えて，焦りや動揺，看護師への連絡などで頭がいっぱいになり，冷静に対処ができなくなります。

　そこで，この研修は，終末期を迎えた利用者に家族が面会に訪れる場面と臨終の迫った場面の２つの場面を想定したロールプレイ（疑似体験）を行い，介護職員，看護師，利用者，家族の配役をして，家族への声のかけ方やあいさつの仕方に加えて，利用者や家族の気持ちを相手の立場で考えられるように進めました。さらに，家族への対応については，具体的に用いる言葉や表現，場に適した会話の内容も説明し，より現実に近い形で伝える工夫をしました。

　研修の結果，退所後に家族から「本当にしっかり看てもらった。夜中に介護するスタッフは大変だろうに，何度も部屋を訪問してもらって，親切な声をかけてもらった」という言葉をもらうことが増え，介護職員の実践が成果として見えるようになってきました。

そこで，いつ訪れるか分からない終末期に対して，家族に利用者を看取る心の準備をしてもらうこと，また施設での看取り介護を選択肢の一つとして考える機会を提供することを目的に家族説明会を開催します。

若年の介護職員や経験の浅い介護職員が家族説明会の進行を務めることには大きい意味があります。もちろん，日頃から家族の窓口である相談員やケアマネジャーが進行しても問題はありませんし，むしろ場に慣れている分，円滑に進行できるでしょう。介護職員は，家族と利用者の状態報告を含めた日常会話を交わすことはあっても，より深刻な相談や苦情を受ける機会は少ないものです。だからこそ，家族説明会で家族に話をすることで，言葉の適切な使い方や表現力が養われ，看取り介護中に面会に来る家族と会話をする場面でしっかり状態を説明できる，また臨終後の利用者を見送る場面で適切なあいさつができる力を身につけることが期待できるのです。

また，こうした体験が介護職員としての自信とスキルアップにつながります。家族にとっては，自分の親や配偶者に最も近い存在の介護職員が，主体性を持って看取り介護を行っているということに改めて安心感が得られ，今まで以上に頼れる存在として意識されることが期待できます。

筆者の経験では，家族説明会で司会を務めた介護職員は，利用者や家族に適切な言葉を選んで様子や状態を説明できるようになり，それまで以上に会話が弾むようになるなどの変化が現れました。そればかりか，家族から介護についての相談を受ける，フロアや配属先の違いから接点が少ない家族に話しかけられることが増えるなど，介護職員に対する家族の視線に変化を感じる出来事もありました。相談員やケアマネジャーは，このような効果が得られることも念頭に置いて，委員会内の介護職員を始めとする多職種の連携を支援し，成長を促していきます。

主な家族説明会の内容は次のとおりです。

終末期の選択肢：施設での看取り介護だけが終末期の選択肢ではありません。「口から食事が摂れなくても生きたい（生きていてほしい）」という利用者や家族の思いから，新たな栄養管理の方法（胃ろう・腸ろう，経鼻経管栄養，中心静脈点滴など）を選択する場合もあります。施す医療行為に限界がある施設で苦痛緩和が十分にできない癌などの病気を患ってしまったら，ホスピスや療養型病院を選択する場合もあります。地域包括ケアシステムが整備されれば，思い出の詰まった自宅や家族の家で終末期を迎えることを選択する場合もあるでしょう。施設は，施設での看取り介護についてのみ説明し，理解をもらえればよいわけではありません。より多くの選択肢を提供し，それぞれのメリット・デメリットも説明して，個々の状況や環境に適した選択をできるように支援していかなければなりません。

施設での看取り介護：施設での看取り介護を選択する場合に踏まなければならない手順，看取り介護が開始されてからの施設との協力体制，家族間の連携，亡くなった時に必要な品物や手続きなど，具体的に家族が把握して行動しなければならない事柄を伝えておく必要があります。「亡くなる準備をしているようで気が引ける」という声を聞くこともありますが，これは，見送る家族側の心の準備として必要なことです。看取ることは，精神的にも肉体的にもとても悲しくつらいことです。医師から終末期を告げられてからの亡くなるまでの期間は個人差がありますが，だからこそあわただしく見送るのではなく，その人らしく見送る準備を家族が整えられるように支援しなければなりません。

　この心の準備の過程で，家族は介護職員や看護師など利用者に近い職種には言えない本音や揺らぐ気持ちを，相談員やケアマネジャーにはぶつけることがあります。兄弟や配偶者がなく一人で選択して看取り介護に臨む家族は，近くに相談相手がいないこともありますので，気持ちに寄り添って不安や動揺を受け止めていく姿勢がより一層求められます。「どんな小さなことでも構わないので，遠慮なく相談をしてほしい」という相談員やケアマネジャーの姿勢を，家族説明会の場で伝えておくことが必要です。

終末期における高齢者の心身の変化：終末期における高齢者の心身の状態変化には，特徴があります。また，その特徴的な変化を逸して，予想もできない症状や言動が出現することがあります。看取り介護の経験を重ねている施設スタッフでも，個人差のある終末期の経過に動揺することがあるぐらいですから，初めて看取り介護を経験することが大多数の家族であればなおさらです。

　特徴的な変化については，基本的な知識を講義形式で伝えることもできますが，自分の身に置き換えて考えることが難しい家族も多いようです。また，実際にその変化に立ち会うのは終末期を迎えた利用者を見送るその時のみですから，不安が膨らむだけになってしまう家族もいます。そのような家族の心情を察して，特徴的な変化やそれを逸する症状や言動を，実際の事例や体験談を通して伝える工夫が必要です。ロールプレイ（疑似体験）を通して，施設での看取り介護をより身近なものとして受け止め，いつ訪れるとも分からない親や配偶者の終末期に備えてもらいます。

看取り介護の事例，体験談の紹介：事例の紹介は施設スタッフの視点から看取り介護の体験を伝えます。利用者の変化をどのように観察しているのか，その変化に何を感じるのか，家族とはどのような会話をするのか，看取った後どのような気持ちになったかなど，職員が看取り介護を通して感じていることを中心に伝える

機会となります。

　体験談の紹介は看取り介護に携わった家族を招いて，家族の視点から看取り介護の体験を伝えるものです。医師から状態回復の見込みがない終末期であると宣告された時の気持ち，日々の面会や宿泊で本人と過ごしている時の気持ちの揺らぎ，スタッフとの会話で励まされた経験，臨終後の穏やかな表情を確認した時の気持ちなど，看取り介護を経験した家族にしか語れないことを伝えてもらいます。家族によっては思い出すことさえも心労になることがあります。感情の揺れを観察して受け止め，個々の看取り介護の全体像を把握している相談員やケアマネジャーを中心に，依頼する家族を選択して交渉します。また，家族との打ち合わせも相談員やケアマネジャーが行い，話をしてくれる家族の負担軽減に努めます。当日のお礼のあいさつや，後日手紙や電話でお礼の意を伝えることも忘れてはなりません。

　直接的な付き合いがなくなった退所後でも，家族との信頼関係を保つことで，看取り介護を経験した貴重な存在として家族説明会への参加を依頼することができます。

　これは，看取り介護以前に，入所から退所までの経緯すべてにおいて「自分の家族を任せられる」という信頼感を得ていたかということに左右されます。看取り介護が家族も含めた協力体制のもとに順調に進められるか，退所後も看取り介護の発展のために協力が得られるような関係性が保てるかは，介護職員を始めとする多職種の日常的な努力によるものだけではなく，各職種の専門性を生かしたサービスを提供するためのコーディネーターである相談員やケアマネジャーが，入所前から退所後まで付き合う覚悟で家族とかかわり続けていたか，それを家族に伝えられていたかにかかっています。

　看取り介護は入所時から始まっています。相談員やケアマネジャーはそれを念頭に，利用者や家族，他職種との関係性を築いていきます。

❖**実践発表**

　活動が施設内だけで完結してしまうと，自分たちの行っている看取り介護の方向性が一般的に受け入れられるものであるのか，逸脱していないか，あるいは先進的なものであるかなど，客観的な評価ができません。情報交換を求めるだけであれば，近隣施設との交流も一つの手段ですが，より発展的・挑戦的に看取り介護を推し進めるのであれば，他機関が主催する外部の研究発表会に参加したり，近隣住民や関係機関に向けた発表会を企画・開催したりすることを提案します。

　近隣施設との交流では，同じ業種の視点かつ共通の地域風土で情報交換はできますが，情報の範囲が限られてしまう可能性が高いと思われます。その点，外部に出向く研究発表や外部に向けた発表会は，反応がより冷静で客観的です。その反応が肯定

的か否定的かにかかわらず，他者から評価を受けることは緊張と不安を伴うものです。しかし，家族説明会の開催と同様に，新たなステップに向けた努力やそこで受ける刺激が介護職員を始めとする各職種の専門性を高め，相談員やケアマネジャーにとっても井の中の蛙になることを回避して，看取り介護の質を追求する追い風になります。

　内部研修会や家族説明会の開催と比較すると難易度の高い取り組みではありますが，これも委員会の成長と看取り介護の発展に大きく貢献します。

看取り介護委員会の展望

　誰一人として同じ終末期をたどる人はいません。なぜなら，誰一人として同じ人生を歩んではいないからです。看取り介護委員会は，そこに重点を置いて活動をしていかなければなりません。看取り介護に必要な医療的な知識，家族とのコミュニケーション技術，アセスメントの手法など，学んで身につけられる知識や技術はたくさんありますが，それだけでは見えてこないものがあります。それが，同じ人生に二度も寄り添う機会はないという事実であり，看取り介護の経験を重ねてこそ実感できることです。だからこそ，施設という組織の中でその貴重な経験を共有して，一例一例の丁寧な考察からしか見えてこない看取り介護への姿勢を追求していくことが必要なのです。

　後悔を伴わない看取り介護はありません。同じことを繰り返すのであれば，最初は下手でも回数を重ねれば上手になるでしょう。しかし，同じことがない看取り介護は，いくらアセスメントをしっかり行い，利用者の意向を反映した看取り介護を実現できたと感じることがあっても，どこかで「本当にこれでよかったのか」「この人の最期にどれだけ寄り添えただろうか」と自分に問いかけることはなくなりません。それは当然のことで，その自問自答がないことの方が問題です。紆余曲折があったであろう長い人生の終わりに，わずかな年数の付き合いである私たちだけの力では満足して全うしてもらうことはできません。利用者の心の拠りどころである家族の，本人を支えたいという思いと大切な人を失う悲しみの入り混じった複雑な心境に寄り添って，一緒にその人らしい最期を追求しながら，最大限の努力をするしかないのです。

　委員会は，後悔が伴わない看取り介護はないことを前提に，その後悔が少しでも和らぐことを目標として，看取り介護の実績を一例一例丁寧に考察する地道な努力を重ね，自分たちに足りていなかったことを補いながら，その人らしい終末期が迎えられるように備えていきます。この作業には終わりがありません。この終着点のない看取り介護の組織づくりに向き合い続け，より個人の意向を反映した尊厳のある看取りを目指し，質の高い介護を追求し続けることが委員会の目標であり，役割です。

利用者を取り巻くすべての人・環境に働きかける相談員・ケアマネジャー

　多様な人生の最後に立ち会い，その人生だけではなく，時には利用者の周囲を取り巻く家族の人生にまで介入しながら看取り介護にかかわるのが，相談員やケアマネジャーです。

　例えば，入所前面談で訪問した高齢者が想像以上に状態が不安定で，入所してすぐに看取り介護に移行するかもしれないと判断される場合でも，それまで在宅で懸命に介護をしてきた家族が病気を患って介護に限界を感じ，生活そのものが追い込まれている状況があったとしましょう。そのような場合，私たちは家族の「本当は最期まで自宅で看たい」という思いを託してもらい，新たな選択肢として，施設入所を勧める必要があります。それが，本人にとっても家族にとっても不本意なことであっても，両者にとってほどよい距離を取ることが必要だと判断すれば，入所直後に終末期が迫っている可能性も考慮して，受け入れる環境を整えます。受け入れは多職種との協力体制のもとで行われますが，日頃から多職種に対してのスーパービジョンが適切に行われ，信頼を得られていなければ，早期の看取り介護を見据えた入所の受け入れは不可能です。

　地域包括ケアシステムが整備されれば，在宅で終末期を迎えられる可能性が高くなります。しかし，システムだけでは補えない単身世帯や核家族の増加による介護のマンパワー不足が解消される目途は立っていません。個人の意思を尊重した看取りを自宅でできるに越したことはありませんが，それが難しいのが現実です。施設での看取り介護は，最期まで自宅で過ごしたい本人の意思や，それを叶えてやりたいという家族の思いを引き受けて，できる限り自宅に近い環境で，適切な介護を受けて安心して旅立てることを目指します。それを実現するための看取り教育に，入所前から退所後まですべての過程にかかわり，利用者を取り巻くすべての環境に働きかけて調整をする相談員やケアマネジャーの存在が欠かせません。

　家族や他職種に対して個別に，組織に対しては看取り介護委員会に所属して働きかけるスーパービジョンの機能が必要です。相談員やケアマネジャーはこれらを駆使して施設における看取り介護が，今後も利用者の個々の意思を尊重し，家庭的で居心地のよい安心した環境で提供され続けることを目指さなければなりません。

参考文献
1）東京都社会福祉協議会高齢者福祉施設部会職員研修委員会：高齢者福祉施設 生活相談員業務指針'12, 2012.

第 7 章

看取り支援実践
Q&A 50

看取り業務にかかわるQ&A

■意思決定支援

Q1 入所時に看取り介護の意向確認をしていますが，実際にその時期がきたら，もう一度確認した方がよいのでしょうか。

「入所期に意向確認をする」というよりは
「入所期から意向確認をする」という考え方が望ましいです。

　入所してから終末期を迎えるまでの期間には個人差がありますが，何年も前の入所時に確認した意向が，いざ終末期を迎えた時に変わっていることはよくあることです。利用者の状態変化に合わせて本人や家族の意向は揺れるものであると考えて，入所期から，安定期，急性増悪期，回復期，衰弱期などの変化の節目だけではなく，穏やかに過ごせている安定期にケアプランの更新時期などと合わせて，書面で定期的に終末期について考える機会を持ってもらうことが必要です。平常時の冷静な状態でその時が訪れた時のことを想像し，記入してもらうことで，突然に訪れる終末期に対しても冷静に後悔の少ない判断をする手助けになります。

　看取り介護に携わった家族に対して行ったアンケートの結果でも，「日頃から定期的に考える機会があったので，心の準備ができた」という回答が多く寄せられています。中には，亡くなることを考える機会が定期的にあることに対して「まだ元気なのに，回答する必要があるのか」と疑問を持つ家族もいますが，高齢であれば急に終末期と向き合うことになる可能性が高いこと，その時の判断に後悔を少なくするために行っているのだということを繰り返し説明したり，これまでの経験から具体的な事例を挙げて必要性を伝えたりすると，納得してもらえることが多いです。

　また，記入をする苦痛を受け止めて，丁寧に説明を繰り返すことが信頼感を生むことにつながります。家族説明会の開催は，施設側が看取りをどのように考えて意向確認を定期的に行っているのかという趣旨説明や，看取り介護の具体的な事例の紹介などができるので，書面の必要性をより多くの家族に理解してもらえる機会になります。

　意向確認の場面に限らず，日常的なコミュニケーションにより信頼関係ができていればこそ，意向確認の必要性や書面で回答する必要性の説明に耳を傾けてもらうことができますので，日頃の会話や相談，苦情などに真摯に対応する姿勢が何より大切です。

Q2 施設で看取ることをとても悩んでいる家族がいます。どのような決定を促すように支援すればよいでしょうか。

施設での看取り以外の選択肢と，施設での看取り介護でできる範囲や仕組みを説明することが大切です。

　最期をどこで過ごすのか，何をどこまでするのかを決めなければいけないのですから，家族が悩むことは当然です。だからこそ，施設での看取り以外の選択肢をしっかりと説明すること，また，施設での看取り介護でできる範囲や仕組みを説明することが大切です。「こんなはずではなかった」という後悔があっては，家族にとっても施設にとってもつらいことです。

　胃ろう，腸ろう，経鼻経管栄養，中心静脈点滴などのいわゆる延命行為を選択して施設あるいは療養型病院で過ごす，在宅サービスを活用して自宅で最期を迎える，施設で医療行為を極力避けて寿命に任せた最期を迎えるなどの選択肢を選択する行為や，場所によって考えられるそれぞれのメリット・デメリットを正確に把握して説明することが必要です。

　利用者の持病や身体状況，家族の状況によっては選択肢が限られることもあります。家族が施設での看取りを希望しても，それを叶えられないこともありますので，事前に利用者にとって適切な選択肢を，医師や看護師の意見も含めて準備しておく必要があります。施設での看取りができる状況であると施設側が判断しているにもかかわらず，家族が決断できない場合は，まずはその理由をしっかりと把握することが必要です。その上で，看取りを選択できない理由に対して施設がどこまで支援できるか，具体的な案を提示して家族との話を詰めていきます。あくまでも「看取りに関する指針」の範囲内での調整になるので，施設が対応可能な範囲を越える理由があれば断念せざるを得ませんが，可能な範囲で家族の判断材料を増やし，決断を促すことが必要です。

Q3 利用者が認知症などで意思決定できない場合，家族に意向確認をすればよいのでしょうか。

意向確認は，契約時の身元保証人である家族に依頼しましょう。利用者の性格や生活歴を最もよく理解している家族に確認することが望ましいです。

　認知症などを患う前に本人と相談して意向確認を行っている家族や，そのことを本人が文書にしたものを預かっている家族もいます。本人が尊厳死協会に入っていることを証明するカードを持っている家族もいます。入所時から意向確認を行って

いれば，早い段階にそれを把握することができます。

　また，家族が本人の意向を聞いていない場合や，文書などの意思表示をするものがない場合でも，入所してから定期的に文書によって意向確認を繰り返すことで，冷静に終末期を迎えた時のことを考えられるようになります。身寄りのない利用者であっても，遠い親戚がいる場合は，その親戚に定期的に連絡を取りながら終末期を迎えた際の対応を確認しておく必要があります。

　身寄りがなく，意向確認も難しい利用者は，成年後見人が選任されていることもありますが，成年後見人の任務は生活していくための財産管理と身上監護であり，生死にかかわることについては判断できません。このような場合，施設での看取りを選択するよりは，医療行為を含めできる限りの延命行為をすることを前提に医療機関を選択することもあります。家族への意向確認が難しい状況にあり，入所時点で本人への意向確認が可能であれば，終末期を見据えて聞き取りやそれを文書に残して署名をもらっておくなど，事前に策を講じておくことが望ましいと思います。

Q4 看取り介護実施中に気持ちが揺らぐ家族には，どのような支援が必要ですか。

まずは，家族が抱いている現在の気持ち（感情）に理解を示し，寄り添うことから始めましょう。

　家族の気持ちの揺らぐのは看取り介護の時に限ったことではありません。在宅介護が困難となり施設への入所を決める時にも家族には迷いや不安があり，特に主介護者には，家族の関係が途絶えてしまうのではないかといった錯覚からくる罪悪感，葛藤，喪失感があったはずです。また，けがや病気で少しずつ機能が低下し，今までできたことができなくなっていくさまざまな変化を受け止めているように見えても，終末期においては一言では言い表せないほど，深刻で複雑な感情がわき起こってくるものです。

　医師から何度も説明を聞いていても，何か別の治療をすれば，もしかすると，持ち直すのではないかと望みを持ち，1日でも長生きしてほしいと願う家族がいても当然です。

　私たち援助者はまず，こうした家族が抱いている現在の気持ち（感情）に理解を示し，寄り添うことから始めましょう。それによって，施設のスタッフが本人・家族の良き理解者となります。「味方である＝ここに居てよい」と感じてもらえるアプローチが必要です。

　さらに大切な家族の一人がこれから死を迎えることに対して，グリーフ（悲嘆）

のプロセスは必ず存在します。このプロセスでは、「喪失」と「立ち直り」というそれぞれの思いを天秤にかけたように心が動きます。初めは一日の中でも心が揺れ動きますが、回復する（自ら冷静さを取り戻す→立ち直る）に従って、動き（揺らぎ）は1日単位であったものが、週単位、月単位となり、次第に鎮静化に向かっていきます（「克服」）。また、文化・社会宗教的、時代によって異なることを考慮して初めて家族固有の悲嘆の反応が理解できます。

　私たちがチームで家族の支援を行うことは、看取り介護には欠かせない一過程であることを理解して取り組みましょう。

Q5 看取り介護を開始したところ、これまで見たこともない親戚が施設に来て「ここではだめだ！ 入院させろ！」と怒鳴り散らします。どのように対応すればよいでしょうか。

**看取り介護は家族の総意で進めることが不可欠です。
まずは、これまでの経過を丁寧に説明します。
そして、意思決定を急がせず、
他の親族とも十分に話し合えるよう支援します。**

　普段は、決まった家族（親族）しか面会に来なかったとしても、看取り介護を開始すると、これまで見たことのない親族も施設に足を運ぶようになります。看取り介護に入るまでの経過を知らされないまま利用者と面会すれば、「こんなに弱っている」と嘆いたり、驚愕したりする親族もいるでしょう。その際には、施設側がこれまでの経過を丁寧に説明する責任（アカウンタビリティ）があります。もし、現在は利用者との意思疎通が困難になっていたとしても、入所時の意向確認書などを提示しながら、利用者や家族の意思・意向をしっかり伝え、施設の独断ではないことを理解してもらいます。それには、日頃利用者がどのように過ごしていたのか具体的に相手に伝えるスキルが必要です。

　看取り（終末期）の判断は、治療を施しても回復の見込みがないと医師が診断した指針に基づいていることをどの家族にも理解していただく必要があります。

　仮に看取り介護を途中で「取り止めたい」と申し出があった場合には、その後どういった状況が考えられるのか、どのような経過をたどることになるのか医師を含めキーパーソン以外の親族も交えて、改めて話し合いの場を設けるとよいでしょう。

Q6 看取り介護を納得したものの,本人の様子を見るとつらそうで耐えられないので,医療機関に搬送してほしいという家族には,どのように対応すればよいでしょうか。

死に向かうプロセスの中で戸惑う様子があれば,その都度,丁寧な説明をして,状況に対して理解を得ることが必要です。

　医療機関で亡くなることが一般的となっている中,人間が自然な形で最期を迎えようとするプロセスを学ぶ機会は失われています。そのため,下顎呼吸や脱水に伴う発熱,チアノーゼなど,体の自然な反応が苦しそうに見え,家族は戸惑うのです。また,医療機関にかからずに死を迎えることに不安を感じる家族もいます。

　看取り介護は,家族にとって死を迎えることを想定した心的負担の大きいものであり,家族の気持ちは大きく揺れ動きます。不安がないように支えることが相談員・ケアマネジャーの役割ですから,戸惑う様子が見られれば,その都度丁寧に説明し,理解を得ることが必要です。このような際は,施設スタッフだけで説明するのではなく,医師にも依頼して,再度説明してもらうことが賢明でしょう。それでも,家族が医療機関への移動を希望するのであれば,否定せず,どのような治療を希望しているのかを明確にして,医療機関とも相談する必要があります。

　医療機関に最期を委ねることになる場合,延命治療を希望することが前提になり,胃ろう造設や中心静脈栄養法などが施されますが,ターミナルケアを実施している療養型病院もあります。

　看取り介護を開始する際は,途中で医療機関への搬送の希望する可能性もあると考え,対応できる医療機関を事前に調べておくことが,幅広い対応ができる相談員・ケアマネジャーの要件かもしれません。しかし,このような終末期の混乱は,穏やかな終末とはかけ離れた対応ではないでしょうか。このようなことにならないためにも,相談員・ケアマネジャーは終末期の過程に対し,家族が安心できるような働きかけをすることが必要です。家族も不安がなく支えられれば,このような事態は回避できるはずです。

Q7 利用者や家族が死を受容するまでに，どのような精神状態を経るのでしょうか。また，受容できるようにするには，どのようにかかわればよいのでしょうか。

エリザベス・キューブラー・ロスが提言する5つの段階に応じた支援を行うとよいでしょう。

　終末期を迎え，死に向かう過程では，利用者や家族の思いは揺れ動きます。スタッフは，悩みを相談しやすい環境を整え，揺れ動く心に寄り添いましょう。先が見えず不安に感じている家族には，利用者の状態や施設における看取り介護の取り組みなどについて，丁寧に誠意を持って説明を行う必要もあります。その際は，実際に看取り介護を行った事例も交えて説明するとよいでしょう。

　スイス生まれの精神科医であるエリザベス・キューブラー・ロスは，死を受容するまでに次の5つの段階を経るとしています。

① 「否認」：「私（あるいは家族）が死ぬなんて何かの間違いではないのか」と死に対して背を向け，否定する段階です。他人を信じることができない段階ですので，社会から孤立しやすくなります。

② 「怒り」：「なぜ私が死ななければならないのか」と怒りを周囲に向けます。病気などに対してだけでなく，「健康に生きている人」などさまざまなものが怒りの対象となる段階です。

③ 「取り引き」：「何かすれば治癒するのではないか」と考え，さまざまな取り引きを模索します。受診や入院をして治療を希望するなど，延命のための取り引きをします。

④ 「抑うつ」：取り引きを模索するものの，回復の手段がないため死を実感し，ふさぎ込んでしまう段階です。

⑤ 「受容」：死を受け入れる段階です。「どうせ死ぬのなら，それまでに○○をしよう」と死を前向きにとらえることができます。

　このように，「死」を受け入れる過程で利用者や家族の精神状況は揺れ動きます。スタッフは，利用者や家族がどの段階にいるのかを考えながら，接します。利用者が亡くなった場合に一番，ショックや後悔が少ない段階はどの段階でしょうか。それは「受容」です。利用者や家族が死を受け入れ，死に向かって準備を行っていることが看取り介護を行う中で利用者や残された家族が後悔しない条件です。施設が意思決定を行うことはもちろんありませんが，利用者や家族が「受容」できるよう配慮することは，看取り介護を行う上で求められていることの一つです。

Q8 身寄りがなく，成年後見人を立てている利用者への看取り支援は可能でしょうか。

終末期医療における延命治療については，医療従事者（医師）が，利用者にとっての最善の治療方針を判断します。

　利用者自身が意思表示するのが困難だった場合，終末期医療における延命治療の意思決定は，医療従事者（医師）に委ねることになり，医療従事者（医師）は利用者にとっての最善の治療方針を判断します。

　利用者が事前に「リビング・ウィル」（終末期医療において延命治療を求めないという意思を表明しておく書面）を作成していれば，施設や成年後見人は，医療従事者（医師に）にそれを示すことで，利用者の意思を推測する資料となります。ただし，「リビング・ウィル」には法的効力はありませんので，利用者の意思を公的に証明するには「尊厳死公正証書」を作成しておくことが必要です。

　なお，施設スタッフや成年後見人には，延命治療に関して医療同意をする権限は，原則としてありません。それでも，日頃から利用者にかかわっている最も身近な存在であり，利用者の意思を尊重して介護に当たっていたスタッフによる記録などが利用者の意向を汲み取る手がかりになることがあります。普段の何気ない会話も記録に残しておきましょう。

■看取り介護計画書

Q9 利用者や家族の意向に沿った計画書の作成の仕方を教えてください。毎回，「これでいいのか」と不安になります。

これが正解という計画書はありません。
利用者や家族の意向を具体的に反映し，
限りのある時間で実現可能な計画を立てましょう。

　看取り介護計画書が人生の最終ステージにおける「利用者と施設の関係性を明確にする」大切な取り交わし文書であることを，まず理解しましょう。看取り介護加算の算定用件（第40号ハ）では，「医師，看護師，介護職員等が共同して，入所者の状態または家族の求め等に応じ随時，計画書の内容を本人や家族に説明を行い，同意を得た介護が行われていること」とされており，「不安な内容」のまま提示した場合は，利用者や家族からは納得が得られないことになり，サービスの実施自体が不可能となります。

　当然のことながら，ケアマネジャーが一人で思い悩み作成するものではありませ

ん。利用者や家族の意向を十分に把握した上で，具体的な内容に反映します。施設サービス計画書と違うのは，実施期間や目標設定をせず，限られた時間で実現可能な内容を盛り込むという点です。

　ここで言う「利用者の意向」は，これまでかかわってきたスタッフの記録などが参考になる場合もあります。また，「具体的内容に反映する」ことについては，利用者にまつわる多くの情報を基にアセスメントし，原案を基にカンファレンスを開催し，説明・同意を得た計画書を実施し，見直しを行うという手順を踏まえることで，大きな見解の相違はなくなるはずです。

　カンファレンスでは，原案を叩き台にして，専門職が議論し，精査します。一般的には，「食事／栄養」「清潔」「排泄」「疼痛緩和」「環境整備」「精神的支援」など項目を設定します。

　例えば「食事」については，家族から「昔から好きだった〇〇を食べさせてやりたい」といった具体的な申し出があった場合は，嚥下機能低下により誤嚥や窒息などのリスクがあるので「施設としては提供するのは難しいと判断している」と伝え，「これが最後になるかもしれない」ことを理解してもらった上で，家族が面会時に持参した食べ物を提供するなどの位置付け＝取り決めを行うことで重要な役割を果たします。

　「環境整備」「精神的支援」については，部屋で過ごす時間が長くなるこの時期，「ずっと天井を見つめることになる」「いつもの生活音が届かなくなる」といった空虚な空間ではなく，利用者の好きな花を飾ったり，好きな音楽を流したり，目線に合わせて故郷の風景画を飾ったり，家族との思い出の写真を貼ったり，訪室した際はなじみのある話題を話しかけたり，生まれ故郷の歌を歌ったりと，さまざまな演出が考えられます。このような支援によって利用者は「安心感」を覚えるのではないでしょうか。

　ただし，これが正解という計画書は存在しないのだということは覚えておきましょう。

Q10 看取り介護を開始して半年が経過しています。計画書を見直す頻度はどの程度が適切でしょうか。

通常の施設サービス計画書のように，一律に考えるのではなく，短期間で柔軟に見直しましょう。

　カンファレンスなどの場で「小康状態で大きな変化がない」「安定している」など多職種からの一致した意見が出る場合は，個別に見直し時期を設けるとよいでしょう。

　看取り介護を一くくりにとらえてはいけません。利用者の原疾患や生活背景などにより，間もなく死期（臨終）が訪れる場合もありますし，看取り介護が長期にわたる場合もあります。多職種によるタイムリーなアセスメントと情報収集の結果，軽微な変更や提案があれば，ケアマネジャーから関係部署に発信し，統一した対応を図ります。同時に，家族にもその都度経過を伝えましょう。

　定期的なカンファレンスやモニタリング，デスカンファレンスの際は，看取り介護計画書の内容や対応が利用者にとって適切であったかという視点で議論されることに留意をして見直すように心がけましょう。

Q11 医療機関に治療のため入院したところ，約1週間の禁飲食の後，食事を再開しましたが，医師からは「口から食べることは難しい」と言われました。家族の希望により，施設で看取り介護を行うこととなりましたが，退院後のプラン（サービス内容）では，何に気をつければよいでしょうか。

退院に際しては，1日における食事・水分摂取量の目安や食事形態，水分につけるとろみ濃度，食事用具，離床時間や車いすの角度などを具体的に記載し，どのスタッフが対応しても標準的な介助ができるようにしてください。

　点滴のみでしばらく口から何も食べていない状態の場合，消化管活動は弱っていますし，いきなり食べ物を飲み込むと誤嚥することもあります。医師や（管理）栄養士，歯科医師などに相談し，どのような状態のものであれば摂取できるかを検討することから始めましょう。

　食事については，「看取り介護確認事項の説明」（P.65）を参考にしてください。

■業務体制

Q12 これから施設で看取り介護を行う体制をつくっていきたいと考えています。どのような手順で取り組むべきなのでしょうか。

看取り介護を始めるための手順は1つではありません。
看取り介護委員会を設立するのも一つの方法です。

ある施設での看取り介護体制の構築例を基に一例を紹介しましょう。

①委員会の設置

委員会を設置し，定期的に委員会を開催することで，施設全体が看取り介護に関する共通の認識を持ち，何を行うべきかが明確になります。

委員会を開催するに当たってのポイントは2つです。

・委員長は施設長が務め，毎回参加すること

せっかく委員会で決定した事項を，後から施設長に報告したら覆されてしまったというのでは，委員会の意味がありません。施設長自ら参加し，委員会内の中で決定していくとよいでしょう。

・定期的に開催すること

定期的に開催し，前進する足をとめないようにしましょう。また，委員会発足当時は短期間で何度も開催するなど，定期委員会とは別に随時委員会を開催することも有効です。

②配置医（嘱託医）との協力体制の整備

看取り介護を行う上で，医師の協力は欠かせません。配置医に施設の方針を説明し，協力が得られる体制を整えましょう。医師に反対されることがあれば，反対する理由は何かを考え，障害となっている物事を取り除くよう取り組みます。看取り介護自体に理解が得られないような場合は，配置医を変更することなども視野に入れなけばなりません。

③看取り介護を行うための環境整備

看取り介護を行うに当たっては，看取り介護計画書や同意書，記録などの書類を整えなければいけません。また，静養室やエンゼルケアを行うための物品，お別れ会用の物品なども必要です。

また，実際に看取り介護を行う介護職員をはじめとしたスタッフ教育も重要です。マニュアルを作成する，研修会を開催するなど，共通認識を持てるように配慮します。

④家族への説明

看取り介護が行える環境を整えたら，家族に看取り介護の取り組みについて説明

を行います。可能であれば，家族会なども活用し，家族全体に取り組みを説明できるよう説明会を開催しましょう。来訪できない家族については文書を郵送するなどの配慮も必要です。

＊　＊　＊

　体制が整ったら，看取り介護を実施することになりますが，実施後も継続的に委員会を開催し，取り組みが滞りなく行えているかを確認することが大切です。利用者が看取り介護で亡くなった時は，必ずカンファレンスや委員会などで振り返り，取り組みを確認しましょう。

　重要なのは，加算を算定するための看取り介護になってはいけないということです。施設として何を目指して看取り介護に取り組むのか，明確な理念や方針を立てましょう。その理念や方針を全スタッフが共有し取り組むことが看取り介護を行う大前提です。

Q13 看取り介護（ターミナルケア）加算を算定する場合は，何が必要ですか。

看取りに関する指針，看取り介護についての同意書，看取り介護計画書などの書類が必要です。

　看取り介護（ターミナルケア）加算を算定するためには，次の書類を整える必要があります。

①看取りに関する指針

　施設の看取りに関する基本的な考えや姿勢を明確にすることが目的です。指針は管理者を中心として，相談員，介護職員，看護職員，ケアマネジャーなどが協議して，指針を定めます。盛り込むべき項目としては，施設の看取りに関する考え方，終末期の経過（時期・プロセスごと）の考え方，看取りに際して施設で行うことのできる医療行為，医療機関との連携体制，利用者・家族との話し合いや同意・意思確認の方法，スタッフの具体的対応などが考えられます。

　また，利用者が施設に入所する際に，利用者や家族などに対して，指針の内容を説明し，同意を得ることが必要です。

②看取り介護についての同意書（依頼書）

　看取り介護（ターミナルケア）を行うに当たっては，利用者や家族の同意を得ることが必要不可欠です。施設，医師と利用者・家族で取り交わした同意書を整えましょう。

③看取り介護計画書
　利用者や家族の意向に基づき，介護職員，看護職員，相談員，栄養士，機能訓練指導員などの多職種でカンファレンスを開催し，作成します。

④利用者・家族に対する随時の説明で同意を得たことを示すもの
　看取り介護（ターミナルケア）加算を算定するためには，医師，看護師，介護職員などが協働して，利用者の状態または家族の求めなどに応じ，随時説明を行い，同意を得る必要があります。口頭で同意を得た場合は，記録に説明した日時，説明した内容などを記載すると共に，同意を得た旨を記載しておくことが必要です。

⑤退所後に亡くなった場合に必要な同意書
　利用者が施設を退所し退所先で亡くなった場合でも，一定の条件を満たせば，看取り介護（ターミナルケア）加算を算定することが可能です（入所中の期間に限り算定が可能。退所した日の翌日から死亡日までの期間が30日以上あった場合は算定不可）。看取り介護（ターミナルケア）加算は死亡月にまとめて算定するので，施設を退所した月と死亡した月が異なった場合は，前月分の看取り介護（ターミナルケア）加算に係る一部負担の請求を行うことがあることを説明し，文書にて同意を得ておく必要があります。
　また，情報の共有を円滑に行う観点から，施設が入院する医療機関などに利用者の状態を尋ねた際，その医療機関などが施設に対して利用者の状態を伝えることについても同様に，利用者・家族に説明し，文書にて同意を得ておきます。

⑥その他
　看取りに関するスタッフ研修が義務付けられていますので，研修を開催した際は記録に残します。また，看護師と24時間連絡できる体制を確保することも求められていますので，その体制についての書面も整えておきましょう。

＊　＊　＊

　大切なことは，看取り介護（ターミナルケア）加算の算定だけを目的とした介護になってはいけないということです。日頃から，利用者や家族の状態，意向を把握し，多職種で取り組み，施設として検討を重ね，書類を整えていきましょう。なお，ここで述べている内容は，2015年1月現在のものです。今後，変更されることも考えられますので，その都度最新の情報を確認してください。

Q14 どのような看取りに関する指針が「良い」指針なのでしょうか。

組織の体制に即し,すべての人が理解できるものであることが大切です。

　看取りに関する指針の基本的な考えは,三菱総合研究所が作成した『特別養護老人ホームにおける看取り介護ガイドライン』(2007年)が参考になります。指針を策定するに当たっては,施設の理念,風土,体制など,運営方針や地域性を踏まえ,組織の体制に即して策定されていることが望ましく,これが正しいというものはありません。他施設が策定した指針をいくつか参考にすることをお勧めします。施設の考えを指針にどのように反映し,表現しているか大変参考になります。

　また,指針は,看取り介護の方向性を示す根幹ですので,看取り介護にかかわるすべての人が理解できるものでなければなりません。利用者,家族,施設スタッフ,関係機関など,どの立場であっても看取り介護の対する施設の考えが伝わることを意識して作成する必要があります。利用者や家族には,書面にして渡すだけでは十分に伝わらないことも考えられますので,個別に説明する機会を設けたり,家族会や家族説明会の場で解説したりすることも必要です。

　施設スタッフには,指針に加えて看取り介護における施設内の体制や各職種の役割,役職者の役割,使用する書類や看取り介護開始までの手続きなど,具体的な行動を示すためのマニュアルが必要です。

　指針は一度定めれば簡単に修正をすることはありませんが,マニュアルは施設の状況に応じて改訂することができますので,看取り介護を終えた後のデスカンファレンスなどでの振り返りを踏まえながら定期的に修正していくことで,現状に合った看取り介護ができるようになります。

Q15 看取り介護が開始されましたが,利用者が回復し,元気になってきました。このまま実施すべきでしょうか。

利用者・家族の希望を確認し,カンファレンスで検討します。

　看取り介護の導入時期は「医師が一般的に認められている医学的知見により基づき回復の見込みがないと診断した時」とされています。しかし,医師そのように診断したとしても,回復することがあるのも事実です。その時は,どのように対応するべきなのでしょうか。

　大切なのは利用者あるいは家族がどのように希望しているかということです。利用者に理解力があり,看取り介護を継続するかしないかを判断できる場合は,具体的な説明をした上で,判断を確認します。利用者が意向を伝えられない場合は,家

族と相談します。

そして、いずれの場合でも、まずは状態に変化が生じた（回復が見られた）ことに対してカンファレンスを開催します。利用者の状態や対応方法、今後起こり得る容態の変化について多職種で検討し、施設としての方針を決定します。場合によっては、施設スタッフだけでなく、利用者や家族にもカンファレンスに参加してもらいましょう。

施設と利用者・家族の意向を確認し、看取り介護の継続の有無を判断します。利用者・家族が継続を希望しなければ、看取り介護を中断することもありますが、一度回復の見込みがないと診断されたということは、今後も同じ状態に陥ることは往々にしてあるということを忘れてはなりません。看取り介護を中断したその日の夜に、様態が急変し、亡くなる可能性もあるということです。

このようなリスクについても、施設と利用者・家族で情報を共有した上で検討する必要があります。看取り介護を中断する時は、慎重な判断が求められます。

Q16 デスカンファレンスでは、いつも意見が出てきません。どのように進行すればよいでしょうか。

事前に情報や意見を準備してからカンファレンスに臨めるようにしましょう。

デスカンファレンスは、利用者の看取り介護時を含めた生活の様子や看取り介護全般についての情報を多くのスタッフで共有するための重要なものです。利用者の死から学んだ気づきを共有して死生観を養うことも目的としています。看取り介護を経験する中で悩みや不安を抱えているスタッフがいれば、その思いを引き出し、共有することにより、悩みを解決し、不安を軽減するという目的もあります。

ですから、効果的なカンファレンスを行うには、参加者の意見を引き出し、活発な意見交換が必要です。

デスカンファレンスの進行役は誰ですか。ケアプランの作成を目的としたカンファレンスであれば、ケアマネジャーが進行役でもよいのですが、デスカンファレンスではケアマネジャーでなければならないというものではありません。介護リーダーや相談員が進行するのもよいでしょう。

次にカンファレンスを開催するための準備です。各スタッフには、カンファレンスの趣旨と発言してもらいたい情報や意見を事前に伝えておきましょう。相談員には入所前の利用者に関する情報や家族や利用者の意向、介護職員には具体的な取り組み内容を発表できるように準備しておいてもらうのです。これがカンファレンスを効果的に行うポイントです。

また，カンファレンスを開催する環境も重要ですので，空間の明るさや広さ，机やいすの配置の仕方などを工夫して，話しやすい雰囲気をつくりましょう。

　進行役は参加者全員が発言できるように配慮しながら進行し，準備しておいてもらった内容を発表してもらいます。それに加えて，これまで伝えることができなかった心の奥深くにある思いなども引き出すことができれば最高です。

　デスカンファレンスは利用者の生活を振り返るだけでなく，看取りに関しての情報を共有し，利用者の命を次につなげるためのカンファレンスです。ぜひ，効果的なカンファレンスを開催できるよう取り組みましょう。

Q17 初めて人の死に直面し，リアリティショックを受けた新人スタッフには，どのような支援が必要ですか。

新人スタッフの気持ちに寄り添い，受け止めましょう。そして何にショックを受けたのか原因を探り，それに応じた声かけをします。

　新人スタッフには，入職時から研修などを通じて介護施設での看取り介護について理解を深めておくことが求められます。しかし，理解していたつもりでも，いざ実際に看取り介護を通じて人の死に触れると，理想と現実のギャップでリアリティショックを受ける可能性があります。

　まずは，その気持ちに寄り添い受け止めることが重要です。リアリティショックを受けることは悪いことではありません。むしろ，全身全霊を尽くして看取り介護に取り組んだからこそショックを受けたのだと評価しましょう。

　次に，何に対してショックを受けたのかをひも解くことが必要です。ショックを受ける原因はたくさんあります。利用者の状態の変化が苦しそうに見えたのかもしれません。自分が果たすべき役割を思うように果たせなかったことがショックなのかもしれません。何にショックを受けているのかを確認することで，その後の声かけは変わってきます。

　座談会を開催するという方法もあります。新人スタッフや経験の浅いスタッフなどを対象とし，少人数で思いを語ってもらいます。相談員やケアマネジャー，介護リーダー，施設長などがファシリテーターを担うとよいでしょう。

　普段なかなか口に出すことができなかった不安や悩みを同程度の経験を持つスタッフに聞いてもらうことで，心の整理ができます。また，他のスタッフの思いを聞くことで，自分だけが不安に思っているのではないと認識することができます。看取り介護を行うことは，最初は誰もが不安です。その不安に寄り添い，共有し，不安を解消していくことが重要なのです。

Q18 すでに終末期にある高齢者が入所する際に留意すべき点は何ですか。

入所時点で看取り介護を開始するのか,状態を見た上で看取り介護を開始するのかは,本人の健康状態や本人・家族の意向,施設の体制から総合的に判断しましょう。

　施設の入所を待っている人の中には,すでに終末期と言える人もいます。そのような人の受け入れは,通常よりも慎重でなければなりません。以下の手順で行いましょう。

①多職種で面接を行う

　入所予定者の面接は,相談員だけでなく,看護職員や介護職員など多職種で行い,それぞれの専門職の視点から全体像を把握する必要があります。また,施設・病院に入所・入院している場合はそこのスタッフから,在宅の場合は担当ケアマネジャーからも情報を入手し,漏れがないよう留意しましょう。

②本人・家族に説明し,意向を確認する

　病状が悪化している高齢期の環境変化は,大きなリスクとなります。リスクを含めた状態の説明や看取り介護の取り組みなど,施設に入所してからの生活を説明します。同時に,本人や家族が何を望んでいるかを確認します。治療を望んでいるのであれば,施設(特別養護老人ホームなど)に入所すること自体が間違った選択になる恐れがあります。意向を取り違えないよう留意しましょう。

③入所の可否を判断する

　施設長を含めた多職種で情報を共有し,入所を検討します。受け入れる際の留意点なども共有しましょう。また,事前に配置医にも情報を提供し,判断を仰ぎます。

　入所予定者が末期の悪性腫瘍である場合または特別養護老人ホームで看取り介護を行う場合など一定の条件を満たせば,配置医以外でも,在宅療養診療所や在宅療養支援病院の医師による往診が可能です。配置医だけでなく,連携が必要となる医療機関にも情報を提供する必要があります。詳しくは,「『特別養護老人ホーム等における療養の給付の取り扱いについて』の一部改正について」(P.89)を参照してください。

④環境を整備する

　入所が決定したらベッドマットを含むベッドや車いすなど,安全に受け入れられるように環境を整備します。入所前の生活に関する情報を担当するスタッフ全員で共有し,継続すべき点は継続します。

Q19 看取り介護委員会の開催頻度や議題について教えてください。

毎月開催する定期開催では，看取り介護を実践する上での問題を話し合います。

　看取り介護の仕組み（マニュアルなど）に問題がないか，スタッフや家族含め看取り学習の企画や育成管理などを行う必要がありますので，月1回程度開催することが望ましいでしょう。ただし，デスカンファレンスは随時開催とします。

　委員会の構成メンバーはカンファレンスにも出ている専門職種（介護職員，看護職員，機能訓練指導員，管理栄養士，相談員，ケアマネジャーなど）です。出席できなかったメンバーには文書で周知します。

　委員会では，看取り介護対象者の経過報告における問題の有無だけでなく，マニュアルの定期的な見直しを行います。手順に無駄がないか，一目で確認できる内容にまとめられているか，使用している書類の使い勝手や見やすさなどを確認します。また，スタッフから出た意見や家族からの相談事を共有して合議で対応策を検討，発信しすることで円滑な看取り介護ができるような組織をつくっていくのです。

Q20 終末期における勉強会では，どのようなことを行えばよいでしょうか。

「終末期の症状」「緊急時の対応」「介護職員による医療行為の範囲と実際」「家族との関係構築」「ケアプラン・カンファレンスのあり方」「臨終後のケア」「法令遵守と基準」「死生観について」など具体的なテーマを設定し，定期的に行うことが望ましいでしょう。

　勉強会を主催しているのは，多くが施設で設置している研修委員会や看取り介護委員会です。死と向き合うために必要な知識や対応を学ぶだけでなく，核家族化や病院死の増加などの社会的背景を受けて特に若いスタッフに対するメンタルケアなど，年間計画を立て，業務時間内に30～45分程度で開催することをお勧めします。

　外部講師を招いても構いませんが，施設の医師や看護師，相談員，ケアマネジャー，管理者などが持ち回りで講師を務めるのもよいでしょう。勉強会終了後に，アンケートを行い，不安や恐怖に関する意識の変化などについて確認しながら進めましょう。

　勉強会は，グループワークやスーパービジョンなどの技法を取り入れて，効果的かつ有意義なものにすると共に，同じテーマ（**表1**）で複数回実施してスタッフ全員がいずれかの勉強会に必ず参加できるように配慮します。

表1　テーマ例

- 全国的な死亡場所の動向（死亡者の推移）
- 特別養護老人ホームでの看取りの特徴（「平穏な死」とは何か）
- 施設の方針について
- 死へのプロセス（突然死，がん，臓器不全，虚弱）
- 看取り介護の流れ（段階的に必要となるケア）
- 施設での看取り介護の実際，スタッフの思い
- 看取り介護とは（死への恐怖，揺れ動く家族の心，心と心の支え合い）　など

　回を重ねて，スタッフ一人ひとりが死・看取りに対する考え方（死生観）を持つことで，利用者から死に関する話題を切り出されても正面から向き合うことができるようになります。そして，最期の迎え方を一緒に考えるよきパートナー（理解者）になることで，施設での看取りが双方にとって身近に感じられるようになることを目標としましょう。

　なお，やがて死を迎える利用者やすでに看取り介護を行っている利用者の家族を対象とした勉強会を行うと，家族同士の理解がより深まるでしょう。

　勉強会という形式だけにとらわれず，日頃から施設で取り組んでいる看取り介護の経過や最期のお別れの場面に他の利用者や家族に立ち会ってもらうと，施設の看取り介護に対するイメージを持ってもらうことができます。

Q21 日々の状態変化を家族と共有したいのですが，面会の時に時間をつくれないことがあります。どうしたらよいでしょうか。

どうしても直接話ができない場合には，細かい状態の変化を共有するための手段として，看取り介護の専用記録を共有するとよいでしょう。

　面会に来ている間に，いつも十分な情報共有のための時間をつくれるとは限りません。そのような時は後から電話で知らせることもできないわけではありませんが，特段の変化がないのに電話をして，不安を抱きながら看取り介護に携わっている家族を驚かせてしまうことも避けたいところです。そういった意味で面会時に声をかけて会話をすることは大切です。

　どうしても直接話ができない場合には，細かい状態の変化を共有するための手段として，看取り介護の専用記録を共有するという方法があります。日常の介護記録などはパソコンや記録用紙で管理していても，家族に開示する機会は少ないのではないでしょうか。看取り介護中は，一日の中でも状態が変わるため，細かく状態を追っていく必要があります。その細かい変化は，居室に備えた専用記録で管理をす

ることにすれば，家族はいつ来てもその記録から状態の変化が読み取れます。記録を見た家族は，介護職員により詳しい説明を求めることもあるでしょう。それによってさらに詳細な状態が共有できるという効果も望めます。ただし，介護職員が医療的なことの説明を求められた時には看護師につなぐというルールを作ったり，介護職員が適切に説明できるように家族とのコミュニケーションについて教育したりする必要がありますので，それも考慮した上で，専用記録を導入してください。

　しかし，専用記録を用いるのはあくまでも一つの方法であり，基本は直接話をすることです。会話を通して家族の表情や言葉から心情を汲み取り，必要な言葉をかけることができるからです。面会時には，まずは相談員やケアマネジャーが様子を報告すること，それができない場合は介護職員が相談員やケアマネジャーから説明内容を聞いておいて家族に伝えること，医療的な説明が必要な時は介護職員は看護師につなぐこと，専用記録を共有して細かい情報を伝達することなどをルール化してケアプランに記載しておきます。こうすれば，面会時の対応が一本化され，家族にもそのルールを把握してもらうことができます。

　情報共有のためのルールをケアプランで明確化することは，家族にとって「いつ来ても，必ず状況を説明してもらえる」という安心感につながります。

■連携・調整

Q22　夜間に利用者が息を引き取り，翌朝，医師が死亡を確認しました。死亡診断書の死亡時刻はいつなのでしょうか。私たちが記載する記録は，診断書の時刻と合わせるのでしょうか。

死亡時刻は医師が診断した朝の時刻ではありません。
夜間に息を引き取ったとされる時刻が死亡時刻です。

　死亡診断書の記載ができるのは医師・歯科医師ですが，当然，配置や勤務の関係上，不在の時もあります。死亡診断書の記載に関しては，厚生労働省の「死亡診断書（死体検案書）記入マニュアル」（**資料1**）を参考にしてください。

　資料1からも分かるように，死亡時刻は医師が診断した朝の時刻ではありません。夜間に息を引き取ったとされる時刻が死亡時刻となります。夜間に息を引き取ったという場合，次の2つの場面が想定されます。

①家族やスタッフも立ち会っている中で呼吸停止した。

　この場合は，立ち会っている第三者がいるので，呼吸停止した時刻は明確です。
　平成26年10月1日，午前3時00分に呼吸が停止し，午前9時00分に医師が死亡

資料1　死亡診断書作成に当たっての留意事項

①死亡した年，月，日を記入し，午前か午後のいずれかを○で囲み，時，分を記入します。
②「死亡したとき」は，死亡確認時刻ではなく，死亡時刻を記入します。
③「死亡したとき」の一部が不明の場合でも，分かる範囲で記入します。

　死体検案によってできるだけ死亡時刻を推定し，その時刻を記入し，「時分」の余白に「(推定)」と記入します。または，一時点で明確に推定できない場合は，そのまま記入します

厚生労働省：死亡診断書（死体検案書）記入マニュアル，2014.

診断をした場合は，次のようになります。

死亡したとき	平成26年10月1日　(午前)・午後　3時00分

②家族やスタッフが立ち会っておらず，夜間の巡回時に呼吸が停止しているのを発見した。

　この場合は，第三者が立ち会っていないので呼吸が停止した時刻は不明ですが，呼吸停止を発見した時間は明確です。

　平成26年10月1日午前3時00分の巡回時に呼吸停止状態であることを発見し，午前9時00分に医師が死亡診断をした場合は，次のようになります。

　午前3時00分に呼吸停止をしているのを発見しているので，いつ呼吸が停止したのかは分かりません。一部不明の場合でも分かる範囲での時刻を記入することが求められています。そのため，訪室時に発見した時刻，午前3時00分が基準となり，朝の医師の診察時に時刻を伝え，死亡時刻を推定することになります。

死亡したとき	平成26年10月1日　(午前)・午後　3時00分（推定）

　両者とも医師が診察した午前9時00分は，死亡確認をした時刻であり，死亡時刻ではありませんので注意してください。

　そして，午前3時00分に呼吸停止をした時点では，医師の診察を受けていませんので，介護記録には次のように記載します。

・午前3時00分に呼吸停止を確認（呼吸停止を訪室時に発見する）。
・呼吸停止を確認し，午前3時15分に看護師，医師に連絡。
・午前9時00分に医師による死亡確認。
・呼吸停止の時刻を医師に伝え，結果，死亡時刻は午前3時となる。

Q23 夜間，看護職員の不在の時に介護職員が不安を抱かないようにするには，どのようにすればよいのでしょうか。

介護職員と看護職員が協議した上で夜間における連絡・対応の体制（オンコール体制）を取り決めましょう。

　管理者を中心として，介護職員と看護職員が協議した上で，夜間の連絡・対応体制（オンコール体制）に関する取り決め（指針，マニュアルなど）を整備すること，夜間帯看護職員不在時の観察項目を標準化すること，施設内研修などを通じて周知されていることなどが求められています。

　まずは，何を観察するのか，どのような変化が見られた場合にはどこに連絡するのかを明文化します。死に至る医学的な変化を観察項目とすることもあるでしょう。ただし，すべての人にあてはまる変化ではありませんので，日頃からその利用者の体調に関する特徴を熟知し，チームで共有しておきましょう。

　次に，何が不安なのか具体的に介護職員と看護職員が十分に話し合い，連絡・報告の目安をきちんと整備しましょう。

　また，介護職員が互いに看取りの実践から得られたやりがい，責任感，達成感を共有し，不安を解消していく労働環境づくりも欠かせません。そして，他の専門職も相談役になり，協力が得られるような体制をつくりましょう。

Q24 看取り介護中に施設では対処できないような苦痛が生じた場合は，病院に搬送することになるのでしょうか。

医療処置を施さないと利用者の負担になると判断される場合は，看取り介護中であっても病院に搬送することがあります。

　亡くなる直前は下顎呼吸になり，見た目にはとても苦しそうです。これは死期が近づいている指標の一つなので，急変とはとらえませんが，持病が悪化して痛みが強く出る，肺炎が悪化して異常に吸引回数が多くなり痛みが増す，排尿障害が生じて高熱が続くなど，医療処置を施さないと利用者の負担になると判断される場合は，看取り介護中であっても病院に搬送することがあります。協力医療機関とは，日常的な連携により信頼関係を築いておくことを大前提に，看取り介護中における医療処置の範囲について約束事を明確にしておくことで，搬送されても必要最低限の対症療法で，利用者や家族が希望しない延命行為は避けることができます。

　また，家族に対しては，急変により苦痛が生じた場合は一時的に入院をする可能性があること，症状が緩和し施設に戻れる状態であれば看取り介護を再開すること，協力医療機関で対応できる対症療法の範囲をあらかじめ説明して同意を得てお

くことが必要です。

　つまり，病院，家族共に，看取り介護中の非常事態に備えて，事前の連絡・連携の体制を築いておく必要があるということです。協力医療機関との間で取り交わし，家族に説明しておくべき約束事は，疼痛緩和に対する鎮痛剤やモルヒネなどの投与，肺炎に対する抗生剤の投与，高熱に対する抗生剤や解熱剤の投与などです。最終的な判断は病院医師に委ねられますが，看取り介護をするという意思表示として求める処置の範囲は，事前に伝えておきましょう。

■死亡後の支援

Q25 利用者が息を引き取る時に家族が立ち会えなかった場合は，どのように説明すればよいのでしょうか。

呼吸停止するまでの経過や表情，様子などを説明するとよいでしょう。

　看取りは，最期までその人らしく過ごせるように援助することであり，心を込めて行われるものです。そのため，呼吸が停止した際の様子を報告することも看取り介護の重要な援助の一部です。

　呼吸停止が予測される時は，家族に立ち会ってもらうことが望ましいのですが，いつ呼吸停止するかは分かりませんし，家族が高齢であったり，仕事をしていたり，遠方であったりとさまざまな事情から立ち会うことが難しい場合もあります。

　家族には，①呼吸停止するまでの経過と，②表情や様子などを汲み取れる事柄の2点を組み合わせて報告するとよいでしょう。

　例えば，当日のバイタルサインの経過（血圧，脈拍），そして血圧が低下してきた時間，尿が止まった時間，下顎呼吸にむらが出始めた時間，呼吸が浅くなってきた時間，そして呼吸停止した時間（発見した時間）などの経過を報告します。そして，利用者の最期の様子として「呼びかけに目だけでも追う姿があった」「手を微かに握ることができた」「最期まで声は聞こえていた様子でした」「苦しそうな様子はなく，穏やかに呼吸が弱くなっていきました」など，経過と様子を組み合わせて報告します。

　立ち会えなかったことが後悔ではなく，安堵につながるように報告することを心がけましょう。

Q26 利用者が亡くなったかどうか判断に困る場合があります。どのような基準で亡くなったと判断すればよいですか。

心電図モニターがない場合は，複数のスタッフで血圧・脈拍・呼吸が数分間停止したのを確認しましょう。

　まず，死亡の定義を明確にしておきましょう。

　以前は，死の3徴候（「心臓の拍動停止」「呼吸の停止」「脳機能の不可逆的な停止を示す瞳孔の対光反射の消失」）が医学的な死の判定基準とされていました。しかし，現在の医学では臓器移植などの治療法が確立されつつあり，加えて脳死の概念が示されたことによって，死の定義があいまいになっています。

　医療機関に入院中の患者であれば，心電図モニターの脈拍が停止し平坦な波形となったら医師が救命処置を施すことになりますが，心電図モニターを設置している施設は少ないはずです。その場合は，複数のスタッフで血圧・脈拍・呼吸が数分間停止したのを確認します。その上で，あらかじめ決めておいた家族や関係スタッフ，医師などに連絡します。

Q27 配置医が不在だったため，普段診察を行っていない医師に死亡診断を依頼しましたが，死亡診断書の記入は拒否されました。どうすればよいでしょうか。

医師法20条及び医政医発0831第1号1第1号を説明するとよいでしょう。

　配置医などが不在により当直医の医師などが死亡診断を行う際，医師から24時間以内に診察していないので死亡診断ができないと言われる場合がありますが，これは，医師が医師法第20条の解釈を誤っているからかもしれません。相談員やケアマネジャーは，「医師法第20条ただし書の適切な運用について」（通知）（**資料2**）を医師に説明してください。

　看取り介護における死亡は，言うまでもなく医師による死亡診断が妥当な判断であり，死体検案による所轄警察署の事情聴取や検死などの，ある意味利用者の尊厳を脅かす対応はできる限り避けるよう，努めていくべきです。

資料2　「医師法第20条ただし書の適切な運用について」（通知）

> 　診療継続中の患者が，受診後24時間を超えている場合であっても，診療に係る傷病で死亡したことが予期できる場合であれば，まず診察を行い，その上で生前に診療していた傷病が死因と判定できれば，求めに応じて死亡診断書を発行することができます。ただし，死因の判定は十分注意して行う必要があります。

平成24年厚生労働省医政局医事課長通知（医政医発0831第1号1第1号）

Q28 家族が到着する前に医師の死亡診断が終了し，医師はすぐに医療機関に戻ってしまいました。家族にはどのように死亡診断の説明をすればよいでしょうか。

死亡の原因や時刻だけでなく，利用者が入所してから看取り介護の経緯をエピソードを含めながら丁寧に説明しましょう。

　医師による死亡診断の際に，家族が立ち会っていれば，死亡の原因（直接死因）や死亡した時の説明を医師から受け，利用者の死を正面から受け止めることができます。しかし，遠方の家族などは，施設に到着した際にはすでに医師による死亡診断が終わっている場合もあります。

　そのような時，施設スタッフは，医師が医療機関に戻らなくてはいけない理由を家族に説明し，医師からの死亡診断の内容を伝言する必要があります。医師から預かった診断書を基に説明することになりますが，死亡の原因（直接死因）や死亡した時間を伝えるだけでなく，利用者が入所してから看取り介護の経緯を把握している施設スタッフならではのエピソードを含めて丁寧に説明することで，家族の心理状態に寄り添うことができるでしょう。

Q29 施設に霊安室がない場合，死亡後の処置が終わった利用者をどのように安置すればよいでしょうか。

居室に祭壇を設置するなどの準備して，葬儀業者が到着するまで家族と待機してもらいましょう。

　特別養護老人ホームには霊安室の設置義務はありません（**資料3**）ので，霊安室の有無は施設によって違います。

資料3　特別養護老人ホームの設備及び運営に関する基準

（設備の基準） 第11条 3　特別養護老人ホームには，次の各号に掲げる設備を設けなければならない。ただし，他の社会福祉施設等の設備を利用することにより当該特別養護老人ホームの効果的な運営を期待することができる場合であって，入所者の処遇に支障がないときは，次の各号に掲げる設備の一部を設けないことができる。	1　居室 2　静養室（居室で静養することが一時的に困難な心身の状況にある入所者を静養させることを目的とする設備をいう。以下同じ。） 3　食堂 4　浴室 5　洗面設備 6　便所	7　医務室 8　調理室 9　介護職員室 10　看護職員室 11　機能訓練室 12　面談室 13　洗濯室又は洗濯場 14　汚物処理室 15　介護材料室 16　前各号に掲げるもののほか，事務室その他の運営上必要な設備

（平成11年3月31日厚生省令第46号）

霊安室がない場合は，死亡後の処置（エンゼルケア）を行った後，居室に祭壇を設置するなどの準備をし，葬儀業者が到着するまで家族と待機してもらいます。霊安室がある場合は，祭壇などの準備をして，一時安置します。

　いずれの場合でも，家族によって信仰する宗教や土地柄の慣習が異なるため，焼香や献花などを行ってもよいか，準備をする段階で了承を得ておく方がよいでしょう。

Q30 利用者の葬儀には参列するべきでしょうか。

看取り介護の援助の一つとして葬儀に参列し，最後のお別れすることもよいでしょう。

　葬儀の参列は，法令で義務化されているわけでも，契約事項に記載されているわけでもありません。ただ，看取り介護は他のどのサービスよりも，施設として家族が望んでいること以上の対応を行うことが大切ですから，葬儀へ参列し最後のお別れをすることも，サービスの一つと言えます。

　ただし，親族だけの家族葬を希望される家族もいます。そのような場合は，家族を困惑させることのないよう家族の意思を尊重します。

　通夜式・告別式に参列する場合は香典を，式場が遠方で参列することが困難な場合はお悔やみの電報を，直葬などで葬儀を行わない場合は棺に入れる生花を用意するなど，利用者の葬儀に合わせた上で施設としての最期の別れを体現していくことが重要です。また，利用者に用意する金額にばらつきが生じることは好ましくありませんので，施設として金額を定めておきましょう。

家族からよく聞かれるQ&A

家族支援

Q31 入院中の利用者とその家族から，施設に戻って最期を迎えたいという要望がありましたが，施設で看取り介護をしたことがありません。どのようにしたらよいでしょうか。

看取り介護は利用者と家族のためのものであり，最期を支えるための援助です。体制が整っていない状況で，行うことは慎むべきでしょう。

　「看取り介護をしたことがない」施設には，2つの場合が考えられます。

一つは，看取り介護（ターミナルケア）を算定する要件は整えているが実際に看取り介護を経験したことがないという場合です。

　都道府県に看取り介護（ターミナルケア）の実施の届け出を済ませており，書類面では，看取りに関する指針の作成，看取り介護についての同意・意向確認を済ませています。環境面では静養室が準備されており，対応面では看護師のコール体制，医師の往診体制，スタッフへの研修などの教育体制が整っていることが条件になります。この場合であれば，看取り介護を実施する体制ができているということですから，施設に戻りたいという意向に対し，医師の診断，看取り介護の同意などの必要な手続きを済ませれば受け入れ態勢が整ったということになりますが，実施に向けて倫理面で考えると，スタッフの対応を確認する準備期間が足りないようにも思えます。ぶっつけ本番のような対応になるのであれば，受け入れを控えるべきかもしれません。実施する条件と倫理面を考慮し，その上で対応可能かどうかを施設全体で話し合う必要性があると思います。

　もう一つは，実施する体制が整っていない場合です。

　実施する体制が整っていないということは，スタッフの対応面，環境面，書類面を考慮しても要件を満たしていないということです。そのような状態で利用者を施設に戻すことは控えるべきではないでしょうか。利用者の望む穏やかな最期を迎えるための援助が，不安で戸惑うばかりの援助になってしまう可能性が高いからです。これでは，結果的に利用者・家族に迷惑をかけることになってしまいます。施設に戻りたいという意向を受けて施設に戻ることを検討することも大切ですが，利用者・家族への負担を考えて，受け入れは控えるべきだと考えます。

　施設で最期を迎えたいという利用者・家族の希望に対し，なぜ受け入れられないのかということをきちんと説明する力も相談員・ケアマネジャーには必要です。看取りはあくまでも利用者・家族のためであり，利用者の最期を支えるための援助です。ぶっつけ本番のような形で行うものではありません。ただ加算があるからという理由で受け入れるようなことをしてはならないのです。

Q32 家族に看取り介護（ターミナルケア）加算の料金を聞かれます。どのように説明すればよいのでしょうか。

計画説明と同意を行うタイミングで，援助のために伴う付属的な部分も含めて費用の説明をするとよいでしょう。

　本格的な終末期を迎えた時から亡くなるまで，最長30日が算定期間です。この期間は個人差があるので，第3章の表4（P.70）に示すとおり亡くなった3つの期

間に分けて，自己負担分を説明するとよいでしょう。同時に，死亡の際に死亡診断書代や浴衣代など，援助のために伴う付属的な部分での費用も併せて説明することで，総体的にかかる費用も見えてくると思います。看取り介護（ターミナルケア）の実施に伴ってかかる費用は，介護報酬上でも実施に伴う評価を最大限に考慮された設定となっています。

　看取り介護（ターミナルケア）は，研修や連絡体制，医師との連絡調整などさまざまな体制を整備した上で行う特別な援助です。実施する際は，通常の利用料以外に費用がかかることを事前に伝える必要があります（利用者負担となる金額は地域によって差異がありますので，確認しておいてください）。

　看取り介護（ターミナルケア）の算定をせずに実施している施設もありますが，利用者の最期を支える難しい援助を行ったのですから，それに対するスタッフや利用者の施設の評価として算定をするべきでしょう。また，看取り介護（ターミナルケア）を実施していても介護報酬上の要件が整っていないために算定できない施設は，介護保険制度上，認められる看取り介護（ターミナルケア）ではありませんので，方法論の検討が必要だと思います。

Q33 家族が近親者に連絡をするタイミングを教えてください。

事前にどのタイミングでどの近親者に連絡するべきかを決めておくとよいでしょう。

　利用者の終末期が近づく前に，キーパーソンの家族とどのタイミングでどの程度の近親者に連絡するのかを助言しておきましょう。キーパーソンの家族以外の近親者が利用者の居室に泊まり込みたいと希望することもありますし，夜間・早朝は連絡をしないでほしいなどと言う近親者もいます。利用者が亡くなった際も，親族が集まった葬儀の場で「なぜすぐに連絡してくれなかったのか」などともめるようなことにならないように，「連絡をしないよりはしておくべき」とアドバイスするのも有効です。

　また，喪主になるであろう家族とキーパーソンの家族が異なる場合もあります。そのような際には，喪主になるであろう家族に対しては，施設としても積極的にかかわりを持っておく必要があります。キーパーソンの家族を巻き込みながら，今までの経緯などを説明しておくことが大切です。

Q34 「看護師もいるのになぜ点滴をしないのですか？点滴をすれば元気になるのでは？」と家族に問われています。どうしたらよいでしょうか。

点滴の輸液は栄養価がないばかりか身体的負担が大きいことを説明しましょう。

　「点滴をすれば元気になる」「点滴をすれば食事ができるようになる」と誤解している家族もいます。また，病院での医療行為は望まないが，点滴くらいはしてもらいたいと考えている家族もいます。しかし，点滴の輸液の成分は水分が中心ですから，栄養価はありませんし，元気になるということもありません。そればかりか，衰弱しきっている体に点滴をするのは身体的負担が大きいと考えられます。

　具体的には，①血管自体が脆弱化しているので輸液が漏れる，②心臓機能が低下しているので心不全を引き起こす，③点滴により体内に水分が潤うことで唾液の浸出を誘引し，唾液で誤嚥を起こすなどの危険があるということです。また，特別養護老人ホームでは看護師が不在となる夜間帯は，点滴の管理が万全とは言えません。

　看取り介護の際に点滴を希望する家族には，上述の事柄を看護師と一緒に説明することで誤解が解けるかもしれません。また，点滴を実施しない理由を医師から説明してもらうこともよいでしょう。

　点滴を実施しないことによる利点は，体の水分は枯渇するものの唾液がなくなって気道に絡まず，呼吸時の負担が減るという点です。

　中心静脈栄養（IVH）は高濃度の栄養液を入れることのできる点滴ですが，この方法は，医療機関での長期療養という形になります。延命治療となる中心静脈栄養を実施することは，利用者にとって本当に意義のあることなのか，倫理的側面での考慮が必要でしょう。

Q35 身元保証人に説明をして看取り介護が開始されましたが，他の親族が説明を求めてきます。どう対応すればよいですか。

個々にかかわることを避け，身元保証人を含めた親族にも集まってもらい説明する機会を設けましょう。

　利用者に代わって意向確認を依頼する家族は契約時の身元保証人ですが，家族や親族が多い場合は，終末期になると看取りそのものではなく，遺産相続などの問題を背景に，いろいろな人が介入してくることがあります。

　施設では，利用者に代わる身元保証人の判断を決定事項として受け入れることを，あらかじめ契約書に謳っておくと，身元保証人以外の家族が介入してきてもト

ラブルを回避できる可能性が高くなります。また，入所時に，説明が必要な家族の範囲を身元保証人に確認して決めておくことも必要です。身元保証人だけの意向確認ではどうしても周囲の納得が得られない場合，意向確認をする場に身元保証人以外の家族も同席してもらい，その場で家族間の意向をまとめてもらうことも可能です。ただし，最終的には身元保証人の意向を優先することになりますので，身元保証人と他の家族が事前に話し合って意向を統一しておいてもらうことが理想です。

　そのためには，定期的に終末期の意向確認をする機会を施設側から提供し，死期が差し迫った場面ではなく，冷静な時に話し合いをしてもらうように促していくことが必要です。そのような機会を提供できれば，必要性に迫られた時にもめ事を起こさずに看取り介護が開始でき，利用者にも余分な負担をかけることが避けられます。

　まずは家族間で解決してもらうことを最優先として，定期的に終末期の意向確認を行い，それでも介入が必要になれば，個々にかかわるのではなく，家族全員に説明する機会を設けることをお勧めします。

Q36 経口摂取ができない状態で退院して看取り介護を開始しましたが，家族が経口摂取を望んでいます。どのように対応すればよいのでしょうか。

利用者の状態と家族の意向を確認して，医師や看護師に相談の上，経口摂取の可否を判断しましょう。

　病院が経口摂取を避ける理由の一つに，誤嚥性肺炎の発症と治療を繰り返すことで利用者の体力を奪い，退院の機会を逃す可能性が高いということが挙げられます。入院の期間にもよりますが，点滴だけで過ごす日々が続いても，食べる意欲と嚥下の状態によっては経口摂取が可能でしょう。家族には，誤嚥性肺炎の危険性と，その症状のために本人が苦しむことになる可能性を十分に説明し，納得の上であれば経口摂取を試みることは可能です。

　施設ができることは，看護師や管理栄養士（栄養士），機能訓練指導員と共に，食事提供の姿勢や使用する食器，介助の速度やかける時間を決めて，統一した介助をすることです。また，状態によってはその見直しを短期間で行い，状態に合わせた介助方法に変更します。もちろん，経口摂取を継続することによって利用者に苦痛が生じていると判断される場合は，家族に伝えて中止をする決定も必要です。

　それでも家族が納得しない場合は，危険なので食事を提供できないことを伝え，家族に介助を依頼するのも一つの方法です。家族自らの介助により痰がらみなどで利用者の呼吸状態が乱れる，発熱するなどの症状が現れれば，利用者にとっての安

楽を優先して経口摂取を断念することがあります。

　ただし，人によっては誤嚥をしながらも，発熱や痰がらみの症状が強く出ることなく，表面的には苦痛を生じることなく経過することもあります。このような場合は，医師や看護師と相談し，家族に意向を確認しながら経口摂取を継続することもあります。誤嚥やそれによる肺炎の症状は人によって症状の出方が違いますので，「病院ではしていなかったから」「危険だから」と一概に判断するのではなく，利用者の状態と家族の意向を確認しながら判断しましょう。

Q37　重度認知症の父の不動産を処分したいが，どのように手続きすればよいのかと尋ねられました。

この場合，不動産を処分するには，成年後見制度を利用しなければなりません。成年後見制度を利用する場合は，以下のような手続きを行います。

1．必要書類を準備する

　申立書類は成年後見制度の利用が必要な人の住所地を管轄する家庭裁判所で入手しますが，インターネットからダウンロードすることもできます。

2．成年後見人を事前に決めておく

　成年後見人は家族でも第三者（弁護士，司法書士など）でも構いません。

3．住所地を管轄する家庭裁判所に申し立てをする

　これにより，家庭裁判所の調査官が調査を開始します。成年後見制度を申し立てたことにより，申し立てをした人以外の親族が疑義を持った場合や家庭裁判所が専門的判断が必要とされる場合には，精神鑑定を求める場合があります。精神鑑定は，提出した診断書の記載内容に応じて診断書を記入した医師が行う場合と家庭裁判所が選任した医療機関が行う場合があります。

4．決定通知が届いたら登記手続きを行う

　申し立てから2〜3カ月程度で家庭裁判所より決定通知が後見人に届きますので，後見人が住所地の管轄法務局に登記手続きをすれば手続き完了です。

Q38 利用者が亡くなった後，家族から遺留品の引き取りを拒否された場合はどのようにしたらよいのでしょうか。

費用を家族に負担してもらって施設が処分したり，施設に寄贈してもらったりする方法がありますが，施設としてどこまで家族の要望に応えることができるのか事前に決めておきましょう。

　葬儀後，家族に遺留品の引き取り方法について連絡した際，家族が遺留品の引き取りを拒否する場合があります。これまでの利用者とのかかわりなどの背景が要因となっていることもありますが，保管する場所がない，引き取っても処分するだけなどの理由から引き取りを断る家族もいます。

　施設としては，できる限り遺留品は家族に引き取ってもらうべきですが，引き取りを拒否する家族の要望にどの程度応えていくかという対応力を身につけておくことも大切です。

　施設によってその対応力に差異が生じる場面です。施設では引き取れないと宅配便（着払い）で家族に送るところもあれば，費用は家族が負担して施設が処分するところもあります。費用も施設が負担して処分するところもあるでしょう。また，遺留品を感染症対策時の使い捨て布などに活用するために寄贈してもらうところもあります。

　いずれにしろ，施設としてどこまで家族の要望に応えるのかを決めておくべきです。そして，いくつかの処分方法を提示した上で家族に選んでもらうことが大切です。また，この調整内容を記録すると共に，契約終了届などの書類にも遺留品の引き取り方法について記載しておきましょう。

■ 葬儀にかかわること

Q39 施設で葬儀をするのは初めてです。葬儀執行までの手順を教えてください。

相談員・ケアマネジャーは，次の手順で行います。

1．死亡診断書を受け取る

　医師から死亡診断を受けたら，死亡診断書を受け取ります。

2．葬儀を依頼する業者に連絡する

　あらかじめ業者が決まっている場合は，速やかに業者に連絡します。業者が決まっていない場合は，施設が家族などに紹介している業者に連絡します。

3. 遺体の搬送・安置について業者に依頼する

病院で亡くなった場合など，必要に応じて遺体の搬送を葬儀業者に依頼します。併せて，遺体を安置する場所について決めます。施設に霊安室がある場合は，霊安室に安置します。気温が高い時期は，遺体が傷みやすいので，速やかに納棺した方がよいでしょう。また，枕飾りも準備します。

4. 葬儀の形式・日時・予算などを決定する

葬儀業者と葬儀の形式や日時・予算などについて相談します。お別れ会を行う施設では，その人らしいお別れができるように，多職種を交えて検討します。

5. 死亡届を提出し，火葬許可証の交付を受ける

死亡届の欄に必要事項の記入を施設長に依頼します。役所への提出は，葬儀業者が代行してくれることが多いようです。役所で死亡届が受理されると，火葬の際に必要な火葬許可証が交付されます。

6. 死亡の連絡が必要な関係者・関係機関に連絡する

入所中に交流があったボランティアなど，必要に応じて連絡します。生活保護受給者の場合は，葬祭扶助を申請する必要がありますので，役所の担当者に連絡します。

7. 葬儀を執行し，火葬場に同行する

葬儀が終わったら，故人となじみが深かったスタッフは火葬場に同行しましょう。

Q40 家族から葬儀費用について質問されますが，どのように答えればよいのでしょうか。

葬儀業者によって，料金プランはさまざまです。見積もりは無料のところが多いので，金銭面に不安があるのであれば，事前に業者に相談することを勧めるとよいでしょう。

通夜や告別式などの葬儀を行わず火葬場で火葬のみを行う場合（直葬）であれば十数万円で済みますが，葬儀の内容，会葬者の人数などによっては何百万〜何千万円ということもあります。納得がいくまで葬儀業者と話し合うように家族に伝えましょう。

葬儀費用を捻出することが困難な家族に対しては，料金設定が比較的安価な葬儀業者を複数紹介したり直葬などの提案をしたりすることは，良心的な対応と言えるでしょう。

宗派や葬儀などに対しての価値観は家族によってさまざまですので，施設としては踏み込みすぎないように注意するべきです。

また，国民健康保険や社会保険，後期高齢者医療保険に加入している場合は，葬

祭扶助費が葬儀後に支給されます（東京23区の場合は葬儀を執り行った人（主に喪主）に一律70,000円）。このような制度があることも説明しておくとよいでしょう。

Q41 生活保護受給者の葬儀はどうしたらよいのでしょうか。

まずは，管轄福祉事務所に連絡します。遺留金の残高によって対応が違います。

連絡を受けた管轄福祉事務所は，生活保護法第18条（**資料4**）に則り，遺留金の残高で葬祭扶助費を支給するかを判断します。

一般的に，生活保護受給者の遺留金残高が20万円未満であれば，葬祭扶助費の支給対象となります。その場合は，福祉事務所が指定する葬儀業者が葬儀を執行することが多いです。葬儀は直葬で，通夜・告別式などは行いません。残高が20万円以上ある場合は，葬祭扶助費が支給されず遺留金で賄うようにとの指示があります。その場合は，葬儀の内容などは，ある程度家族の判断に委ねられます。

また，福祉事務所は土・日・祝日が休みです。終末期が近い場合は，事前に利用者の状況を報告し，土・日・祝日に亡くなった場合の指示を仰いでおきましょう。

資料4　生活保護法第18条（葬祭扶助）

第18条　葬祭扶助は，困窮のため最低限度の生活を維持することのできない者に対して，下に掲げる事項の範囲内において行われる。 1　検案 2　死体の運搬 3　火葬又は埋葬 4　納骨その他葬祭のために必要なもの	2項　下に掲げる場合において，その葬祭を行う者があるときは，その者に対して，前項各号の葬祭扶助を行うことができる。 1　被保護者が死亡した場合において，その者の葬祭を行う扶養義務者がないとき。 2　死者に対しその葬祭を行う扶養義務者がない場合において，その遺留した金品で，葬祭を行うに必要な費用を満たすことのできないとき。

Q42 家族に葬儀をしたくないと言われたのですが，葬儀はしなくてもよいのでしょうか。

葬儀をせず，施設や病院からそのまま火葬場へ搬送し，火葬だけを行う直葬があります。

直葬を希望する理由としては，葬儀費用にお金をかけたくない，地域とのつながりが希薄になっている，親戚づきあいが希薄になっている，などがあります。しかし，直葬だからといって，故人への哀悼の念や心がないということではありません。

火葬場で読経をしてもらうこともできます。

　直葬にする際は，次の点を注意するように家族に伝えておくとよいでしょう。

１．親族や知人などの理解を得ておく

　親族や親しい知人の中には，葬儀に参加してお別れをしたいという人がいるかもしれません。思いあたる人がいれば，あらかじめ葬儀を行わない旨の報告を入れるか，葬儀の形式について相談することを勧めましょう。

２．安置場所を確保する

　墓地，埋葬等に関する法律の第３条により，原則として死後24時間は死体を火葬してはならないとされています（感染症法第30条に定められている疾病による死亡を除く）ので，病院や施設の霊安室，葬儀業者の安置所など，火葬までの間，遺体を安置する場所を確保しなければならないことを説明します。

３．菩提寺に事前に相談しておく

　お寺は宗教儀式を執り行う考えが一般的です。菩提寺がある場合は，事前にお寺に相談しておくように伝えましょう。

　葬儀の形に決まりはありませんが，葬儀は大切な人とのお別れの時間です。後悔しないように，関係する人たちとよく相談した上で，決めるようアドバイスすることが大切です。

Q43 家族からお墓はいらないと言われました。お墓はなくてもよいのでしょうか。

すべての人がお墓を有しているとは限りません。お墓がなくても故人を供養する方法はあります。

　都心部を中心にお墓の不足や継承者の不在は深刻な問題です。経済的な事情でお墓を建てられないという人も少なくありません。また，経済的な面だけでなく，少子高齢化や価値観の多様化といった社会環境の変化により，従来のお墓のあり方や供養の仕方も変化してきています。

　納骨については，一般的には１年以内に行う場合が多いようですが，墓地埋葬等に関する法律に都道府県知事が許可した墓地に埋葬しなくてはならないと定められているだけで，死後いつまでに埋葬しなくてはいけないという規定はありません。すぐにお墓を建てることが難しい場合には，自宅で仏壇などに安置して，お墓を建てた後に納骨すればよいでしょう。

　また，お墓を建てることだけが故人を供養する方法ではありません。共同墓地による合同祭祀や納骨堂に遺骨を祀る方法もありますし，最近では散骨や樹木葬と

いった自然葬を選択する人も増えてきています。ただし，自然葬には一定の節度ある対応が求められることや，地方自治体レベルでは散骨条例で禁止や制約または検討中の自治体もあります。自然葬を希望する場合は，自治体や葬儀業者，散骨業者などによく相談しましょう。

　何より大切なことは，お墓を作るか作らないかではなく，故人を偲ぶ気持ちです。遺族にとって最善の供養方法を考えていきましょう。

Q44 家族から，お墓がないので遺骨を預かってもらえるところはないかと尋ねられました。遺骨だけを預かるところはあるのでしょうか。

遺骨の一時預かりを実施している霊園や葬儀業者などがあります。屋内霊園や永代供養墓，共同墓という方法もあります。

　お墓ができるまで納骨できず，自宅でも保管が困難という場合には，霊園や葬儀業者が一時的に遺骨を預かってくれることがあります。しかし，これはあくまでも一時的な保管であり，永久ではありません。

　今後も納骨するお墓を持たない，持つことが困難というのであれば，自治体が管理する共同墓地に納骨するという方法があります。東京都では毎年募集が行われ，抽選などによって決定されます。ただし，申し込みには自治体による利用条件を満たしている必要があります。

　また，屋内霊園とも言われる納骨堂のような施設を利用する方法もあります。利用方法は，一時的に保管する場合と，永久的に保管する場合があります。運営管理を行うのは寺院，都道府県や市町村などの自治体（利用条件あり），公益性のある法人，民間企業などさまざまで，供養料についても運営管理者によって異なります。

　最近は，継承者が不在だったり，施主が遠方にいたりする場合などでも永久的に弔ってもらえるように，永代供養墓や共同墓という墓地もあります。永代供養墓はお墓の永代管理を寺院や霊園が行うもので，共同墓は会員の納骨のための合祀墓を作り，生存する会員が供養していくというものです。

Q45 故郷にある菩提寺で葬儀を行うのは大変という家族には、どのように対応すればよいでしょうか。

葬儀をどこで行うか、納骨をどうするかを悩んでいることが推測されます。いろいろな葬儀の形があることを説明した上で、まずは菩提寺に相談することを勧めましょう。

　高齢になると、友人・知人もお互いに年齢を重ね、社会的つながりが薄れ、本人を取り巻く環境は子どもたち家族のみという人も多いでしょう。昨今では、葬儀に対する意識の変化からか、家族のみの密葬を希望する人も増えてきました。

　故郷に菩提寺があるということは、そこに住む親族も多く、故人の兄弟姉妹や知人・友人の多くは高齢であることが予想されます。だからこそ、葬儀をどこで行うか、そして納骨の際にどうしたらよいのか迷っているのだと思います。

　まず、葬儀をどこで行うかという点については、喪主となる親族が住んでいる地域か、菩提寺がある故郷で行うかということになりますが、遺体を遠方まで運ぶには、費用もかかり現実的ではありません。喪主が住む地域で葬儀を行うことが一般的でしょう。次に、葬儀の規模ですが、遠方から多くの親族・知人が来られればよいのですが、高齢であることを考えると、参列者は子どもを中心とした家族となるでしょう。

　このようにして選択肢を検討していくと、葬儀は家族葬などの小さい規模で行い、納骨の際に故郷の親族に来てもらうことが賢明かもしれません。それでも、中には、遠方から大勢を呼んで、大規模な通夜・告別式を行う家族もいると思います。葬儀会場を希望に合わせて変更できるかどうか業者に確認しておきましょう。

　葬儀の段取りや納骨については、菩提寺にも相談することを忘れてはいけません。

■お金にかかわること

Q46 死亡診断書の文書料はどれぐらいですか。

一般的には、3,000〜20,000円程度です。

　死亡診断書の文書料は、医療機関によって異なります。残念ながら医療保険の適用外ですので全額自己負担となります。また、明確な基準はありませんので、医療機関によってかなり差異があるのが現状です。

　また、生活保護受給者については、生活保護法第18条（葬祭扶助）に則り、葬祭扶助の対象と管轄福祉事務所が認めた場合には、検案に要する費用の全額またはその一部が扶助対象となります。

Q47 利用者が亡くなる前に生前贈与をしておいた方がよいのではないかと家族に聞かれました。本当にそうなのでしょうか。

生前贈与であれば，非課税枠があります。

生前贈与の非課税枠は，次の4つです。

①相続時精算課税の特例

65歳以上の親から20歳以上の子への贈与が2,500万円以下であれば，非課税になります。贈与するものは，現金や不動産など何でも構いません。

〈注意点〉

- 2,500万円を超える部分の贈与は，一律20％の贈与税がかかる。
- 110万円の基礎控除による贈与と一緒に利用することはできない。
- 贈与した財産と相続財産を合計して相続税が課税される（最低6,000万円以上の財産を相続した場合）。

②夫婦間贈与の特例

夫または妻に居住用不動産を贈与する場合，2,000万円までが非課税になります。住むための家・土地（または取得するための現金）の贈与であり，結婚して20年以上経過している必要があります。

〈注意点〉

- 贈与を受けた家・土地に引き続き住み続けなければならない。
- 同じ相手に対しては一生に一度しか利用できない。

③基礎控除

誰からどのような贈与を受けようとも，1年間で贈与を受けた金額が110万円以内なら非課税です。この非課税枠は贈与税の特例ではなく，贈与税に関する法律で定められています。

〈注意点〉

- 毎年同じ相手に同じ金額の贈与を繰り返すと，税務署から指摘されることがある（多額の贈与を毎年分割して行っていると見なされる）。
- 110万円以上の贈与があれば，申告手続きが必要である。

Q48 利用者が亡くなり，預金口座が凍結されたら，葬儀費用はどうすればよいのでしょうか。

口座名義人が亡くなっても自動的に預金口座が凍結されるわけではありません。亡くなった事実を金融機関が把握した時点でいったん凍結されますが，事情を説明すれば相談に応じてもらえる場合もあります。

　市役所に死亡届を出したからと言って，金融機関にその連絡がいくわけではありません。金融機関は，家族からの申し出や新聞の訃報欄などで死亡した事実を把握した時点で預金口座を凍結します。これは，口座名義人の預貯金は，亡くなった時点で相続財産（遺産）となるため，一部の相続人が勝手に預金を引き出して他の相続人の権利が侵害するのを防ぐことが目的です。

　いったん凍結されると，電話代，電気料金などの口座振替もすべてできなくなりますが，喪主が葬儀見積書，領収書を持って直接金融機関に相談に行けば葬儀費用や入院費用を引き出せる場合がありますので，覚えておきましょう。

Q49 利用者が亡くなった後の口座の解約手続きについて教えてください。

口座を解約するには，遺言書の有無によって手続きが異なります。

　まず，金融機関に死亡した旨を連絡します，できれば直接窓口に相談に行くことが良いでしょう。そこで，遺言書がある場合とない場合について用意する書類，手続きが異なります。

〈遺言書がない場合〉

　相続人全員が話し合い，「相続するのは誰か」もしくは「誰が代表していったん受け取るのは誰か」が決まれば解除することができます。手続きに必要な主な書類は次の4点です。

・被相続人の，生まれてから亡くなるまでの戸籍謄本（除籍，改正原戸籍）
・相続人全員の戸籍謄本
・相続人全員の印鑑証明書
・相続人全員の実印が押印された銀行所定の用紙（相続届）

〈遺言書がある場合〉

　公正証書遺言書があり，預金を取得する人と遺言執行者が定められている場合には，手続きは非常に簡便です。基本的には，被相続人と遺言執行者関係の書類をそ

ろえれば解約できます。手続きに必要な主な書類次の4点です。
- 遺言書
- 遺言者の除籍謄本
- 遺言執行者の印鑑証明書
- 遺言執行者の実印を押印した払戻依頼書

※遺言書がある場合でも，相続人全員の印鑑証明書付きの同意書が必要な金融機関もあります。

　手続きに必要な書類は，金融機関によって異なりますので，事前に確認が必要です。これら手続きを個人で行うことが困難な場合には，司法書士などに依頼するとよいでしょう。2万〜4万円程度で手続きを代行してもらえます。

　ただし，いずれの場合も，相続争いが起こった場合や相続人の中に行方不明者がいて相続人全員の意見がまとまらない場合，相続人に認知症や精神疾患がある場合などは，相続人に代わって協議を行う者を選任するなど，一定の手続きが必要となります。

Q50 預金の相続は，どうなるのでしょうか。

相続には法定相続と遺言相続の2つの方法があり，遺言相続は，原則，法定相続に優先します。

　被相続人の財産を相続できる人は，民法で定められています。民法に沿った方法で相続することを法定相続と言い，相続できる人と順位，相続分は**表2**のとおりです。

表2　法定相続人の順位と相続分

法定相続人順位
- 常に相続人：配偶者。ただし婚姻の届け出がされていない内縁関係の夫や妻，離婚した夫や妻は対象外。
- 第1順位：子（養子含む）。子が死亡している場合は，その子（被相続人の孫）。
- 第2順位：直系尊属（両親や祖父母）。祖父母は，父母の双方または一人がいる場合は相続人とはならない。実父母と養父母は，同順位で相続人となる。
- 第3順位：兄弟姉妹。兄弟姉妹が死亡している場合は，その子（被相続人の甥や姪）。

法定相続分
- 相続人が配偶者と子：それぞれ2分の1ずつ
- 相続人が配偶者と直系尊属：配偶者が3分の2，直系尊属が3分の1÷人数
- 相続人が配偶者と兄弟姉妹：配偶者が4分の3，兄弟姉妹が4分の1÷人数
- 配偶者のみ，または子のみ：いずれも全部（子が複数であれば全部÷人数）

表3　遺言書に記載できる主な事柄

- 遺贈：遺言により，特定の財産または財産の一部を，ある特定の相続人や特定の人へ与えること
- 信託の設定：公益信託などを設定すること
- 非嫡出子を認知すること
- 相続分の指定または指定の委託：法定相続分と異なる割合で相続することを定めること
- 相続人の廃除またはその取り消し（財産を分け与えたくない不義理者がいる場合，その者を相続人としないことが，遺言によりできるようになる）。
- 遺産分割方法の指定または指定の委託
- 遺言執行者の指定や指定の委託

　遺言相続については，民法で定めた法定相続での分割とは異なり，家族それぞれの事情に合わせた遺産分配を望む場合に有効な制度です。遺言制度のメリットは，自分の意思で遺産の分配方法を決めることができることです。満15歳以上なら，この制度を利用できます。遺言には**表3**のようなことを記載できます。

参考文献
1) 日本グリーフケア協会：http://www.greif-care.org/about.html（2014年12月閲覧）
2) 厚生労働省医政局指導課：「終末期医療のあり方に関する検討」（平成24年12月27日）
3) 三菱総合研究所：特別養護老人ホームにおける看取り介護ガイドライン―特別養護老人ホームにおける施設サービスの質確保に関する検討報告書―，2007.
4) 民事判例における医師の説明義務と患者の同意について　昭和34年4月30日・厚生省令15号
5) Eキューブラー・ロス著，鈴木晶訳：死ぬ瞬間　死とその過程について，読売新聞社，1998.
6) 小嶋正：身寄りのない高齢者への支援の手引き，東京都社会福祉協議会，2009.
7) 東京都社会福祉協議会高齢者施設福祉部会職員研修委員会ケアマネジャー研修委員会編：平成24年度介護報酬改定版　特別養護老人ホーム（介護老人福祉施設）加算項目に関する書式例集，東京都社会福祉協議会，2013.
8) 社会保険研究所：介護の解釈①単位数表編　平成24年4月版，2012.
9) NPO法人Uビジョン研究所：看取り介護セミナー資料
10) 三菱総合研究所：特別養護老人ホームにおける看取り介護ハンドブック，2007.
11) 厚生労働省：死亡診断書（死体検案書）記入マニュアル，2014.
12) 厚生労働省老健局介護保険計画課長　高齢者支援課長　振興課長　老人保健課長：平成24年度介護報酬改定関連通知の正誤について（平成24年4月27日老介発0427号第1号　老高発0427第1号　老振発0427第1号　老老発0427第1号）
13) 医師法第20条ただし書の適切な運用について（通知）平成24年厚生労働省医政局医事課長通知（医政医発0831第1号）
14) 特別養護老人ホームの設備及び運営に関する基準（平成11年3月31日厚生省令第46号）
15) 国税庁ホームページ「税について調べる」
　https://www.nta.go.jp/shiraberu/index.htm（2014年11月閲覧）
16) 全国銀行協会ホームページ「相続」
　https://www.zenginkyo.or.jp/service/manage/utilize/other/other_2.html（2014年11月閲覧）
17) 法務省ホームページ「成年後見制度～成年後見登記制度～」
　http://www.moj.go.jp/MINJI/minji17.html（2014年11月閲覧）
18) 全日本葬祭業協同組合連合会ホームページ　http://www.zensoren.or.jp/（2014年11月閲覧）

あとがき

　「看取り介護」は，利用者や家族の得を求め，真に人を大切にする気持ち…，つまり，「ホスピタリティ」です。ホスピタリティは，人に幸せを与えるものであり，その真髄は，最期まで尊厳が尊重され，大切にするという気持ち―人間愛そのものです。

　その気持ちが，相手に最期まで幸福感を感じさせ，「この施設に入ってよかった」「この人と一緒に過ごせてよかった」と思ってもらうことだと思います。

　筆者の特別養護老人ホームでは看取り介護加算ができるずっと前から看取り介護をしていましたし，加算要件を満たしていなくとも，利用者や家族の希望で，今も看取り介護を続けている施設も少なくありません。

　甘いという指摘を覚悟で言えば，介護に対する理念をしっかりと持っている施設が，加算や仕組みの有無にかかわらず，利用者や家族の希望に沿った生活，介護サービスを提供し続けてきたからこそ，制度をも動かしたのだと考えます。

　看取り介護は，自分たちが行う介護のすべてではなく，利用者が生活し生きていく一部です。介護の理念には，いろいろな考え方がありますが，介護する側の都合を優先するのでなくて，やはり利用者を中心にした介護，介護される立場に立った介護でなくてはなりません。介護の理念は，介護する人，介護される人，家族も含めたすべての人のコンセンサスのもとに，現場から生み出されるものです。

　一方，介護を提供する側の心の在り方に，相手を尊敬したり，共感・同情したりする能力や，介護をする時の心理的葛藤を乗り越える力に欠けている組織・スタッフが少なからず存在していることも事実でしょう。

　看取り介護計画を作成するに当たって大切なのは，「利用者や家族の思いは常に変化するものである」と理解することです。親戚を含めた家族の「死」に対する考え方や意向について，普段からコミュニケーションを図ることが重要だと認識するのも大切なことです。

　かかわりは，単なる身体的なケアでなく「情緒的なかかわり」に重点を置くことなのでしょう。人の「感情」に訴えるものなのかもしれません。「情緒的なかかわり」とは，怒り，悲しみ，喜び，哀しみ，楽しさ，希望など感情が伴うものや，しみじみとした思いやほのぼのとした味わいなどといった言葉や文章ではすべてを表現できないものも含まれます。

看取り介護に当たっては，利用者はもちろん，家族からも利用者が「一人の人」として，大切にされていると感じられるものでなければなりません。決して，介護をする側の自己満足や価値観の押し付けであってはなりません。

　ですから，「情緒的なかかわり」を持つには，自分自身の感性を磨く必要があることはもちろん，人間全体を理解しようとする努力が必要です。つまり，一人ひとりが自分の「介護観」「看護観」だけでなく「生死観」や「人生観」をきちんと持てる人間としての「成長」が必要ということです。

　筆者は，「亡くなった利用者に対して真に精一杯の介護ができただろうか」と，いつも疑問や不安に思ってしまいます。同じ経験を持つ皆さんも，同じように思っているかもしれません。こうした思いの中にある，その利用者が自分たちに残してくれたもの…それが「学び」なのではないでしょうか。利用者に対してできなかったこと，家族にできなかったことを反省し，今日から，いえ今からでも，自分たちはプロフェッショナルとして，これからの利用者や家族に実践していくことが，亡くなった利用者を大切にすることにつながるのだと信じています。

　本書を最後までお読みいただいた皆さんには，日々の介護の仕事には大きな責任と使命があり，時にはそれに押しつぶされそうにもなる一方で，それにも増すほどの多くの感動と笑顔もあるということが伝わったでしょうか。

　末筆になりましたが，さまざまな場での議論によって，多くの示唆をくださり，本書の執筆にご協力いただいた編集委員の皆様，また，本書の出版に当たり多くの助言をいただいた日総研出版の皆様，そして何より，掲載を承諾してくださったご利用者・ご家族はもちろん，これまでさまざまな経験をさせていただいた多くの方々に心から感謝申し上げます。

水野敬生

―――― 監修・執筆 ――――

水野敬生
(みずのたかお)

社会福祉法人**一誠会** 理事
特別養護老人ホーム**偕楽園ホーム** 施設長
デイサービスセンター**初音の杜**・グループホーム**初音の杜**
管理者

〈最終学歴〉
  1984年3月　駒澤大學文学部社会学科社会福祉コース卒業

〈職務経歴〉
  1984年8月　社会福祉法人浄風園特別養護老人ホーム浄風園へ介護職員として入職
  1988年11月　社会福祉法人光照園特別養護老人ホーム王子光照苑へ生活相談員として入職
  2005年9月　同法人王子光照苑施設長に就任
  2008年4月　同法人江戸川光照苑施設長に異動
  2014年1月　社会福祉法人一誠会偕楽園ホーム施設長に就任(現在に至る)
  2014年4月　社会福祉法人一誠会理事に就任(現在に至る)

〈主な表彰〉
  2011年11月　社会福祉功労者厚生労働大臣表彰
  2007年10月　東京都功労者表彰
  2005年10月　高齢福祉功績者に対する知事感謝状
  2004年3月　北区区政功労者表彰　他

〈主な著書など〉
  著書『介護手順書・マニュアル・指針集110』（日総研出版），『施設サービス計画書のつくり方』（日本医療企画）　他
  共著『現場リーダーのための介護経営のしくみ』『ソーシャルワーカーの交渉術』（いずれも日本医療企画）
  共編著『高齢者福祉施設　生活相談員業務指針'12』『高齢者福祉施設におけるサービスマナー実践ワークブック』（いずれも東京都社会福祉協議会）

〈現在の主な社会活動〉
  東京都社会福祉協議会　高齢者施設福祉部会施設管理検討委員会　委員，東京都介護保険審査会　委員，東京都福祉保健財団　東京都介護支援専門員実務者研修　講師，全国社会福祉協議会中央福祉人材センター　福祉職員生涯研修課程階層別研修　講師，全国老人福祉施設協議会　総務・組織委員会指導監査対応室　委員，広報委員会　委員，学校法人東京家政学院東京家政学院大学　現代生活学部健康栄養学科　非常勤講師　他

〈備考〉
　　王子光照苑では，2002年都内23区の特別養護老人ホームとして初となる品質国際規格ISO9001の認証をプロジェクトリーダーとして取得し，東京都が実施する福祉サービス第三者評価においては5年連続評点平均トップに導いた。
　　2014年1月より社会福祉法人一誠会に招聘され偕楽園ホームの施設長として勤務し，同年11月には社会福祉法人一誠会のすべての介護事業においてISO9001の認証を取得するなど，現在も先駆的かつ先進的にマネジメントを行っている。

執筆

桜川勝憲 (さくらがわかつのり)	特別養護老人ホーム水元園	施設長
林　正 (はやしただし)	特別養護老人ホーム青梅療育院	主任介護支援専門員
田代航也 (たしろこうや)	特別養護老人ホームファミリーマイホーム	副施設長
玉川弘美 (たまがわひろみ)	特別養護老人ホームつきみの園	介護支援専門員
内山彰吾 (うちやましょうご)	特別養護老人ホームハピネスあだち	生活相談員
渡辺　崇 (わたなべたかし)	特別養護老人ホームけんちの里	生活相談員
鈴木剛士 (すずきつよし)	特別養護老人ホーム白十字ホーム	運営管理担当部長
伊藤玲子 (いとうれいこ)	特別養護老人ホームフォーライフ桃郷	生活相談員

その人らしい看取り支援業務　実践Q&A 50

2015年1月29日 発行　　第1版第1刷

監修・執筆：水野敬生 (みずのたかお) ©

企　画：日総研グループ
代　表：岸田良平
発行所：日総研出版

本部 〒451-0051 名古屋市西区則武新町3-7-15(日総研ビル)　☎ (052)569-5628　FAX (052)561-1218

日総研お客様センター　電話 0120-057671　FAX 0120-052690　名古屋市中村区則武本通1-38 日総研グループ縁ビル 〒453-0017

札幌	☎ (011)272-1821	FAX (011)272-1822	広島	☎ (082)227-5668	FAX (082)227-1691
	〒060-0001 札幌市中央区北1条西3-2(井門札幌ビル)			〒730-0013 広島市中区八丁堀1-23-215	
仙台	☎ (022)261-7660	FAX (022)261-7661	福岡	☎ (092)414-9311	FAX (092)414-9313
	〒984-0816 仙台市若林区河原町1-5-15-1502			〒812-0011 福岡市博多区博多駅前2-20-15(第7岡部ビル)	
東京	☎ (03)5281-3721	FAX (03)5281-3675	編集	☎ (052)569-5665	FAX (052)569-5686
	〒101-0062 東京都千代田区神田駿河台2-1-47(廣瀬お茶の水ビル)			〒451-0051 名古屋市西区則武新町3-7-15(日総研ビル)	
名古屋	☎ (052)569-5628	FAX (052)561-1218	流通	☎ (052)443-7368	FAX (052)443-7621
	〒451-0051 名古屋市西区則武新町3-7-15(日総研ビル)			〒490-1112 愛知県あま市上萱津大門100	
大阪	☎ (06)6262-3215	FAX (06)6262-3218		この本に関するご意見は，ホームページまたは	
	〒541-8580 大阪市中央区安土町3-3-9(田村駒ビル)			Eメールでお寄せください。E-mail cs@nissoken.com	

・乱丁・落丁はお取り替えいたします。本書の無断複写複製（コピー）やデータベース化は著作権・出版権の侵害となります。
・この本に関する訂正等はホームページをご覧ください。www.nissoken.com/sgh

研修会・出版の最新情報は
www.nissoken.com

スマホ・PCから　日総研　で検索！

数多くの旅立ちに立ち会った復元納棺師が教える看取りの技術！

ご臨終から
ご遺体の引き渡しまでに
何をすべきかがよくわかる！

笹原留似子 復元納棺師
株式会社 桜 代表取締役

主な内容
・看護・介護職が知っておくべき看取りの作法
・悲嘆に暮れるご家族へのグリーフケア
・スタッフへのグリーフケア
・エンゼルケアを行う際の手順と留意点

B5判 152頁
一部カラー
定価 2,667円＋税
（商品番号 601654）

その人らしい最期を支援！

施設内・学校教育に
効果的な6講座
各26分のプログラム！

井手敏郎
仏教講師／死生学講師

主な内容
・今なぜ死生学が必要なのか？
・日本人に求められる諸行無常の心
・気持ちと言葉と態度が変わる死生観
・大切な人と向き合い続けるために
・深刻な現場が変わる看取りの心がけ ほか

[DVD] 156分
定価 6,667円＋税
（商品番号 601648）

社会資源や生活情報を上手に使いこなすケアマネのバイブル。

2015年介護保険改正・報酬改定対応

日総研グループ編

主な内容
・ケアマネが知らなきゃ困る社会保障制度
・利用者の尊厳を守る法律とケアマネの役割
・障害者総合支援法と福祉サービス
・利用者に聞かれても困らない生活の知識

4月末刊行
B5判 2色刷
256頁予定
予価 2,686円＋税
（商品番号 601742）

『なぜ、そのニーズや目標なのか？』がわかる。ケアマネ必須の課題分析力が身につく！

根拠に基づいた
アセスメントと
ケアプラン立案で、
利用者や事業者への
説明が適確にできる！

特定非営利活動法人
コミュニティ・ケア・ネットいずみ
代表理事 **森田靖久**
副代表理事 **二宮佐和子**

新刊 A4判
オールカラー 240頁
定価 4,260円＋税
（商品番号 601704）

利用者家族も納得！ワンパターンも脱却！アセスメントとケアプランがキッチリ連動！

榊原宏昌
天晴れ介護サービス
総合教育研究所 代表

主な内容
・課題分析Ⅰ（情報の整理）基本情報9項目
・課題分析Ⅰ（情報の整理）アセスメント14項目
・課題分析Ⅱ（6つのニーズ分析）
・ケアプラン立案 ほか

新刊
B5判 144頁
定価 2,408円＋税
（商品番号 601719）

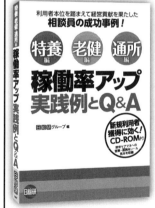

利用者本位を踏まえて経営貢献を果たした相談員の成功事例を！

新規利用者獲得に効く！
CD-ROM付

日総研グループ編

主な内容
・これならできる！
経営の向上・安定につながる稼働率がアップした施設・事業所の成功例30
（特養編・老健編・通所編 各10例）
・ベテラン相談員・管理者がわかりやすく回答
トラブルの芽を摘む初期対応Q&A30

B5判 280頁
+CD-ROM
定価 3,500円＋税
（商品番号 601687）

詳しくはスマホ・PCから　日総研 601687 で検索！

電話 0120-054977
FAX 0120-052690（無料）